乡村振兴实践示范村
中国美丽宜居乡村经典案例
中国人居环境范例奖

郝堂村乡村建设丛书

郝堂·中国式乡建

孙君　胡静　著

中国建材工业出版社

图书在版编目（CIP）数据

郝堂.中国式乡建／孙君，胡静著. -- 北京：中国建材工业出版社，2021.6
　　ISBN 978-7-5160-2813-1

Ⅰ. ①郝… Ⅱ. ①孙… ②胡… ①农村—社会主义建设—概况—信阳 Ⅳ. ① F327.614

中国版本图书馆 CIP 数据核字（2021）第 024576 号

郝堂·中国式乡建
Haotang · Zhongguoshi Xiangjian
孙君　胡静　著

出版发行：中国建材工业出版社
地　　址：北京市海淀区三里河路1号
邮政编码：100044
经　　销：全国各地新华书店
印　　刷：北京雁林吉兆印刷有限公司
开　　本：710mm×1000mm　1/16
印　　张：16.25
字　　数：290千字
版　　次：2021年6月第1版
印　　次：2021年6月第1次
定　　价：66.00元

本社网址：www.jccbs.com，微信公众号：zgjcgycbs
请选用正版图书，采购、销售盗版图书属违法行为
版权专有，盗版必究。本社法律顾问：北京天驰君泰律师事务所，张杰律师
举报信箱：**zhangjie@tiantailaw.com**　举报电话：（010）68343948
本书如有印装质量问题，由我社市场营销部负责调换，联系电话：（010）88386906

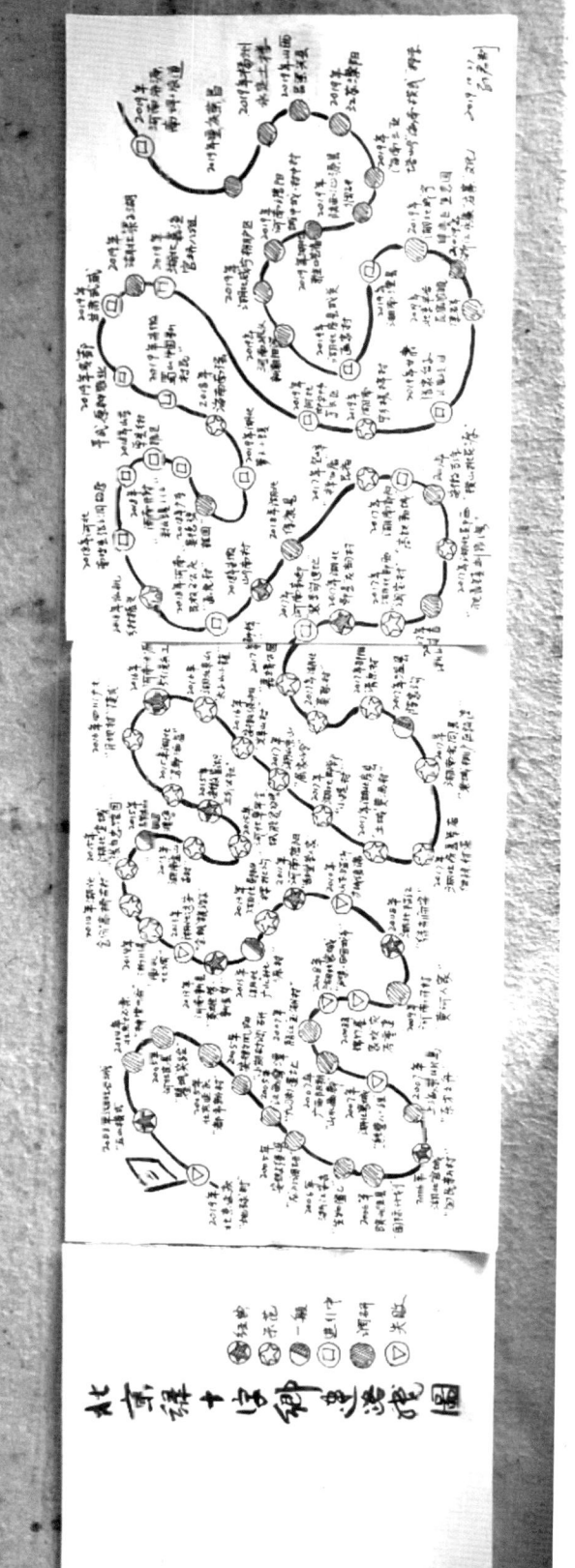

北京绿十字乡建路线图

郝之堂丰农之道

把农村建设得更像农村

作者孙君题字

五千年的农耕文明没有规划设计，一百年的工业文明拖了五千年的农耕文明再生产，水土不服，"却"堂中国式神建上目的就是建立中国本土的建筑之核心、观念，不做未来遗憾的。

作者孙君题字

这是一次有计划有目标的乡村实践，也是一次真实的田间实践与调研。本书融合了生态学、乡村营造、民俗学、农学和社会学，实践与理论并行，传统与现代共享，其中很多词语的表达，是站在百年乡村建设的长河之中，尽量古为今用，让历史能够衔接。如通过对家谱、宗祠、收宗、谱牒、堪舆、舍地、朝廷、皇权、自治等的展现，以确保本书能与历史一脉相承，成为一次真正意义上的"中国式乡村建设"的探索与实践，用现代农业的视角呵护传统农业。

数千年农耕从来没有停下，今天也不会，因为中国有我们。

序言

站在历史角度看郝堂

孙 君

历史是当事人写的。从 2011 年进入郝堂，到 2020 年由我与廖星臣先生、胡静女士总结出版《郝堂·茶人家》与《郝堂·中国式乡建》，跨越九年，也算完美收官。

九年间，风风雨雨，如今的郝堂村并不像我们期望的那样美好，区委书记、镇书记、村书记都变了。但村还在，农民还在，村干部正常工作，村里鸡鸣狗叫，村民吵吵闹闹，这就是真实的乡村，带有温度与烟火的郝堂村，也是我期待的。

一、郝堂，心中的乡建

郝堂从项目一开始就确定做一个以村为单位的实践，定位是全国的示范，做一个纯粹的乡建项目。

所谓乡建就是站在农耕文明与现代工业文明之间的探索，这个过程就是今天的实践。传统农业已无情地被工业文明阻止，工业文明已融不进传统农业，于是"乡村建设"这个专业名词出现了。郝堂村便是重要的课堂，所以日记、图片、手稿、人才等一一着手准备。做郝堂村，我们有备而来，故定位做一个教科书式的乡村案例，做一个适应中国特色的乡村建设的案例。

以农耕文明为主，以城市科学技术为辅助，以乡村为舞台，还权于村"两委"，帮忙不添乱，做村干部想做的事，做农民会做的事，力推"农民精神"与"乡村自治"，全力回避"市场至上、产业先行"的错位思想。

让乡村回归，小国寡民，慢生活，晴耕雨读，这是我对郝堂村的定位，也是城乡之间的期待。

郝堂村的成功不是哪一个人能做到的，其实最关键的是时任区委书记王继军，心中有农民，尊重我们，是一位真正的马克思主义者。另一位是村书记胡静与禹明善承上启下，关键还有李昌平的参与与力荐。"村委会主任助理"，意思是帮忙不添乱。我每天的工作就是在村干部提出的需求下，安排各局委办的工作，再把完成情况汇报给村干部。

二、绝地反思

郝堂村之所以能成功，是因为市区两级领导在新农村建设转入美丽乡村建设之际找到我，用李昌平的话说就是"要成功，找孙君"。那个时期，所谓规划设计就是农民上楼，整齐划一，拆旧建新，穿衣戴帽，刷白，绿化，大广场，大停车场，这是标配；那个时期，乡村耕地种果种花就是不种粮食，一心只抓招商（公司＋农户），农民的组织化基本解体，传统文化被丢弃，村里只有孤寡老人，年轻人外流；过度干预乡村建设，生态被绿化引导到错误的方向，土壤被科学技术破坏，乡村德法兼治的方法渐渐远去。

乡村何去何从，时任区委书记王继军找到李昌平，后又找到我。面对这样的郝堂，心中最担忧的是村干部，还有远在城市打工的年轻人，因为他们知道灯红酒绿的城市，不是他们的归宿，而是他们的心正在城市流浪。

三、逆流而行

1. 郝堂能做成功，可能很多专家学者没有注意，在郝堂村没有见过一本规划设计册页，没有见到顶层设计，没有见过产业与市场规划，更没有景观规划，因为没有所以成功。2013年全国美丽乡村宜居评比全国12个项目，郝堂名列第一名。

2. 郝堂有规划，有景观，有产业，可是绝不是今天专家与教授评审的那一种。有些评审通过的规划是错误的，因为那是城市规划设计体系，不属于乡村，那一套体系对乡村不是振兴，而是有害的。乡村是中医治疗，城市是西医治疗，二者各不相同。

3. 第一次进入郝堂，垃圾、棚栏、污河、荒田、破屋、乌鸦、枯树，因为是冬季，一片凄凉。按今天的规划设计视角看，将会给郝堂这样的评价：村庄建设无序，乱搭乱建，房屋存在建设不符合规范，存在较多消防隐患……

我给的评价是：村庄规划有序，建筑保持不同年代风格，留住了每个时代的乡愁，有乡愁与旅游价值，村庄不要做规划，做局部设计调整，消防、供水、污水处理需要改善，危房进行微改微建，道路只要修补一下。保住农民家庭养殖场所、菜园，门前堆柴种菜，让农民生活更方便。

4. 先治理后产业。将"乡村治理"作为首要任务，契合乡村属性，对应安居才能乐业之说。乡村是一个活的社会，很像一个人的生命体，并与天地融为一体，我感觉远远比城市要复杂也更有意思。随着新农村建设的深入，"三农"问题越来越严重，郝堂村将成为我与李昌平重要的一次实践。

之前我在堰河村、关庙山村、熊营村、秦家坎村等有了一些成功与失败的探索。

郝堂村做的工作就是把一个村当作一个家庭，一个家庭父亲主外，母亲主内，我每天的工作就是与他（她）们商议，确定后再与区委、各局委办落实村里的需求，做到帮忙不添乱，角色是"村委会主任助理"，切忌一个外来人干预人家家庭的事，否则一定乱套。正因为如此，九年之后的郝堂村基本稳定，我们回归本位，郝堂村也随之乐业。

5. 做农民会做的事，先做小事再做大事，先做村民会做的事，再做他们不会的事（污水处理、资金互助、艺术与自然之美）。全村2800亩土壤以传统紫云英改良土地，一做三年，土地有机了，万物有机，乡村才能安居，这个道理农民都懂，有些专家、教授、官员估计不懂。

全村做资源分类，而不是垃圾分类，乡村资源再生是农业特点，也是5000年农耕文明之道。

6. 信阳是茶都，目前信阳茶是单性繁殖，违背自然规律，如设施农业与工业化农业，于是在郝堂试验了一部分"原种信阳十号"。这个过程很费劲，做这个的意义当时一般人不懂，现在也不懂，估计再过30年信阳人才能知道"原种信阳十号"的价值与意义。

7. 建设小学极为重要。小学建好了，年轻人返乡比例达29%，老人幸福指数提高90%。老人+小学就是孝道。大学要大，小学要小，这才是乡村的生命力。郝堂能激活，核心是乡贤返乡，示范先行，政府明理，村民参与。乡贤自古是乡村活化之道。郝堂村建庙祠，建小学，尝试把党建、村建、家建融入，是农民喜欢的事。

8. 李昌平在我之前就进入了，有了"夕阳红资金互助"，为郝堂村的"开启民智"起到了重要作用。前期解决老人养老，提供乡贤创业贷款，因为"夕阳红资金互助"的存在，后期让村委会有钱，有抓手，也把松散的农民重新组织起来，让治理与激发农民参与有了主体性。

9. 开启民智，晏阳初说的是开启农民智慧，这个定位值得商榷。郝堂村的定位是开启干部与专家教授的智慧。农民几千年没有改变，变的是脱离土壤的城市人。在这期间我一直认真研究毛泽东的思想，阅读辜鸿铭与费孝通等人的著作，也因为北京绿十字有了无数失败与成功，才有了今日的郝堂。

10. 郝堂村计划项目资金4200万元，修桥9座、水堰坝12个，改造小河流8公里、道路 7.5 公里，建一所占地 40 亩的小学、养老中心、夕阳红合作社、土壤改良等公共建筑面积约 5200 平方米。政府财政资金 400 万元，用于农房、三户乡宿、农家乐示范户、孙君院子改造。三年规划设计与服务费大约 160 万元，不含设计师住房与一辆轿车，三四名专职工作人员配合我们工作。

11. 说郝堂村，我感触特别深，乡村是一个生态系统、一个人文系统，是一个人力资源配置最科学的系统。在郝堂又再次体会大道至简的中国人的场景，生活、人文、科学、宗教、哲学等，郝堂村让我一次一次地觉悟，坚定"把农村建设得更像农村"，也着手思考《中国乡村建设学概论》。

以上这些事都是村干部最该做的事，也是农民会做的事，更是我们这个时代要探索的"乡建"。可惜规划设计中没有这些内容，没有这些内容又何以振兴乡村？

四、让年轻人回来

年轻人不回村，乡村振兴都是假的。农田不种粮是误导农业现代化。村干部不能当家做主，返乡的年轻人还得进城打工。如何让年轻人安居，他们安居了，乡村就振兴了，"三农"问题就解决了，产业也自然形成了。郝堂经过三年的建设，80 后的年轻人回来了。要让年轻人返乡，必须有三个保证：确保每户耕者有其田，有地有宅，这是年轻人返乡的定心丸。

郝堂村从一开始就拒绝土地流转，一年半之内拒绝招商引资，反对郝堂村景区化，反对郝堂村公司化，只有这样郝堂村才有可能稳定地步入市场，才能实现真正意义上的产业振兴。

乡村建设要让农民建设乡村，工程还给工匠，产业主体还给农民，治理还给村委会，这样郝堂就有业、有安、有房、有乐。目前，乡村振兴是城市过多地夺取了农村的就业岗位。规划设计交给城市，产业是大企业的权利，工程必须招标有资质，农产品进城要有品牌、发票、包装、公司认证。

郝堂显然最大限度地回避了这些形式主义，闯出了一条我以为正确的振兴之路，为年轻人返乡安排了创业与岗位就业机会。

五、美是乡村天赋

美也是我的追求目标，这种美土而不俗，时尚而不怪异。村里一年设定 15 万游客，需要有 30 处充满乡愁感的设计，还要像乡村的标准，反对华而不实的过度设计。像郝堂村的房子一概不盖，留下乡愁，留下农民，用产业与市场的思路，郝堂之所以一直保持着活力，核心就是村庄建设时保留农村的原貌，留下农民的生活场景，这就是引爆点。

远离城市设计，回避绿化与景观，去过度设计民宿，去整齐划一，去大广场大门楼，让乡村像乡村，让农民更朴实，让田地有一片稻香菜园，这样的乡村才是城市人向往的，这样的乡村会让城市发狂，这样的乡村维护成本最低，这样的乡村才会扬农民之长、避农民之短。

六、复制与推广之路

郝堂建设的规划设计路径包含自治→生活→运营，而目前的中国乡村振兴大部分是与之相反的，规划独立，几乎占95%的工作比例，感觉规划是万能的，这是片面的看法。乡村建设与城市正好相反，从2005年新农村建设至今，乡村建得不像乡村，乡村不是生活生产，关键就是方向出了问题，不了解城乡差异，不懂乡村属性。

郝堂从最初就回避了这一点，一开始就拥有90%的成功率。乡村建设：自治占工作的40%，生产占30%，运营管理占30%。而在规划设计中，对干部与乡贤建议占60%的比例，农民需求占20%，设计师占20%，这是以农民为主体的比例。

郝堂毕竟是一个普通乡村，不是党校，也不是景区，村里住的80%是从城市返乡的年轻人，仅镇村干部都换几回了，这样的村依然能相对稳定，已是谢天谢地，出点问题、多盖几个房子太正常不过了。

郝堂村九年后再出书、再总结也客观。郝堂是试点，推广才是模式，今天全国来学习郝堂村的人不计其数，从示范到推广，其价值就是"农村是有价值的，农民是有尊严的，农业是有希望的"（王继军）。从实践到理论总结，便是郝堂的价值。

七、一群人的乡建

一个项目能做成功，真的是过五关斩六将，需要很多人的支持，我仅仅是其中的一员。村里有曹继良书记、胡静书记、现任曹永根书记，还有北京绿十字孙晓阳、景观设计鲍国志、驻场工程师李如道、施工李开良、村官姜佳佳、项目启动时的副区长吴本王、乡镇干部郭卫东与苏永华，驻村书记孙德华，设计师有祝采朋、方洪军、陈长春、王磊、颜平与张继基。有乡村健康防疫与食疗专家翁永凯、郝堂图书馆詹丽、宏伟小学杨文平校长。乡贤非常重要，有曹胜程、胡涛、周群、刘春兴、袁德红、吴凤超、吴凤山。还有跑前跑后的刘磊等等，更多的是村里村外老百姓。现在已渐渐地遗忘，用不了多久将成为历史，忘记他们就不是历史。

八、郝堂依然是郝堂

中国乡村千变万化,民族多样,贫富不等,风格不同,可是也有同样的特征,所谓推广就是求同存异,复制的是还权于村"两委",乡贤主体,自治先于产业,壮大村集体经济,做农民会做的事。年轻人回来就是产业的构建,小学的复兴就是孝道。

保护土壤,实现资源分类,不拆房、不填塘、不挖山等,这些是中国乡村振兴的共性。在这样理论的指导下,郝堂之后有新县、新集、桃源村、樱桃沟、龙韵村、阜平、小提村、三瓜公社、小岭南、民权画家村、辉山村、韶山村、月坝村、大南沟等。

让鸟儿回来,

让民俗回来,

让年轻人回来。

不同的村,乡愁相同。不同的地域,山川承运,阴阳笃行,天长地久。

非常可喜的是,郝堂的本质没有变。没有成为景区,没有发展工业,没有卖给公司,村民没有暴富,没有两极分化,没有成功与失败之说,只有安居乐业。

因为正常,静观郝堂。

2020 年 12 月 23 日于江东

目录

信阳调研 ... 1

郝堂村（红星组）起源 ... 13

相遇李昌平 ... 21

落地才叫规划 ... 27

郝堂·茶人家 ... 33

正解郝堂，田人合一 ... 47

从一号院开始 ... 57

共识源于梦想 ... 63

软件是乡建核心 ... 77

超越古人 ... 93

风生水起 ... 99

重读村干部 ... 111

经营乡村 ... 121

乡建中的民约 ... 135

年轻人回家了 ... 139

发力的日子 ... 143

小村故事多 ... 149

动态乡村，营造生活 ... 163

贫穷不是美德···175

手留荷香···195

跨界中的乡村···201

郝堂元年···205

小村的价值···221

评估郝堂，手留遗憾···235

信阳调研

信阳缘起

2010年8月份前后,"三农"专家贾建友来电话说,河南省信阳市平桥区要做一个新农村建设项目,想请我去看看。我一听是河南平桥区,从来没有听说过,就没去。又过了一些时间,又来电话,是信阳的人禹明善,说的还是贾老师说的事,我还是没有感觉,就说身体不适,改日好了再去。再后来"三农"专家李昌平又找到我,说请我到信阳平桥做一个项目,他说他已在那里做了乡村金融,有了一些群众基础,我这才向他了解了一下平桥区政府的一些情况,原来是区长请我们去做。当时感觉还是不踏实,因为这个区长已经任职3年多,估计要换届调动了。我的很多项目失败,都是政府官员突然调离所致,损失惨重。政府做事就是这样,他们的工作重心经常转移,他们的职位又不是自己能够决定的。他们有时也很无奈,一切都要听组织的调遣。这个平桥区的区长估计很快也要调动了,本来我是不考虑这种背景的项目的,可是又不好意思拒绝李昌平老师,于是硬着头皮答应了下来。

因为有了3次邀请,所以我觉得可以去看看,了解一下,至少说明平桥区政府是有诚意的。现实生活中,人家第一次邀请你,对方可能只是一时冲动,这时你要是去了,不够火候,估计是四日游。第二次邀请你,说明对方经过一段时间的深思熟虑,认为这件事只有你才能做好。可还是不能去。因为有些地方政府官员有一个毛病,就是以为他喊谁到谁就应该到。一定要让对方感觉到你的时间不是由官来决定,而是由你自己来决定,这样就有了自我感,因为"是你请我来做事"。经常有官员对我说,"请你来给你生意做"。我笑了,说:"我从来没有把我做的事看作生意,我从来都认为,只要我答应你来做项目,我就是来帮助你,而不是你给我赚钱的机会。即使你给我项目资金,我依然这么认为。"因为我心里知道我所付出的时间、精力、思想等是对方很难用钱来衡量的。如果对方第三次再行邀约,我认为就可以去了。但是去之前,还是要告诉政府(或企业),我们是非政府组织,我没有循规蹈矩的建筑规划与建筑资质,我不是教授更不是什么大师,我只是画家、志愿者。我做的新农村项目,包括其中的建筑设计,一律不准随便更改设计图纸，不准组织各类头衔的专家开所谓的评审会，同时在项目实施过程中不进行对外宣传报道，不同意超越甲方行政级别的领导来参观指导，另外就是接受我比一般设计规划院还要高的收费。先小人后君子，把这些事项及我的惯有"毛病"说清楚，对方听明白了，接受了，我就可以去了。

信阳是我的好朋友马黎的家乡，还是与我关系特别好的同仁叶榄的家乡。去之前，我通知了叶榄全程陪同记录，我想趁机偷一次懒。我要求叶榄的记录一定要详尽真实、细致入微。这些真实的文字，也是项目申报过程中不可或缺的部分。

（文／孙君）

应信阳市平桥区区长王继军先生、信阳市人大代表禹明善先生的邀请，我的好友、2009绿色中国年度人物、北京绿十字创始人孙君先生到信阳平桥进行了一次考察活动。作为孙君的朋友，我也应邀参加了此次活动。在信阳逗留的4天时间里，我们先后走访了平桥区五里店办事处郝堂村、罗山县董寨国家级鸟类自然保护区、平桥区陆庙村新农村建设参观点等，可谓行程满满，收获颇丰。在此，请允许我以笨拙之笔，记录下这4天难忘的日子。

2010年12月22日 晴

为了迎接孙君，我于头天夜里专程从潢川赶到信阳。

认识孙君，是在2000年9月，当时他还在北京地球村任副主任，此后我们联系不断，成了很要好的朋友。因为我整日东奔西跑，从2008年12月5日我们一起在北京人民大会堂召开中华慈善大会到今天，一晃2年未见了。虽然偶尔也会打个电话发个短信，但总不如面对面海阔天空地神侃来得痛快。

列车晚点，在信阳火车站出站口接到孙君时，已经是早上8点多了。和他同行的是国内研究"三农"问题的基层干部贾建友先生。接站的还有两位：信阳市人大代表、平桥区科技局局长禹明善先生和五里店办事处主任苏永华先生。孙君依然是一副风风火火的样子，2年不见，已经升格为岳父大人的他，又多了一些沧桑之感，时光使然吧。

因为是孙君邀请的我，我也便成了组织方——平桥区政府的客人。感谢组织方的细心和周到，我们三人入住的是西凤大酒店，酒店四壁悬挂的国画和书法，可以管窥组织方的认真，因为他们知道孙君除了是国内著名的环保"三农"专家外，更是一名艺术家。孙君于1991年和1999年两次作品参加全国美术展览，其油画《家园》的印数达700万张，堪称中国印数最多的油画作品。

收拾停当，禹明善便带我们到平桥区四处转转，当我们来到震雷山下的河口湿地时，映入眼帘的景象让人陶醉。在冬日的暖阳下，河口湿地如静静的处子，一任观者目光的抚摸。河水粼粼，草木萧疏，河边的蒹葭和石块无疑是风景画中动人的点缀，偶尔有小鸟飞掠而过，给这湿地平添了几分灵气和动感。

在平桥职业技术培训中心的广边空地上，我们惊诧于一尊白色塑像，咦！这不是晏阳初先生吗？我没有想到在我们信阳居然有晏阳初先生的塑像，走南闯北的孙君也没有想到。听禹明善介绍，这是他去河北定县请来的。经他这么一说，我们立刻对这个中等身材、豪爽耿直的科级干部另眼相看起来。我不禁想，在我们信阳数万名科级干部中，知道晏阳初先生的恐怕也不多吧，而他居然把先生的塑像立在震雷山脚下，让先生的平民教育思想在信阳生根发芽，这是何等的远见卓识，何等的人文情怀。我想他之所以能请来晏阳初先生的塑像，更得益于平桥区区长王继军的支持和许可。由此可见，平桥人是有福的。有这么一群热衷于平民教育的人当领头人，他们想落后都难。这不，今天又把晏阳初的粉丝孙君给请了过来，给平桥的干部和大学生村官做报告，为平桥规划美好明天。

晏阳初作为杰出的平民教育家曾被评为20世纪世界十大伟人之一，可惜由于一些特殊的原因，他的事迹并不为国人所知晓。这些年来如火如荼的新农村建设，让这位平民教育的先驱、新农村建设的思考者和实践者渐渐为国人所认知，特别是温铁军先生在河北定县的新定县实验，让更多的人得以走近晏阳初先生和他于20世纪20年代在中国大地所开展的平民教育工作。

孙君的乡村建设也是受晏阳初的影响，他的很多做法也受益于晏阳初，2006年由人民出版社出版的《五山乡村日记》一书中多次提到"开启民智、愚穷弱私、知识平民化"等思想，都是源于晏公。

党校上边就是震雷山了，这是信阳名山。拾级而上，可见一湖，名曰"景明湖"，湖边有一书院，名叫"景明书院"，这是为纪念明代著名文学家何景明而命名的。何景明是信阳人的骄傲，同样值得信阳人骄傲的人物还有很多，比如王实味，虽然对他的宣传不多，但我认为他终有一天会被写入历史。我们沿着山道进入书院，可见一座浣月亭。孙君用他艺术家的眼光评价到："书院建得不错，只是亭子设计得不好。"不过我以为这亭榭的名字起得很是贴切——"月华皎皎"，恍惚中有三五老友于景明湖边饮酒赋诗，其中有一位佳人，明眸皓齿，盈盈来到湖边，浣洗随身香帕，于是水波便荡漾开去，映湖明月也不再完整，泛成粼粼碎波……

看着即将竣工的景明书院，禹明善畅想着它未来的用处：书院建好后，可以作为中国新农村建设协作者培训中心，为全国新农村建设培训人才，提供智力服务。孙君和贾建友认为这是一个很好的建议，如果真能如愿，他们一定想办法让中国"三农"问题专家李昌平先生参加，增加书院的影响力和号召力。

孙君对李昌平的评价很高，说李昌平能说真话，仅凭这一点就值得今天的知识分子学习，更让今天众多的共产党员汗颜。他不仅提出"三农"问题，而且在解决"三农"问题上开始实践与探索。一生波澜起伏的李昌平，他那份知识分子的情怀始终与农民在一起。我当年就是在孙君家的书橱里发现李昌平所著的《我向总理说实话》这本书的，并一口气读完了它，甚至还为他在文章中所描述的"农民真穷"掉过泪。我认为即使没有《我向总理说实话》这本书，李昌平也会脱颖而出，这缘于他心中强烈的社会责任感和历史使命感，他终将不是一个平庸的人，与其说是历史选择了他为中国"三农"问题代言，不如说是他自己主动选择了在"三农"问题的风口浪尖上沉浮。

中饭是在浉河旁的农家乐吃的，曾做过多年乡镇党委书记的吴本玉副区长专程赶来陪我们吃饭，她为人实在，一看就是一个务实敬业的女干部。谈起农村工作，她有很多独到而深刻的感受。禹明善和苏永华也谈了他们对新农村建设的理解，孙君和贾建友认真地听着，在他们的心里，可能正在描绘着平桥新农村的图景吧。

席间，孙君兄一直在说，所谓调研不仅是发一张表让农民和村干部来填，也不仅是请农民来座谈，对于这种形式，农民一般会紧张，也很难听到他们的真话，因为这种情况一般有外人和政府官员陪同。调研不要太形式化，要行云流水，在吃饭、喝酒、聊天和吹牛中完成。我与孙兄交往很深，他写过一篇《理解"三农"提取真经》，这篇文章中说到如何与农民谈吃、穿、说、笑、坐、握手、睡觉、吃饭等，观察得那么细致，感觉又是那样的准确，让我们十分惊讶。

孙兄说一个地方的发展方向和规划不是从外地带来的，而是一个地方自身长出来的，这次来信阳旅游（考察）的过程中，规划与未来发展模式就开始在心里酝酿成长，这个成长与这几天遇到的每一个人，说过的每一句话都有关系。一个地方有什么样的环境，就应该会养育什么样的人，同时也会培养一定形式的话语和思维方法，这一点是肯定的。

饭后，我们一行直奔五里店办事处郝堂村。郝堂村离平桥区政府所在地有20公里，属山区向平原的过渡地带，兼具平原和山区的地形地貌。在村委会，我们一行坐在院子里，开始了乡村调研。所谓的调研，不过是农村拉家常的形式，深谙农村情况的孙君就是这样从北京延庆地球村走来，一路和农民拉家常，拉到了湖北襄樊的堰河村，拉到了枝江的问安镇，拉出了享誉全国的五山模式，拉出了一个个生态和谐的新农村。说孙君会做农村工作，这点不服不行。这不，他老兄又把家常拉到了信阳。正是通过这些家常，孙君和他的团队知道了农民的所思所想，知道了农村基层干部的酸甜苦辣，并进而制定出北京绿十字乡村建设针对性很强的规划，通过调查、讨论、规划、实施，最终打造出一个个可圈可点的样板，并向周边复制、辐射。

郝堂村支部书记和村委主任对我们一行的到来，很是欢迎。因为他们知道被禹明善和五里店办事处党委书记郭卫东领来的客人是为郝堂村的发展来出谋划策的。在此之前，他们见到过大名鼎鼎的"三农"专家李昌平。李昌平还在这里进行了夕阳红农村养老互助基金合作社的项目试点。正是因为李昌平和他的好友贾建友的极力推荐，才有了今天的孙君之行。郝堂村原本是豫南地区很平常的一个村，因为成了李昌平的试点村，所以渐为大家所关注。我本人对"三农"问题所知甚少，说不出个子丑寅卯，只有竖着耳朵聆听的份儿了。

离开村支部，郭卫东带着我们去离郝堂村不远的马氏茶叶合作社看了看。据说因为建起了这个专业化组织化很高的合作社，周边茶农的茶叶都卖上了好价钱，一斤茶叶卖五六百元也不鲜见。可见合作社给当地农民带来了明显的经济收益。看来信阳市委市政府在农村广建合作社的举措堪称英明之举。

郭卫东与禹明善在路上问孙君对郝堂村的印象，孙君说，郝堂村外部条件的好与坏不重要，重要的是村里的"两委"班子，人是项目执行的关键。目前村支部书记与村主任的关系处理得不错，村支部书记是村主任的表舅，而且办事处党委政府特别注意他们村"两委"班子的团结。孙君对我说，这些因素是项目能否成功的关键。

谈起地域性，孙君笑着说，这个村怎么与五山这么相似，连说话也一样。比如说"板死了"，还很多话中都用"搞"这个字，以至于他有故地重游之感。

听说该地离上天梯管理区很近，我便请他们带我们去转转。对于上天梯矿区，我早就知道，可是一直没有去过。进入矿区，便可看见巨大的矿坑沿途排列，行及污染最严重的地方，简直可以用"白色恐怖"来形容。在郝堂村还是明丽的天空，到这里已经是昏黄一片。建筑物、树木上落满了采石后所形成的粉尘，如果不注意，还以为是到了雪乡了。听禹明善介绍，这里为粉尘污染区，一些人患了矽肺病，痛苦地挣扎在生死边缘。看来上天梯管理区政府真的应该好好治理这里的污染了。

2012年12月23日，晴

对于北京绿十字，环保和"三农"圈子以外的人可能了解得不太多，可是在圈子以内,它却是一个赫赫有名的组织。该组织是2003年由孙君领头,孙光月、孙晓阳、封宁、荣尊堂等数人筹建起来的,至今已经有8年时间了。8年来,北京绿十字从无到有,从小到大,现在已经成长为中国环保民间组织中参与新农村建设最有影响力的团队,先后在国内做了7个项目,每一个都产生了良好的社会效应、生态效应和经济效益。其最先参与打造的五山模式成为中国新农村建设的成功范例,就连中央领导也曾亲临五山参观指导工作,高度评价其开创了政府引导、农民参与、民间组织配合的新农村建设"三位一体"新模式。北京绿十字专家龚益所提出的"先生活,后生产"的理念一度成为大家广泛传播的经典之语。看到北京绿十字取得这么多的成就,作为北京绿十字理事的我,打心眼里感到高兴。其实我早就有请孙君到我的家乡信阳做一场报告的打算,怎奈机缘总不成熟,没能成功,这一次由平桥区政府的邀请成行,也算圆了我多年的心愿。

五山模式从2006年开始,影响越来越大,平桥区政府和科技局先后3次去考察,还到北京绿十字目前才开始开展的湖北枝江问安项目点考察了一次,可见他们对北京绿十字关注已久。

上午看的项目点是洋河乡的陆庙村,在我看来该村建设得挺好的,村委会、村医院、图书室等公共设施一应俱全,可谓路宽街净,房屋齐整。可是这些在孙君眼里,就变成了另外一番景象。他指出这些建筑独立来看很不错,整体来看就感觉单薄,建筑文化不清晰,房屋与信阳的文化和历史不契合,是没有文化与责任感的人做的项目,他坚持认为,建筑和艺术的最高境界就是和谐,就是"搭调"。一路同行的禹明善不禁感叹,专业眼光就是专业眼光,这些我们怎么就一直没看出来呢?我也有同感。很多人说孙君聪明,而我深知他的聪明是建立在自己的勤奋基础上的。我有时到北京就住在他的家里,经常看见他凌晨还在工作,而早晨他又起得很早,真的是闻鸡即起舞,真不知道他怎么精力这么充沛。这些年来,他养成了记录的习惯,已经积累了几百万字的调研笔记。这些成绩的取得,如果没有过人的精力和恒久的耐力是无论如何也无法完成的。

从陆庙新农村建设示范点出来时,已经是上午10点多,我们向罗山县的董寨鸟类自然保护区疾驶而去。去董寨,是我的提议,因为它地理的特殊性和鸟类物种的丰富性是很值得一看的。汽车在山间柏油路上盘旋前行,中午11点左右,我们便到达了保护区白云观察站。一行人便徒步向更深的山里走去。山路不算难走,两侧树木丛生,翠竹摇曳,颇有一番意趣。科研人员在路旁竖起了两米高的捕鸟网,偶尔有一两只小"倒霉"撞到网上,便不能挣脱,仔细一看,有的鸟腿上还有环志。有一只鸟居然有两个环志,看来它可真够倒霉的,已经被捉住过两次了。撞到这里的网上还不要紧,只不过多了一些惊吓罢了,如果撞到外面偷猎者设置的网上,那只能成为人们的"盘中餐"。我就曾在家乡发现过这样的网,我把它捣得稀烂,给鸟们出了一口恶气。据我所知,这样张网猎鸟的行为在豫南农村还存在着,希望林业警察加大打击力度,让保护鸟类不至成为一句空话。

我们沿着山路走了近一公里,路旁不时有一丛丛的野生带刺的植物,植物的果实呈颗粒状、红红的,一串串拦在枝条上,摘一颗放入口中,酸甜可人。同行的平桥区文化局局长王乐友感叹地说,这才是有机食品,多吃,对身体好。于是我们每个人都采集了一些,边走边吃,以至于贾建友告诫大家,可不能吃多了,如果把牙酸倒,中午就吃不成饭了。

饭后,我们没有休息,便直奔位于罗山县铁铺乡的何家冲而去。何家冲是红25军长征出发地,是信阳红色旅游景点。镶嵌在何氏祠堂墙壁上的一块碑刻引起了我们的兴趣。这是一块关于修建祠堂花费的明细表,记载着捐款数字和资金使用情况。在传统中国,没有乡村这一级机构,统治者是靠着乡绅阶层管理乡土中国。这块碑的作用,其实和现在的村务公开很类似,主要是让大家明白钱花在了什么地方,花了多少。有历史学家说,有清一代,政府制定的农民负担明白卡比20世纪90年代制定的还要细,如果当时的官吏都能够不打折扣地按照规则认真执行的话,就不会有民变、起义、不公、贫富严重分化等状况,说不定现在还是清朝的天下。当然历史不可假设,社会发展到今天,是众多因素使然。不过从清王朝的灭亡、军阀的倾覆到国民党的溃败,我们还是可以总结出一些规律的,比如管理者和被管理者的关系,公权力和私权力的关系,政府执行力和公众参与度,执政者管理过度与管理不足等问题……有感于这些,我时常想,社会和政治真是太复杂了,一个不经意的事件,甚至会导致国家的崩盘。执政者啊,一定要慎用你手中的权力!一定要善待山川大地、群众人民!遵循我们老祖宗留下的智慧,不左不右,居中而行,在公平中寻效率,在效率中顾公平,科学决策,审慎行事,不做"三拍者",向民间组织北京绿十字学习,下到基层,和大家打成一片,注重调查研究,稳妥前行。信阳这片多灾多难的土地已经不能再胡乱折腾了,这片土地曾经因为"极左"的政治,付出了极其惨重的代价。

水可载舟,亦可覆舟。人民的力量是巨大的,它所形成的浪潮具有摧枯拉朽的能量!站在何家冲——红25军长征出发地,我们陷入了沉思。

2010年12月24日,晴

这一次平桥之行,我不禁为自己的孤陋寡闻感到惭愧。

惭愧什么呢？惭愧作为土生土长的 800 万信阳人中的一员，我居然不知道平桥区（原信阳县）从 1997 年开始开展的公民教育论坛。至今该论坛已经进行 150 多期了，先后邀请了朱厚泽、茅于轼、吴敬琏、温铁军、李昌平等国内著名经济学家、社会学家、生态学家到信阳参加讲座，为信阳的可持续发展提供智力支持。孙君的此次平桥之行，重点也在这里。

下午两点半，位于震雷山麓的平桥党校大会议室，人头攒动。孙君的"五山模式与新农村"讲座如期举行。原本是王继军区长亲自主持的，但他因为在郑州开全省的经济工作会议不能离开，特别委托区委常委、组织部部长刘义先生主持。刘义主持得很好，很切题，这与他有着多年的基层工作经验是分不开的。

孙君面对全场 200 多名乡镇干部、大学生村官侃侃而谈。我们的思绪也随着他绘声绘色的话语，起伏跌宕。他新颖独特的观点不时引起大家的共鸣，颔首微笑者有之，凝重沉思者有之。从会场的气氛看，这是一次成功的讲座。我想起会前在党校涂为群校长的办公室，当涂校长拿出嘉宾签名册请孙君留言时，他挥笔写下了"把农村建设得更像农村"几个字。其实这句话也是他这次报告的副标题。曾几何时，我们为了所谓的城镇化和工业化，大拆大建，把原本纯朴的乡村搞得不伦不类，并破坏了长期以来农村所形成的优秀传统和好的习俗。旧的文化打破了，新的文化又没能建立，这样就导致了一些地方出现了无所适从感。

为了让孙君的此次信阳平桥之行在信阳产生更大的影响，我委托好友、信阳电视台公共频道副台长吕国宏派记者采访。曾经给我做过专题的邢东升记者来了。邢记者跑前跑后，拍了很多报告会场景，并在报告会结束后采访了报告人孙君和组织者禹明善。

报告的余热在报告会后继续发酵，听众之一的五里镇松岗村第一书记涂健歌，在党校办公室和孙君进行了长时间的关于新农村建设的探讨，他还诚挚地邀请孙君到他们村里指导工作，看来孙君的手机以后会多一些来自信阳的电话和短信了。

饭后我们到禹明善的科技局办公室喝茶。说实在的，我个人对喝茶兴趣不大，吸引我眼球的是他办公室书橱里整齐排列的一排排图书。走近一看，我发现了一个巨大的精神富矿。这里面摆放的都是一些关于"三农"问题、乡村建设、人文思想等方面的书，还有晏阳初、顾准等人的传记，更有李昌平、吴敬琏、贺雪峰等专家学者的大部头著作。从这些书可以看出主人的喜好和气度。我认为禹明善堪称信阳基层干部中学习型干部的代表，他的能力、学识和关注点，已经远远高于他现在所处的职位。禹明善，真希望你未来能有更大的平台来施展自己的理想和抱负！

深夜，孙君、贾建友、禹明善和我在西凤大酒店的房间里进行了关于新农村建设的长时间的交流。大家各抒己见，畅所欲言，充分论证了北京绿十字和平桥区政府合作开展新农村试点项目的可行性。直至凌晨两点，大家才回到房间休息。

2010年12月25日，多云

为了让孙君对平桥的历史文化有更全面的了解，禹明善请来了曾在城阳城遗址保护区管委会任主任、现任平桥区残联支部书记的汤桢先生。有汤桢做向导，看来我们的城阳城遗址之行成矣。

上午，我们一行过淮河，来到位于长台关的城阳城遗址。遗址坐落在离信阳市区20多公里的淮河岸边，三面环水，自古为兵家必争之地，并做过楚国的临时都城。时间太久远了，这里曾经发生过多少征伐杀戮的事件啊，据说"亡羊补牢"的典故就出于此地。

孙君说新农村建设有多种模式，有钱的做有钱的模式，没有钱的可以做没有钱的模式。只有贫富一起建设，才是正道。像城阳城这样贫穷的村就应该建设社会主义旧农村，所谓旧只是客观上的旧，是形式上的旧。旧对城市人来说是文化与历史，是旅游和市场。这样的村只要把卫生搞干净，解决好厕所和厨房卫生，让村庄的环境与城市的距离拉得越大，市场的价值就越大。

是的，现在不少很美的村庄，只要一建新农村就变得城不像城、村不像村，相反那些没有经过政府建设的乡村反而吸引着不少城市人观光旅游。这时我忽然明白了孙君所说的"把农村建设得更像农村"这句话的内涵了。

从禹明善的手机里传来了好消息，他说王继军区长对孙君在湖北打造的五山模式很感兴趣，已经从郑州回到信阳，希望见面好好交流一下，促成北京绿十字在平桥项目的落地。我听了这个消息，兴奋不已，一则因为北京绿十字能为我家乡的新农村建设献策献力，二则因为能见到平桥区区长王继军。按说我见过的人物可谓不少，从联合国副秘书长到国家主席，从部级领导到司局级干部，从国际巨星到一般演员，从财富精英到专家学者……而为何想见王继军区长，一个处级干部呢？不是因为他的级别和职务，而是因为他做了一件对信阳有深远意义，乃至对全国都有借鉴意义的事情：邀请各界精英来信阳交流考察讲学，开办了150余期的公民论坛。

在浉河宾馆的一个小房间里，我们见到了王继军区长。他40多岁，中等身材，河南中部口音，思考的时候目光可以用锐利来形容，这种目光我在和敬一丹的接触中见过。可能是为政务操劳太多的原因，他看上去好像比实际年龄大不少，头上已经有一些斑斑白发。

大家分宾主坐定，进入了切入正题的交流。作为旁观者，我感觉孙君和王继军的谈话坦诚而睿智，不时迸出思想的火花。他们对一些问题的思考，应该在同一层面上，否则就不会有如此顺畅无碍的沟通和交流。知识浅薄的我，只有带着耳朵听的份儿了。好在我昨天上午，系统地看了王继军主编的一套丛书《启蒙与开放》，并对他所写的一篇序和跋进行了研读，对他的人文情怀和渊博学识有了一定的了解，所以听他们交流并不费力。《启蒙与开放》是一本层次很高的书，书中收录了朱厚泽、吴敬琏、茅于轼、温铁军、汤敏等专家学者参与公民论坛的讲学内容，涵盖了政治、生态、经济、社会、艺术等诸多领域。有的文章高屋建瓴，很有现实性、指导性和可操作性，已经对信阳的改革创新发生了作用。而王继军在书中更是秉笔直书，展现了一个学者、一个思想者、一个改革者、一个政府官员的拳拳报国之心和涓涓爱民之情。他所坦露的历史责任感和时代使命感让人动容。读了他的序、跋和书中的文章，我不禁心下暗叹：好一位能够有独立思考的学者型干部！好一个有人文关怀精神的思想型官员！

当谈到晏阳初时，王继军区长的神色凝重起来，他说："我很认同晏阳初的平民教育理念，可以说我是他的粉丝。他一生致力于改变农民愚贫弱私的状态，做了很多乡村平民教育实践，有的很成功。我们在平桥建乡村图书馆、乡村新农合医院，和他的思想是一致的，目的是改变农村的贫困落后面貌，改变农民愚贫弱私的生命状态。"

我第一次知道晏阳初，要得益于孙君，是他邀请我去河北定县温铁军所办的晏阳初乡村建设学院的。在那里我认识了温铁军、邱健生、何慧丽等一批热衷于平民教育、乡村建设的理想主义者和行动主义者，并在该学院进行了为期两天的学习，所获甚多。虽然我后来没有走上平民教育、乡村建设之路，但对平民教育的理念是十分认同的。我在那里的收获之一是跟着一位墨西哥女艺术家学会了印第安人的一套关于人与自然和谐相处的原生态舞蹈，后来我还把这套原生态舞蹈带到了全国很多地方，教给学校的孩子们，起到了良好的环境教育效果。

孙君在结束信阳之行时说，他与信阳有缘，把他引入五山模式的就是信阳人，这个人叫马黎，原襄樊市委常委、宣传部部长。马黎多次对孙君说，她很爱她的家乡，尤其说到茶，马黎更是为信阳毛尖自豪。另一个缘由就是作为好友的我也是信阳人，再加上中国"三农"的代表人物李昌平和贾健友，关键还有晏阳初先生的一尊塑像，让他对这片土地有了留恋之情。

孙君在农村工作12年，其中有8年参与乡村建设，这8年他总有一个梦，就是希望能把新农村建设做成一定的"气候"，能像当年晏公，聚集一群中国有人文情怀的知识分子、有责任心的政府官员和社会志愿者来建设乡村，用乡村文化和乡村伦理来建设新时代的乡村，这次信阳之行他似乎已经感觉到了。

北京绿十字的项目每年有很多政府与基金会申报，北京绿十字运作模式在中国NGO中是一个经典。2011年有5家争抢北京绿十字项目，花落谁家，孙君也没有决定权，必须按客观条件参与遴选。所以孙君请我写这份考察报告，他说这个报告很重要，于是我就没有白天黑夜地赶着写，认真写，希望能为平桥留住北京绿十字，也算是自己为家乡信阳做一点贡献。

今天，因为孙君这次信阳平桥之行，我又有缘结识了王继军先生、禹明善先生等信阳新农村建设的思考者和实践者，依然没有绕过一个人——晏阳初。有感于此，我做小诗一首，也算是为本文做结：

醉心晏学倡公民，奔走力使体制新；

莫道一己力微小，来年春风融坚冰。

叶榄 2010年12月28日于信阳潢川

郝堂村（红星组）起源

我开始对村庄的核心区进行调研，几乎不用政府、专家或所谓学者的调研数据，因为这些数据大多是抄来抄去的，水分太大。一个项目做得有没有深度、好与不好，首先就取决于调研的深度与真实度。乡村调研分为三个部分：第一部分是文化与意识形态，第二部分是生活与生产，第三部分是执行层面的能力。目前我做的是第一部分。第一部分工作是找到村里的核心人群，回避道德败坏的人，团结那些立场不稳定的人。第一部分工作是确定方向，第二部分属于技术层面，第三部分就是操作执行，即由谁来做，谁能够做成。不能落地的构想即使美到天上都是废话。

乡村工作，犹如一个老中医，要有"望闻问切"的本事。一个村很复杂，历史长，内涵很深，可是只要脉络把准了，药下对了，问题就非常好解决，关键要有妙手回春的能力。这种病因往往不是钱的问题，而是文化与道德的问题，必须对乡村进行深入了解。

郝堂村是以郝姓为源头的村庄。郝姓不一定是村里最早的姓氏，也不一定是这个地区人口最多的姓氏，但一定是当地最有影响的姓氏。

郝堂村很大，有18个村民小组，因为力量有限，我仅选择其中一组（红星组）为中心，因为红星组是郝堂村的中心组。中心组弄明白了，全村就基本了解了。

郝氏远祖居山西省洪洞县，明初曾8次大迁移。明洪武三年（1370年）11月至永乐十三年（1415年）5月，郝氏家族先祖郝云焦从湖北麻城迁移至河南信阳西50里山区落地生根，地点在郝家冲（今郝堂境内），迄今已有400余年。（录自《郝氏家谱》1~2页）现在红星组为郝家墓地。墓地又分为两种，一种是郝家舍地（舍地为郝家捐献给村民，另一种是非正常死亡的坟地，养老中心西边）。此地最早建的是郝家祠堂，到了清末又在祠堂的基础上筹建了"昭庆禅院"。1989年祠堂彻底拆除。

在乡村调研中，可能最有价值的文化就是姓氏文化。我们的很多项目都是从姓氏祠堂与家谱开始的，历史上据说有13个姓是从信阳起源的。郝堂村项目自然从姓氏与历史变迁入手。姓氏文化也是最真实的、历史延续最久、信息密码最完整的文化，每个人的姓氏都不会随便改，每个名字中间的字是辈分，通过这个字可以知道他是哪一支家族，是哪一个堂号、哪一脉的后人。最后一个字由父母取，常根据其出生的地点与时辰来确定名字。每个人有名有姓，非常完整。传说周文王开始创建了中国姓氏文化，其中100个为老百姓，后面的为新的姓氏。周文王时开始形成较为完整的宗亲姓氏文化，出现了通谱、总谱、祖谱、族谱、牒谱、家谱等。乡村自治主要依赖于祠堂、修谱、续谱等，其价值在于通过光宗耀祖，扬善去恶，形成了一个乡村积极向上的社会治理结构，把中国乡村基层政权从家与村延展开来，建立起了一套中国基层社会民主自治的双向互动（中央集权与村民自治）的东方文明模式。

以前我做项目并没有做这方面的工作，可是对于郝堂村我想做得细致一些。姓氏，是最真实的历史与文化。很多人总想知道"我们从哪里来的？""我们的姓氏中含括着什么意思？"等。对于这些复杂的哲学问题，我有幸在乡村调研中一一找到了自己想了解的答案。

旧社会，女孩是不能进入家谱的，这就是部分农村人为何坚决要生男孩的重要原因之一。习惯上说的男丁意思是生了男孩就可以把名字钉（丁）在家谱上，在谱上就能查到其家族。不能生子，对一个乡村社会来说，是非常不可思议的事情，传统上解决无子问题的方法，即过继、抱养、认养等。生儿是必需的，否则被视为不孝。乡村的另一个实际情况是农田要有人干活，人老了要有子女养老。实际生活中女孩是要嫁出去的，只有儿子可以留在家中养老。与此同时，在乡村社会中，很多工作都是由男人来完成的，比如修谱、修宗、续谱、修庙、修祖坟等，所有这一切都围绕"孝道"展开。在中国文化中，人性与天性，生儿与养老都考虑到了，是全世界最圆满的文化之一。

这是乡村生活的实际环境，也是乡村的一种特定文化形式。城市人常常指责和批评的"重男轻女"，对乡村社会来说，是特定生活形成的基本事实。

郝堂村地属河南省信阳市平桥区五里店办事处（原五里店镇），村面积为20平方千米，全村人口2154人，姓氏18个。红星组从1949年到2011年由最初的两户（吴相点、吴相友）发展到41户、165人，现已返乡的年轻人65人。这个过程整整用了62年，姓氏由单一的吴姓发展到今天的15个姓，其中张姓、郝姓、徐姓人口众多。据考证，张姓、曹姓和郝姓最初源于距今约5000年的南方涂山氏国，夏朝封姓。

张姓的祖先，传说是黄帝的儿子，也有说是黄帝的曾孙。他们是游牧民族，弓箭是他们的图腾。

曹姓，源于今天的安徽省怀远县，即陆终与陆重兄弟的封地。

周姓，据说，周文王以前就有一个叫常州的部落。古代，用、州、周是一个字。周姓源于五道河筑成的城池，州是这个部落的图腾。

郝姓，源于商契的封地，也是他们的部落，在长江下游流域，在夏朝与其发生冲突，一边进攻夏国的领地，一边向中原进发，后落户在商丘。郝姓民间传说源于其母怀孕生下一对燕子，燕子于是成了郝姓的图腾。

这些姓氏的人家基本是从外地迁移来的，他们也明显有湖北口音。估计是在远古时期因水灾迁至北方，后又迁移到中原，最后定居信阳。

历史到了1751年前后，郝氏一族在自己的土地上修建昭庆禅院，并移种了两棵雌雄银杏树，其中一棵雌树于1950年被雷击中毁坏，目前只剩下雄树一棵，位置在"7016"民俗酒店以西南的明堂池前侧。郝堂家祠在吴军家附近，有几棵种植于禅院建造时期的柏树为证。在柏树南边，溪水入口处有一口水井，可供僧人引用。在1950年之前，红星组没有村民住家。

260年前开始修建昭庆禅院时，郝家祠堂附近才陆续有僧人居住，依水井而居，当然或许还有郝家守祠看坟的人静默居住。郝堂村仅有的两口水井均集中在村入口处，傍水而居，休养生息，从此开始了郝堂日渐繁荣的农居生活。

今天，红星组最早的可查之据是，1949年吴相点、吴相友两兄弟居住于此。据考证，吴相点原为中国共产党的游击队队员，后加入解放军部队参战，为本地的英雄。信阳解放后，他便归家安居，在郝堂村红星组附近定居。之所以择居此地，当是因为门前有一口赖以生活的水井吧。2011年10月，当地政府修复了这口古井。门前还有一条小溪，小溪前、门口处，吴相点与吴相友种植了不少枫杨树。1958年大炼钢铁，村里人要砍古银杏树，吴相点抱住大树说，"你们就是砍了我的脚，也不能砍树"。弟弟吴相友家的两棵大枫杨树一度想卖掉，吴相点的儿子吴斌又出资300元买下，保全了村口这两棵大树。今天，吴家又开始带头建（改）两处新房，带头支持村干部工作。这些年，我们可以看到，吴斌遗传了父亲吴相点的很多好品质，比如勤劳、坚毅等。今天我们走进红星组，首先映入眼帘的就是冠盖的大树和吴家漂亮的房屋。

一、村组结构

郝堂村1949—1952年开始有党组织，1953年公开。

支部书记任职历史情况：

张有山　任至1955年2月。

吴玉国　1955年2月—1955年7月—1956年7月

吴玉国　1958年3月—1958年7月

张乐安　1958—1959年（政府外派）

吴玉国　1959—1961—1962 年

彭霞林　1962—1965 年

吴玉国　1965—1966—1968 年

张乐安　1969—1976—1982 年

徐泽发　1982—1983—2004 年

曹纪良　2004—2011—2014 年半退

胡　静　2015—至今

村长或大队长（村主任）任职历史情况（以下简称村长）：

周庆友　1950—1951 年

梅金如　1951—1951 年 12 月

王金合　1951 年 12 月—1958 年

吴玉国　1958—1960 年

彭霞林　1961—1962 年

吴玉国　1962—1965 年

张乐安　1965—1969 年 12 月

吴玉国　1970 年 1 月—1977 年

徐泽发　1977—1982 年

张京安　1982—1992 年

曹纪良　1992—2004 年

胡　静　2004—2015 年

二、村干部任职时间

在 62 年的郝堂村村两委结构中，我对主要村干部任职的年限做了统计，绝大多数村领导不是红星组产生的，主要领导全是由外组产生，徐泽发是唯一一名红星组的村干部，1950 年就任职农民主席，1977 年任职村长，1982 年任村书记，前后跨越了 42 年。

这些领导中，任职时间较久的有以下几位。

吴玉国于 1955 年 2 月任职村书记，其中 1958 年再任职，1959 年又任职，1962 年继续任职；1958 年任职村长，1962 年继续任职村长，1970 年再任，前后有 22 年之久。

张乐安于 1965 年任职村长，1969 年任职村书记，两个岗位，任期 17 年。

曹纪良于 1992 年任职村长，2004 年任职村书记，前后 19 年加上 2011 年再任职 3 年，就是 22 年。

胡静从2004年任职村长到2014年民主选举再任职，至少达10年之久。

从郝堂村的干部任职情况来看，郝家并没有家族背景，中华人民共和国成立后至今，家族制在五里店地区也没有像人们传说的那样。这是移民的村落和村庄自治比较稳定的村庄的常态。其实中国绝大多数乡村都是这样，贤者、有德者为上，成为村组干部。

三、村干部对姓氏与能力的要求

郝堂村历任的村干部中，徐、吴、张、曹、胡、彭等姓氏均在其列。其特点是像徐泽发、吴玉国、张乐安等人反复出任村干部。如徐泽发任职村长的时候是30多岁，到2004年应该是67岁，可见乡村在人才使用方面，对学历、年龄等要求不高，要求最高的就是品德。

在郝堂村干部中，周庆友、梅金如等人的任期均在一年前后，我们可以比较一下，任期长的达27年，短的一年左右，这说明人们对村干部的能力与人品还是有明显的要求（很多村干部不愿做事，觉得做事太多易得罪人）。在村干部中，胡静是唯一一位女性，可见农村对性别看得很重，同时对能力也看得很重。

四、红星组组长（中心组）

郝堂村村委会建立在"昭庆禅院"的基础上，村中的小学也一直在这个庙宇之中。庙、银杏、村委会、红星组、小学是这个村的核心，也是我这次做郝堂村项目的核心。每一个项目必须有一个中心点，这个中心点不仅是建设者的中心，也应该是郝堂人的中心。

红星组为直辖组，是村委会所在地，所以红星组的队（组）长就显得很重要。

以下是红星组生产队历任队长的任职情况。

曹安真　1958—1966年

黄道荣　1967—1968年

周启江　1968—1969年

曹安真　1969—1980年

徐大国　1969—1980年，至今

曹安真先后做了19年生产队长。

徐大国任职11年生产队长，而在村组任职了5年村主任的徐泽发的子女却并没有在本村本组担任生产队长或村干部职务。从这一点来看，郝堂村对组干部的任职，讲究的是公平公正，是能力和人品，并没有什么裙带关系。这段历史中，我发现，黄道荣与周启江各仅任职一年，估计与人的追求和目标不一有关，毕竟村里的事情很麻烦，或者村干部的配置关系需要理顺，等等。当然，这不过是我自己的分析或揣度而已。

乡村的事情简单起来也简单，有时，只要村干部主持会议，召集村民在一起说一说、论一论，举个手就可以了；复杂起来也很复杂，就像前几日七桥村选举村干部，票箱都给砸了。这种情况在乡村越来越多，但是在郝堂村却显得很平静。

五、郝堂村的一个缩影

在62年的历程中，无论是城市还是乡村，每一件事都与中国的历史大背景分不开。北京绿十字专家多次来郝堂村调研，是想通过红星组从宏观到微观做一个基本的调整。在62年中，郝堂村发生了许许多多的大事与小事，那些村长觉得影响很深的事既是老百姓的事，也反映了一个国家的经济与文化的发展或变化。我想，这也是一个项目负责人应该全面了解的事。

1960—1970年，第一个触犯法律：曹湾组曹帮河。

1962年，第一个大学生：张湾组陶正新。

1981年，第一个建砖房的人：徐湾组彭霞林。

1983年，第一个买拖拉机的人：徐湾组陈启田。

1989年，第一个外出打工的人：徐湾组王林。

1988年，第一个建楼房的人：学校组席和义。

1988年，第一个买电视的人：红星组朱明强（1989年通电）。

1989年，开始修建小学：因寺庙年久失修，无法使用，此后新建村中心学校。

1989年，第一个修建红砖瓦屋的人：红星组徐大国。

1992年，第一个买汽车的人：徐湾组彭伟。

1993年，昭庆禅院的残墙断壁全部拆完。

1994年，开始修水库（今天的廊桥水库），用于郝堂中心村的农田浇灌，中心组因为地形较高，天旱时缺水。

1957年，第一个离婚的人：马湾组张乐安（84岁去逝）。

1952年，第一个娶城里姑娘的人：红星组吴相友（82岁去逝）。

1982年，第一户搬到城里去的人：窑湾组黄秀勤（现年67岁）。

2010年，李昌平到郝堂村，建立"夕阳红养老资金互助合作社"。

2011年，平桥区人民政府和北京绿十字签订"郝堂茶人家"合作协议。孙君、李昌平、李如道、李开良、鲍国志帮助郝堂村建设"郝堂茶人家"。

红星组的形成

1948 年以前，红星组是没有住户的，那时昭庆禅院还很完整，有 55 间房子，一个和尚。禅院地势最高，目前是全组居住人口最多的地方。

昭庆禅院面西而立，门前两棵大银杏树，银杏树前面有一个放生池（泮池），现在还在。禅院的南边有一个厕所，东北角是老年人活动中心，附近是郝家的老坟地，正东方向（污水池）和西南角（果树林）各有一片舍地（非正常死亡）。不知什么原因，这个组身体不好的人（主要是智商与精神）很多，据当地人说是"风水"不好，因为当地人把郝家祠堂与庙宇给拆了，估计惹怒了土地老爷和四方神灵。

1953 年，郝堂成立（公开）村支部，张有山、吴玉匡任职村支书。随着村委会的建立，在寺院中同时也开设小学、农民识字班等，寺院成了全村的文化核心和活动核心。这个过程中，红星组的人口渐渐增多了。禅院南面有两间破房子，曹安真、张金田安居在此，曹安真是生产队队长，吴玉国前后两次任村支书。

随后，曹国权、黄秀珍、刘发明、马安香、黄秀清、郝长富等人陆陆续续搬迁过来并定居于此，利用生产队的晒场、油坊、养牛房等生产用房。这时全组有 13～14 户。

20 世纪 60 年代到 80 年代，红星组发展到 26 户，其间第二代人（1960 年前出生的人）吴俊、吴兵、周详忠、张志强、张志东、黄启学、黄启军、杨论富、朱明刚、朱明强等均已经分户成家。

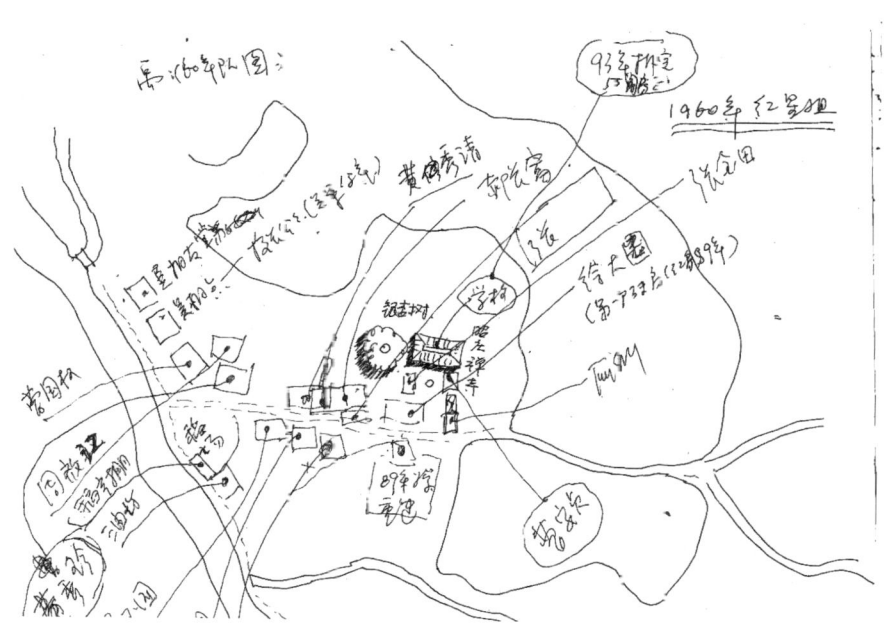

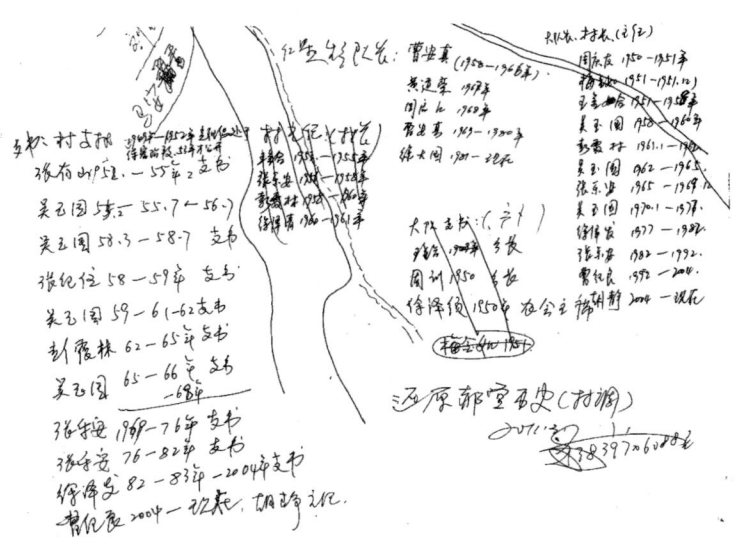

1960年时的红星组

20世纪90年代到20世纪末，袁德实、袁德红、曹建伟、曹建兵、曹建成等70年代与80年代人开始独立门户，此时村庄人数为33户。

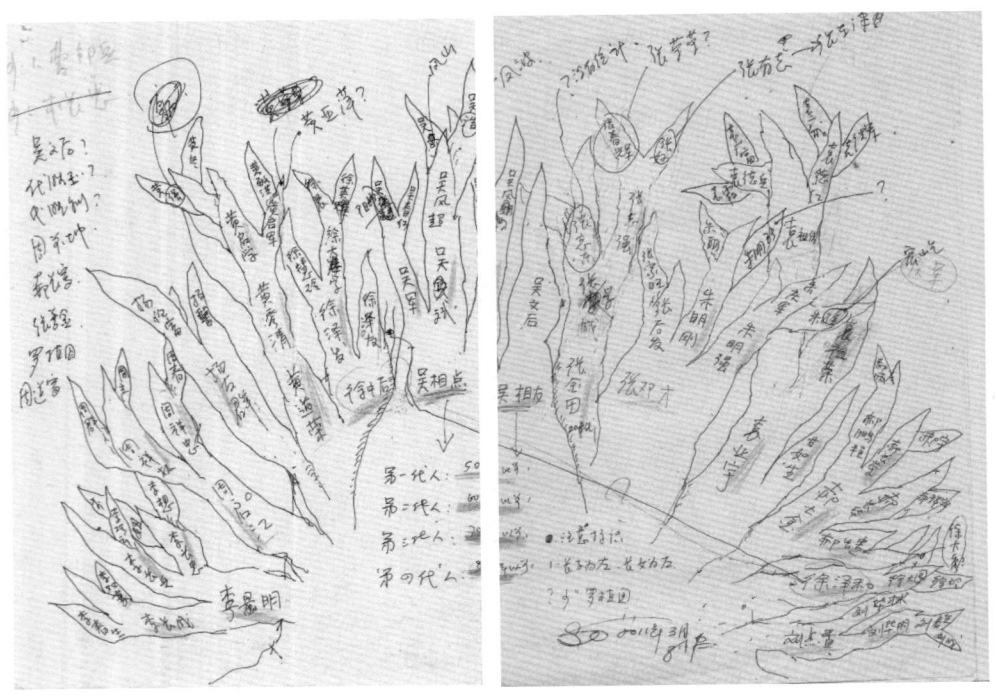

红星组门户演变平绘图

相遇李昌平

2011年1月24日,平桥实验区深水解题。

1月25日,我与李昌平同往信阳平桥区郝堂村,参加他在这里举办的夕阳红养老资金互助合作社的发红包活动。说实话,我对李昌平的养老资金互助合作社资金怎么运作不太清楚,只知道这件事非常重要,对我的项目推动有价值。价值在哪里,如何借机推动?为了找寻这些答案,所以我来郝堂看看,这样心里才踏实。在这之前,我对中国当下所谓的知识分子的含金量是有所质疑的。

当天,风和日丽,村里像过年一样,不少老人已早早到村委会院内坐下。他们自己带着小板凳,有的还穿着新衣服,看来大家非常重视今天的分红。全村45名老人参与,每人存2000元,分红为800元。老人们很开心,李昌平也很开心,村干部更开心。

为了推动合作社的工作,晨明善存了一万元,主要是增加人气,我也随之为我家的4位老人存入6000元,算是一份孝心。整个活动过程我看在眼里,心里踏实了,暗下结论——郝堂项目可做!一是村干部有组织能力,二是政府能接受新生事物,三是村庄没有改造过。虽然产生脏乱差,可是保留着浓郁的乡愁感。

在一年半前,也就是2009年,我第一次参加全国"三农"方面的会议,到会的有贺雪峰、李昌平、陈文胜、贾建友、张德江、廖星臣、胡晓芹等人,那次会上有很多人发言,但真正让我记住的只有两个人,一个是提倡农民互助养老经济合作模式的李昌平,另一个是在河南兰考挂职的副县长何慧丽。

李昌平了解农民,更了解乡村的社会形态。现在的"三农"问题很复杂,大家都弄不清楚农业到底是发展个体经济,还是集体经济,还是全面市场化。李昌平把"三农"问题提到一个高度,提议在现实既定的体制下去解决"三农"问题。他探寻的解决路径对我有一些影响,也与我的很多想法接近,以至于我在"三农"问题的重重迷茫中仿佛看到了解决之径。

这是我第二次来信阳,不仅是为项目做进一步的了解,同时也是响应李昌平与贾建友的提议,来考察信阳新农村建设项目。我与李昌平都有同感,就是只要我们精诚协作,一定是比较完整、完美的结合,这恰恰也是信阳市平桥区政府的目标和着力点。

上午村主任、李昌平、副区长吴本玉等集体给村老人发完过年红包后，我们就各自到村里调研，主要是了解这种经济合作在村里所起的作用，以及了解一下村里有没有其他问题。

李昌平是这样剖析自己在这里的实践的——通过熟人社会建立以村为边界的村民共同体，这种组织形式是通过可行的方式完成所产生的利息，其中一部分给老人，另一部分留村集体，这部分资金主要用于村内的贷款，以解决农民贷款难的难题。农民社会历来以孝道为主体，存款尽孝是村文化中的核心。

关于农民贷款难、发展难的事，我深有体会。农民每年都会有一定数额的资金存入银行，可农民就是不能从银行贷款。我理解，银行有银行的难处，因为农民居住得太散，房子或农田就是给了银行也不能进入市场，土地又属于集体性质，没有抵押，所以银行也不敢放款。

我在湖北宜城市板桥店镇穆罕默德·王台村做"穆罕默德·王台"项目的时候，农民养牛需要5000～10000元的贷款，我与市委书记、各银行行长谈了无数次，两年下来农民还是一分钱也没有贷到。

贫穷的农民有两种力量可以凝聚，一种是精神，另一种是资金。当下农民被错误地引入市场，改变了传统的自给自足经济模式。市场化是城市经济中的竞争机制，对乡村非常不适合。因此，李昌平目前所做的以村为单位的资金互助是可行的，但是作为乡村长久之计的话，还是要三思而后行。

信阳是革命老区，属于大别山地区。郝堂村水源充沛，盛产信阳毛尖。这里还有另一个重要资源就是李昌平倡导的夕阳红老年养老互助经济合作，这对目前解决"三农"问题具有一定的前瞻性，未来会有一些影响力。

郝堂村格局很普通，是典型的散集式小山村，依山傍水。村里有一棵200多年树龄的银杏树，男女老少均视之为村庄的灵魂。村里原来有个庙叫作"昭庆禅院"，后来在文化大革命的时候遭到损毁，但是这四个字却被村里的曹纪良保存了其中的三个字，这无疑是善缘与善根。

村里有一所学校，坐西南而面朝东北，村委会大门正对着学校厕所，村干部纷纷议论说"风水"不好。我其实早就发现了，但是等到他们自己说的时候，我才说出来。我建议把学校大门调到面向西南。在与村干部打交道的初期，双方没有信任感，最佳的沟通方法就是说"风水"，这是双方共同的语言，也是村民最容易和最能够接受的观念或想法。另一个直接的方法就是与村民拉上亲戚关系。当然了，这两个方法现在我都不沾边了，所以一般不随便说。

村干部中有一个小问题，比如，村支书曹纪良觉得自己年龄大了，多次提出辞职，具体是什么原因，不得而知。但是我感觉问题不会太大，村干部是大伙推选的，如果不是自己辞掉的，就千万不能把他拉下来，只要是拉下来的就后患无穷，这与村民选举一样，没有被选上的人就是未来工作的一堵墙。选举对中国农村未来的影响越来越大，好在很多村庄还是稳稳地守住了几千年来中国文化的大本营。村干部能力强的，问题不大，村干部能力弱的就很麻烦，我是从心里希望早点结束村干部民主选举制。这种民主制度应该用于城市，是陌生社会的一个民主形式，具有竞争性，是陌生社会法治制度下的民主产物，与乡村民主是南辕北辙啊！只有不读历史、不懂乡村自治的人才会实行村干部民主选举制！

区政府晚上约请了信阳市郭瑞民市长（现为市委书记），郭瑞民市长是从基层锻炼提拔起来的学者型领导干部，又在河南省环保厅任过副局职务。他的很多设想与北京绿十字的理念不谋而合。

郭瑞民市长很关心我在这里的工作，一再向平桥区政府负责人询问我的工作是否方便。王继军区长说准备从大学生中挑选一名得力的工作人员做孙老师的助手，给北京绿十字配一辆车，回北京也有驻京办，有车可以随时调用。

我暗暗想，如果未来郭瑞民市长荣升为市委书记，王继军区长提拔到区委书记，禹明善又能做我们项目的主体工作人员，那这个项目就肯定没问题了。但现在还存在许多不确定性，让我很难下定决心接手并实施平桥的项目。

这个项目是北京绿十字最慎重的一个考察项目。在专家组目前四个项目的评分概貌中，它得分最低，主要原因就是平桥区王继军区长的职务或岗位可能会发生变化。王继军区长表示这种可能性不大，他说，如果他不稳定，就不会费这么大劲把我弄到平桥。我想也是这样，我、禹明善、王继军、李昌平、贾建友、孙晓阳、叶榄都是一类人，属于理想主义的人，来平桥就是为了理想，就是为了晏阳初先生那样的理想。

26日下午送走李昌平，我与禹明善谈到城阳城遗址保护区，这个项目很难做，那里地段特殊，前面又有郑州大学等做完了规划，我们要在这个基础上深化。与城阳城遗址景区女书记刘传玲和工委主任刘勇谈了40分钟。城阳城遗址景区也进入北京绿十字视角，主要是我超级喜欢，有文化啊！

如果做这两个项目，那么郝堂项目服务费为80万元，城阳城景区落地规划需66万元，合计146万元，这也是北京绿十字目前收费最高的项目。

这些费用包括两个项目点的落地规划、乡村旅游推广、有机农业改良指导、新农村试验区培训教材的编写、通信、专家与北京绿十字运行费用、对外宣传联系、原种农业、土壤改良，以及农民培训部、郝堂茶体验区建筑设计等。这些工作第一年做一部分，第二年开始完善，两个年度的费用加在一起实际支出约 120 万元。这里不包含李昌平乡村金融，不包含车汽油、住宿、接待等费用，全部费用估计 260 万元。

项目的基本运作与定位，此时已经有了基本概念。这个设想是随着对郝堂村的了解而逐步成熟的。

第一年，确定村庄方向性的工作，政府做基础性建设，如何能让村民安居，还要让市民看到农民安居的环境，市民能感觉到安居，这是为未来郝堂村年轻人回家做准备。让农民回家种田，自治与道德要提前做，这是乡村建设的方向，这一点村干部心里明白。

第二年，项目在顺势中推进，对分散的项目进行合并完善与统筹，逐步形成以红星组为中心的安居与生产规划，逐步进入农耕文化的延伸式的自然经济。旅游产业不能定为目标，这是乡村建设中的原则，否则就是破坏乡村结构，这个产业不会长久。可是在 5 年之内会为郝堂村提供一些就业机会，可以适当地借助旅游形式为年轻人回来做准备。

第三年，我们基本离开郝堂村，只是配合村里进行宣传、推广与演讲，这个工作是政府要做的。值得注意的是，在宣传中一定要说项目是政府做的，我们只是配合，也不要在村里有任何北京绿十字的标识。项目做完了，事情就结束了，就像没有发生一样，这才是真正的乡村建设，志愿者一定要具备做好项目的心理素质。

我们与平桥区政府签订了两年合同，第一年深度介入，第二年半推半就，第三年隔山观虎。对于这个过程，政府与村干部很不习惯，可是不这么做，村与办事处干部就不可能自立自信，最关键的是，两年后即使我们离开了，项目还能在村干部的带领下继续向前走。

我一直与政府在沟通，郝堂村项目在执行的过程中，会有很多专家关注，但是不会过多地直接参与具体工作。专家的到访或驻扎，主要是传递思想与理念，做技术层面上的设计工作，具体执行一定要依靠本地村民。

我们的项目规划是动态的，也就是说，一边规划一边施工，不做专家评审，不能修改我的设计图，确保项目具有原创性和艺术性。我坚信这样的规划与设计才能落地，才符合传统筑村法的个性。

我在信阳的收获是得到了清末翰林院陈善同的重修《信阳县志》，还有《郭丁香》

《信阳书》等 3 本有价值的书，这几本书对我了解当地的历史和确定项目的定位极为重要。现在有的人写的历史很不严谨。这些年，我的调研都是自己动手，并参考 60 年前写的历史与村中家谱来进行。尊重历史，是每一个知识分子对自己最基本的要求。在项目进展过程中，我得以结识禹明善、王继军这样的好朋友，同时这里还是马黎与叶榄的家乡，有我的偶像晏阳初先生的塑像，因此，我设想，在祁堂，我有可能做成一件我最想做的事。

郝堂村项目就是在这样一个大背景下启动的。我想把郝堂村做成一本乡村建设的教科书。在这个项目中，每个村、每个农民都能找到自己想要、想学的东西，更多的是让城市市民能看到他们的未来，看到他们心中向往的家园。这里，我还想多说一句，很多人以为我们做的只是农村，其实不然，我们做的其实是城市人的乡愁，因为自古城市就是乡村的一个延伸部分，没有乡村的文化与道德环境，没有粮食与土地的文明，城市就根本不会存在。

落地才叫规划

北京绿十字　项目评估报告

编号：2011—01—特—69

一、项目名称

地点：　　河南省信阳市平桥区

时间：　　2011 年 1 月 20 日

专家组：　陶康华、龚益、孙晓阳、王立平、沈迟、陈长春

评估指数：69 分

二、项目调研（30 分）　　　　　　　　　　　　　　得分 26 分

调研报告（信阳考察）　　　　　　　　　　　　　　　　（11 分）

调研资源来源　　　　　　　　　　　　　　　　　　　　（8 分）

调研专家意见　　　　　　　　　　　　　　　　　　　　（7 分）

三、项目意见简单分析（每项不超过 300 字）（54 分）　　得分 27 分

1. 政府主要领导稳定性　　　　　　　　　　　　　　　　（2 分）

该区政府目前主要领导存在不稳定的因素，是项目实施的不利条件，但项目点的村干部相对稳定，并有很好的群众基础，参加过北京绿十字培训，在李昌平项目的影响下，村民对新农村建设充满期待。

2. 地域经济的优势　　　　　　　　　　　　　　　　　　（3 分）

平桥区交通比较便利，自然环境好，经济优势一般，文化与历史的优势明显，具备做以茶文化、历史文化为主题的新农村建设。目前大多数村的人居环境较差，村内建设无序。

3. 项目实施建议　　　　　　　　　　　　　　　　　　　（4 分）

1）北京绿十字目前已经基本完成了试点村的基础调研工作。2011 年又接受了成都彭州市小鱼洞镇项目，从人力与物力来说暂不具备再接受 A 类项目的条件。专家组从叶榄先生的考察随笔来看，这是一个较系统的大项目，也是北京绿

十字近几年来希望找的系统性、合作性、社会性一体的乡村建设项目。专家组建议如果一定要做这个项目，就必须停止 2~3 个项目（有利的是有些项目本身就已经快到期了）。

2）这个项目的价值在于区政府很认可北京绿十字的理念，关键有李昌平、贾建友先生的参与，再加上平桥区与社会各界专家与学者有广泛的交流，这是一个难得的社会资源，也是未来项目中最重要的资源。

4. 地方政府对项目的认知度 （10 分）

市、区政府高度重视，积极支持新农村建设向纵深发展。

5. 项目的复制与推广意义 （8 分）

依据孙君先生的申述，此项目需要五年。前两年暂定重点在两个村（郝堂村、城阳城）同时推动。从第三年开始进入培训、复制与推广。

四、项目负责人阐述（16 分） 得分 16 分

我基本同意专家组的意见，此项目因为是北京绿十字较大的乡村建设项目，又是一个大面积复制和推广的项目，两年后将发展到平桥区范围的新农村建设与城乡一体化相结合。这对北京绿十字来说，工作是繁重的。尤其是未来新农村建设的系统性培训、教材的编辑出版、项目的理论与思想的定位、与社会各机构的合作与沟通等方面，将是一个很系统性的工作。

此项目先考察、调研，争取在今年上半年开始启动，尽快以实际行动和效果来打开信阳新农村建设的良好局面。

五、评估结果

1. 2011 年项目名额已被占用，此项目作为特别项目，占用 2012 年项目指标。

2. 该项目因为起点高，定位为"以乡村经济与文化修复为主体的新农村建设项目"。

3. 同意申报特类项目，暂定合作两年，工作和运营费用一年 60 万元，不含设计费和其他组织的活动费。

项目负责人：孙君（签字）

北京绿十字

2011 年 1 月 20 日

2011年2月24日晚，因为叶榄的调研报告写得好，专家组很快把平桥区政府的申报批下来了。我们也很高兴，因为专家组不批，我们就不能做。专家的权力是在我们之上，批与不批我们完全没有把握。现在第二步就是何时与政府签订合同，能不能签，甲、乙双方的要求，等等，这需要我有足够的时间来做最后的判断。

因为政府催得急，我让北京绿十字办公室准备来信阳前的细节单。这些工作也是为项目申报做必要的前提准备。我拿到办公室工作人员孙晓阳给我的项目细节单，上面列出了看上去很零乱其实很完整的要求。

（1）重点了解红星组，以纽带村。

（2）村史、村史家档+调查表+茶园（历史）、林业、水利、扶贫、农业综合开发办。

（3）以"家"为中心的建设模式：一是家谱与宗祠、道德规范；二是以奖带补政策的制定，村干部的稳定性，村民的实际收入。

（4）村中的自然村太散，垃圾如何处理？

（5）目前有一个公司有垃圾运送车，一辆车一人，维护司机要十几万元，乡镇付不起。

（6）林业保护很弱，水利年久失修，建议把河塘、河流收回集体所有。

（7）找到打开村庄建设的突破口，建议大规划小切入。

（8）现在要设计新建房的样子。

（9）北京绿十字民间绿色农副产品论证指标，筹建民间论证标准。

（10）郝堂村的现状图与60年前的村庄变化规律。

（11）区、市交通与郝堂村对接，交通是首要问题。

（12）区、市项目与郝堂村项目对接准备，其中是缓建还是另建，这是两套完全不同的方案。

（13）项目分工，合作者分工，政府居委办分工，专家组考察分工。

（14）春耕前景观与林业局讨论，农业区与村委讨论好，把种花种树与环境整治结合起来（强调乡村感），村里的各组开展生产评比活动，以评比来推动垃圾分类。淡化经济与市场，强调乡村的传统美德。

（15）重点讨论平桥区垃圾分类系统工程，目前镇（办事处）里的方法不科学。

项目定位：安居乐业，自然经济，让年轻人回家。

每一个项目都要有准确的定位，这是项目的方向，任何一个项目方向都不能错，方向错了，结果就错。这如同军队打仗，战士很勇敢，结果发现打错人了。发现应该往东边突围，结果突围到西边了，这就是方向性的错误。

我们经常说到的一个词就是"对话"。是的，一个作品一定要能说话，说的话谁能听懂，也要定位。教授与学者对话，市长与县长对话，工人与农民对话，都是一个层面的。中国人有句古话叫"门当户对"，就是这个意思。郝堂村对的是哪个门哪个户，这是我要明确的。

所谓门当户对，不是我这个人与大家对话，而是未来建好的村与来的游人对话，是郝堂村人与未来"回娘家"的城市人对话，是种什么树来什么鸟的对话。对我而言，每个项目最难的工作在于方向性的定位。确定"门当"，再找"户对"。郝堂村基础性投入越多，设计的压力就越大。这些工作已经不是规划与设计层面上的事，而是社会学与人类学，农民和民俗学，还有美学的工作范围。乡村工作与设计不能仅仅满足于生产的需要，还要满足文化与民俗的需要，是一个综合与系统性的工作。近30年来，中国的城市与乡村的规划设计值得反思。

目前的工作表面上与规划无关，而在我看来是规划中最重要的工作，也是一个好规划能否落地的重要部分。

2011年2月26日，我第一次来郝堂给平桥做讲座，叶榄陪同。

第二次李昌平、贾建东、叶榄同行，参加郝堂村夕阳红老人经济合作分红，确定将平桥项目列入北京绿十字申报之列。

第三次王伟举（作家）、梁燕（茶艺）、成小东、张月财（我姐夫）与陶正红同行，赴城阳城景区再次考察。

来之前，政府总在问何时可以签订合同，我却总在犹豫。这回好了，我从朋友那里得知，王继军果真从区长一职升任平桥区委书记了，这太重要了，这样北京绿十字就可以正式与平桥区政府签订合同，这个项目至少在两年半内是不会出现问题的（之前北京绿十字很多项目不成功，大多是因为政府官员任期不到就走了）。

这个项目远比宜昌枝江市问安镇的项目更系统，范围更大，合作机构更多，此行是对项目合作对象（政府、村委会）做进一步了解。

上午先到平桥区党校，看了一下我的办公区。画室和住宅都很好。一切做得尽如人意，政府还安排了一名专职工作人员（陶良金），一辆别克轿车，还有专门的项目对接科技局。工作室准备茶具、茶叶、空调、保险箱、电视等，工作室离食堂很近，离平桥区科技局禹明善也近。我对画室的要求很高，画室好，心就安。

9点20分赶到郝堂村，区、镇、村组干部与群众全部到齐，我对目前工作从宏观到微观与村镇干部进行了交流。

谈得最多的是村干部的责任与奉献，他们是项目的主体，我们只是协作者，政府就要像政府，政府不能弄得像企业家，村干部不能像老板，要充满正能量，这才是项目的价值与精神所在。下午参观博物馆、城市规划馆，还特意参观了信阳市未来发展规划馆。我看了以后激动不已，感觉中国每一个城市如果都是这个栏子，大手笔，大规划，大投入，那个气势不比北京小，我们心里有一句话就是官员在做梦，而且是黄粱美梦。我对信阳市未来发展规划馆的未来感到一阵恐惧。这个规划馆哪像有几千年历史的信阳啊，完全是一个对自然、环境、老建筑、河流进行的破坏性的规划。这个规划不再是为人服务，也不是为自然服务。整个未来的信阳给人的感觉就是一个计算机完成的城市。如果真的是这样，那么可悲的信阳古城真的就被遗忘了。

晚上王继军区长过来，大家赶到禹明善办公室喝茶。每年这时，大约在农历二月初二，我都要剃一个头，因为我坚持了几年，头上的毛发也越来越多了。每年我都要淋第一场春雨，晒第一场太阳，这样头发就不会落了，人与自然一样，需要春耕，才会显得年轻，而初春的第一场雨比黄金还稀有。

平桥区项目由于规模太大、系统太多，所以我还没有想好如何启动培训。这个培训要等郝堂与城阳城两个规划出来才可以进行，我想让成小东负责郝堂村，张继基与颜平负责城阳城景区，我负责审核总体项目。这个过程也是我带人与培养人的过程，北京绿十字目前在慢慢地建立自己的设计与规划团队，希望是为农民服务的专业团队。

一个项目的核心是方向，这个方向包括领导人的理念，领导人在职期间能否保证项目完成（最少3年），执行团队，系统子项目配置，我的工作环境（工作室和画室），村干部的力量，施工队的技术，项目的经费。只要这些问题解决了，一个项目的成功率就有了保证。

这些内容要做得不动声色，要顺势而为，不要事没有做大，声势却做得很大，那样会影响做事，会干扰项目的方向，会影响我们做事的心情。项目不能落地，什么话都是假话，什么理论都是废话。我与王继军区长说，2~3年之内不宣传不报导，让我有足够的时间来实践，在实践中改正与修复。王继军欣然允诺。

郝堂·茶人家

郝堂·茶人家——平桥区深化改革实验区项目协议书

项目组织机构：

申请日期：2011年3月

委托方：河南省信阳市平桥区人民政府

受委托方：北京市延庆县北京绿十字生态文化传播中心

项目总指挥：吴本玉（主任）

执行秘书长：禹明善（秘书长）

副秘书长：苏永华（乡长）

项目负责：曹纪良（村书记）

项目总监：孙　君（北京绿十字主任）

子项目负责人：胡　静（村主任）

　　　　　　　李昌平（中国"三农"专家、中国香港乐施会顾问）

　　　　　　　贾建友（项目专家组）

　　　　　　　孙晓阳（资源分类专家）

　　　　　　　王立平（著名有机农业专家）

　　　　　　　王晓鸣（华中科技大学博导）

　　　　　　　梁　燕（茶文化品牌专家）

　　　　　　　宋庆华（社区参与行动）

　　　　　　　翁永凯（美国爱心基金会会长、
　　　　　　　　　　　中国人口与发展研究中心）

　　　　　　　陈长春（中国"远方网"总裁）

　　　　　　　陶康华（上海长三角投资公司总裁）

　　　　　　　禹明善（乡村建设协作者中心）

联络方式：（电话/传真）010-64429281（北京绿十字总部）

0838-8212209（北京绿十字灾后重建规划与设计工作室）

（电　邮）bjlsz_ngo@126.com

（网　址）www.bjlsz.org.cn

一、方向

把农村建设得更像农村。

二、目标

自然经济、安居乐业，让年轻人回来。

三、内容

1. 探索以"内置金融"发展为手段、促进村社全面发展的发展模式；

2. 建设有特色（茶文化）的生态文明新村；

3. 巩固"三位一体"（经济发展、乡村建设、民主治理）和"四权统一"（产权、财权、事权、治权）村民共同体，增强发展和建设的主体性和自主性。

（以上项目规划的目标确定依据叶榄先生的《北京绿十字信阳考察记》、平桥区相关新农村建设、平桥区深化改革实验区项目等政府文件）

四、项目定位

1. 建设以茶文化为核心的有历史感的现代新农村；

2. 建设以村民为主体、以资金合作为核心的综合性的村社一体化合作经济组织；

3. 跨越工业文明，建立第一、三产业互动的农耕朝阳产业；

4. 建设河南省五里店现代有机茶、原种茶景观示范区；

5. 郝堂村合作社"中国原种茶"网上销售；

6. 城乡建设与区域可持续发展、生态低碳城镇与绿色节能建筑示范区；

7. 创建五里店新家园资源分类中心系统；

8. 开展以家庭、社区为中心的健康教育和健康促进活动；

9. 创新和健全新时期村干部管理考核机制；

10. 筹建"深化农村改革发展综合试验区项目"理论与培训教材组；

11. 筹建"北京绿十字民间农副产品"有机论证体系。

五、郝堂村背景

1. 地理位置

郝堂村位于河南省信阳市平桥区五里店办事处西南部，面积约 20 平方公里，属山区村。

2. 村庄经济和社会概况

2007年郝堂村总人口为2140人，外出务工经商人口210人，流动人口450人。2007年全村财政收入30万元，村民年人均收入3600元。郝堂村目前主要的公共服务设施有村部、小学、卫生所。第一产业是本村的主导产业。村民主要从事种植业和畜牧业，农业种植以小麦、水稻为主，主要经济作物有茶叶、板栗等。畜牧业以家庭养殖业为主。

3. 村庄现状用地分析

受山地地形影响，村庄现状用地布局比较分散，整个郝堂村海拔多在95～120米之间，可建设用地不多。

4. 村庄建设情况

1）现状建筑

村庄内建筑主要以村民住宅为主，建筑形式多为砖混结构，有少数传统泥土房，维护不善，是从20世纪50年代到21世纪初的建筑，小学和村委会建筑完整。

2）村庄道路

村对外主要联系道路呈放射状布局，连接区、镇道路，通往镇、区。村内主要道路路面均已硬化，次要道路为"村村通"道路。路幅宽度为4米。建议重新选择一个村庄的入口。

3）村庄基础设施

给水：生活用水主要采用压井取水，水质较好。

排水：水直接排入周边池塘和荒地。每家自建有旱厕和化粪池，此外无其他污水处理设施。

电力：由镇、区的10kV高玉线空杆线引入。

电信：大部分村民已安装固定电话。

能源：目前仍以燃煤、烧柴为主。一些家庭使用煤气和电能。

环卫：村部、敬老院和小学校内各有一所公厕和几个垃圾收集处理池。

邮电通信：村内电话和有线电视的覆盖率已达到100%。许多村民家有卫星接收系统。

4）村庄绿化环境建设

没有兴建成规模、成系统的公共绿地和健身休闲广场等设施。因此建议尽量保持现有的村庄自然植被面貌。适当建设一个有乡村特色的村民活动场所。

六、村庄建设现状及问题分析

1. 通过对郝堂村实地踏勘和对村庄基础资料汇总表的深入分析，我们认为郝堂村的村庄建设布局基本合理，村庄建设保持了乡村原来的基本风貌，依山傍水，适合乡村生活和生产。

2. 有部分住宅建筑建设随意，造成原村庄格局被破坏，没有较为系统的乡村建筑文化，建筑风格不中不西，缺少豫南民居特色，建造质量偏低，闲置农田与房子极多，并造成土地的大量浪费。特别是沿河建筑，有必要进行规划重建。

3. 村庄道路：村内交通工具主要是村民农机车、摩托车、畜力车等。村内道路网系统尚未完善，主要道路普遍偏窄。除村里一条主要对外交通道路（3.5米）和"村村通"道路（3米）硬化以外，全部为土路，或自然形成的植被道路。要保留部分乡村路，做好路面维护。村内小巷狭窄弯曲，应适当改造，方便消防车进入。

4. 村民住宅：整体来看，由于缺少规划，村容村貌现状尚好，只是没有特色。因受地形限制，住宅非常分散，这有利于传统的田人合一的耕作形式，目前只有小范围的适度集中。具体到每户来看，沿村主要道路居民住宅外观比较新，建筑质量相对较好。此外，村民住宅由于建造年代不一，房屋外观和新旧程度相差很大，相当部分的房屋由于建设年代较早又缺少必要的维护，破损严重。房子比较差的大多是经济条件不太好的人家，他们也没有钱来重建，这部分建筑最好以加固和改造为主，因为这部分建筑保持了原有的地方风格，特别的建筑格局基本没有改变。

5. 市政基础设施：由于历史和经济上的原因，我国村庄市政基础设施条件普遍较为简陋，就郝堂村而言主要存在以下几个问题。

  1）给水设施：村内主要采用压井取水。从长远打算，希望能让村里人吃上自来水。

  2）排水设施：现状村庄内排水沟渠大多为自家建设，整体布局较为合理，自成体系，没有污水处理设施，村庄有轻度水污染，对村庄周边的环境造成了一定影响。

  3）绿化景观：郝堂村近年来保持着较好的自然生态景观。村庄内部有部分可利用的环境景观，但其并没有得到充分的利用。目前村中砍伐树木烧木炭的现象很严重，对山林造成了很严重的破坏。

七、郝堂村培训宣传三字经

新农村，规划先。主要靠，咱自建。讲布局，求自然。

路与河，顺其弯。砂石路，好脚感。草伴树，护河岸。

建农宅，勿路边。中心组，要成团。相守望，宜分散。

街道窄，铺相连。围墙少，也安全。村多桥，好景观。
好房子，有沟檐。能排水，防暑寒。好墙体，忌瓷砖。
清水墙，特耐看。白玻璃，采光便。屋周边，梅竹兰。
村内外，林成片。护古树，爱名泉。人舒畅，鸟儿欢。
好山水，是本钱。保护好，最关键。有垃圾，分类拣。
变废物，成资源。不滥伐，林木繁。炭自用，禁外贩。
人畜粪，气薰天。净化好，少污染。河塘清，鱼虾鲜。
化工肥，土壤厌。毒农药，高留残。拒二物，进庄园。
农家肥，多积攒。育地力，促高产。有机粮，赚大钱。
自然美，是一面。民风淳，广称赞。邻里和，人抱团。
钱互助，解大难。敬老人，夕阳暖。乐助学，书香远。
违法事，绝不干。村规章，记心间。大家事，共同管。
客人来，热茶献。农家饭，放心宴。长坚持，村兴焉。

乡村健康预防篇：

讲科学，倡文明。多学习，常思考。平日里，勤打扫，讲卫生，疾病少。
重健康，在预防，养生道，贵在恒。常锻炼，抗衰老，量力行，勿过劳。
晨早起，空气好，跑跑步，练练操。勤换衣，常洗澡，睡觉前，烫烫脚。
日三餐，搭配好，调饮食，讲营养。少用药，多食疗，适时补，常调理。
少喝酒，不抽烟，管住嘴，常排毒。营养均，阴阳平，正气足，邪不犯。
有小病，及时治，现代病，不沾边。持之恒，不间断，四肢勤，年寿延。
人世间，心态好，福与乐，靠自己。一家人，要和好，老爱少，少敬老。
敬长辈，讲孝道，家务事，多协商。家和睦，子女教，知廉耻，懂礼貌。
不顺心，宜忍让，多谦让，少烦恼。邻里和，万事昌，心态平，方健康。
对家人，爱当先，长幼间，是朋友。家长制，已落伍，多交心，少独断。
夫和妻，同林鸟，家务事，共分担。赞对方，爱更深，孝双亲，要平衡。
教子女，要同心，享天伦，生活妙。懂保健，少生病，知足者，可长生！

八、新农村建设宣传口号

- 把农村建设得更像农村。
- 让年轻人回来。
- 让鸟儿回来。

- 让民俗回来。
- 财力有限，民力无限。
- 农民精神，中国力量。
- 先生活，后生产，安居乐业奔小康。
- 地下有蚁，田间有蜂，树上有鸟，有机农业高标准。
- 把绿色带进 21 世纪。
- 环境污染源于心灵污染。
- 文明的生活要从孩子开始。
- 门前有花，门后有园，河里有鱼，棚下有果。
- 村脏人脏家家脏，天长日久无客来。
- 奉献一点点，幸福千万家。
- 干部带头，群众加油。
- 自私带来肮脏，奉献迎来欢笑。
- 一年卫生村，二年茶园村，三年旅游村。
- 求善先行善，求德先行德。
- 奉献一代人，换来子孙颜。
- 自私自利，丢人现眼。
- 争做文明户，不做缺德人。
- 进门是家，出门是国，国家相依，祖国繁荣。
- 垃圾不出村，污水不入河。
- 家事是小事，村事是大事。
- 男人爱村，女人爱家，夫妻互爱，国泰民安。
- 妇女儿童齐上阵，定叫郝堂换新装。
- 让文明走进我们家庭，让绿色吹入郝堂村。
- 小家不干净妇女无颜面，村庄不干净男人有责任。
- 告别肮脏，重建家园。

九、运作细节

这部分工作能否实现，是在实践与预见中考虑。我在做这部分工作时，很多是凭我的经验在估计，这种估计不是看眼前，而是预计 3～5 年的时间。这种预见性是从 2003 年"五山模式"开始的，近 7 年的预见，使我慢慢地找到一些感觉与规律，在这个过程中，我想要什么，哪些是昙花一现，哪些是郝堂村未来的方向，社会与政府对项目的干扰程度怎样，等等，都需要我们经历失败与成功才能感受并体会到。

1. 建设以茶文化为核心的有历史感的现代人的新乡村

在自然中追求适度发展的郝堂规划，在常态中发现更真、更贴近农耕文明的生活与生产，规划的核心就是安居乐业。

1）郝堂村地理位置优越，部分泥土房和老建筑风格很有观赏性，进行保护性的修建。房前屋后进一步添加一些农家型的瓜果自然景观，自然简单才能取得更好的乡村旅游吸引力。以家为单位，以奖代补，每户人家建议种植一些"梅兰竹菊"与农民菜地为景观绿地，为茶文化营造一些文化氛围。大田作物尽量将景观效益和农业经济效益结合，可多种植视觉感强烈的植物，一是可以自供，二是可以观赏，三是可以在最快的时间中脱颖而出。

2）在村委会附近建设一定面积的新房和集体用房，利用项目资金从上游引水进村，开设"陆翁茶馆""唐茶驿站""毛尖原种园""郝堂村乡村实践""禅茶院"等公共活动区，可以吸引前来参观的外地人感受世外桃源。这样既能够给外地游客一个休闲和消费的机会，促进当地产业的发展，让更多游人有机会来此地品茶、体验采茶炒茶，还能把群众从家里聚集到公共区域，有助于营造当地的人文气氛。

3）依托当地现有的产业萌芽（村内的文化遗迹、原种茶、陆羽传说、木炭、集体茶叶制作和家庭茶叶制作，家庭小规划的养殖，村内的残墙断壁，以及土房、古庙和大树）发展当地手工家庭作坊，适当发展农耕消费中的体验环节，这是乡村产业中最有人气的项目。在前期的辅助带动工作后，让当地村民和领导逐渐修复自我循环发展的能力。

4）通过培训、活动、村民传统文化中心（寺庙或者祠堂）的恢复，关注村民的精神需求，引导村民亲近传统。尤其是年轻人的回村，会促成传承茶道、孝道等传统文化，让村庄更加生活化。

备注：这部分工作分为两块（一块是茶文化外部环境的建设，另一块是茶文化内涵的建立），主要由茶文化专家、远方网和北京绿十字协作完成。

2. 建设以村民为主体、以资金合作为核心的综合性的村社一体化合作经济组织

1）用希望来推动参与

确立未来郝堂村自然经济发展的长远规划。这个规划需要由村民参与制定，让村民知道自己村庄的发展，使他们充满希望。用希望和参与来联动郝堂村的村规民约，这个村规民约才会起作用，村民才会自觉遵守。确立以文化引导生活，用文明促进参与，用

参与完善村内金融互助的内深式的发展方向。为未来政府项目撤出后，做好自治与产业发展对接准备。

备注：这部分工作由李昌平协助郝堂村一起来实施。主要由村干部引导村民并在村民的广泛参与下实现。

2）均富是乡村生活中的特点

要形成以村民为生活主体的农业产业格局，由全体村民讨论一个全村有效劳动力协作，走共同致富的方法（比如10%做农家乐、30%做外出输入劳务、40%做传统农业和养殖业、20%做服务业等），这个想法虽然未必一定成功，却至少是一个能让大家在起步阶段凝聚人心的核心手段。

备注：由村委会、协作者中心和镇政府来完成（北京绿十字协助）。

3.跨越工业文明，建立第一、三产业互动的农耕朝阳产业

未来中国，绿色产业、环境品质、农耕文明会成为城市化之后经济发展的又一个新发动机。对于地域偏僻的山区，特别是距离市中心车程在1小时之内的乡村，没有发展工业的条件和交通，类似这样的乡村，就不宜再考虑工业发展，而应当由农耕直接进入农耕文明与第三产业。这样的模式对环境保护，资源性农业和农村持续性的发展与保护极为重要，也是与城乡相互依存、生态平衡、资源共享的发展方向。上海、北京、重庆、成都、杭州等城市已经意识到这种发展规律，并已开始规划与立项。

备注：这一项理论性的工作，由禹明善与贾建友来指导和总结。

4.建设河南省五里店现代有机茶、原种茶景观示范区

这是信阳茶产业未来发展的长远目标，普通茶、无公害茶、绿色茶、有机茶、原种有机茶，是平桥区要面对的以后发展茶产业升级的过程。北京绿十字因为有较好的合作专家团队，可以一次性完成从普通茶到原种有机茶的跨越式的过程。这个过程需要政府有一定的前瞻性，尤其是第二年，要在进村口设卡口，全村要慎重承诺不用农药和化肥，同时对伐树、烧炭等进行检查。政府和村民要做好政策性的风险投资，还要做好风险评估。正常状态下政府一般不会做这件事，村委会能力有限，这些事有市场来做，可是这个过程又是一般投资者不愿意经历的，估计事情做起来有点艰难。

具体步骤为：第一年进行有机水稻试验性种植、局部花卉种植（绿肥紫云英）、局部茶叶改良。把有机、原种茶、品质、回归田园作为第一年的建设目标。第二年就可以全面推广，真正地推动有机生活和田人合一的乡村生活。

备注：这部分工作由政府、村委会、王立平、陈长春来完成。

5. 郝堂村合作社"中国原种茶"网上销售

两年之后，村庄具备服务与管理功能，网络销售与宣传就可以做了，北京绿十字与中国"远方网"合作，利用网络低成本宣传项目，联合网络销售，建立当地茶叶网络直销模式，直接将部分优质茶产品礼品化，逐渐改变原有茶原料供应地的身份，网络销售的同时也是当地茶产品形象推广的过程。

备注：北京绿十字（梁燕负责）、中国"远方网"、协作者协会三方完成。

6. 城乡建设与区域可持续发展、生态低碳城镇与绿色节能建筑示范区

把低碳、节能、抗震的建筑新格局引入郝堂村，建立一个生态平衡的人居乡村。建成人居环境建设与改善、历史文化名村名镇保护与更新改造、新农村发展规划与建设项目策划、生态村建设技术与示范等综合性的示范区。

备注：该项目工作主要由华中科技大学王晓鸣和北京绿十字协助郝堂村完成。

7. 创建五里店新家园资源分类中心系统

创建资源分类中心系统（垃圾分类系统）是一件简单而又复杂的事情，是政府想做的事，也是村民想做的事；是垃圾拾荒者想做的事，也是环卫人员要做的事；是北京、上海没有做成的事，也是五里店还没有做好的事。正是这样，政府如果能做好这件事，本身就是很有意义的事。

具体的做法是，从郝堂村开始，从每个家庭开始，垃圾进行干湿分开。政府、环卫、村民、拾荒者四者联手，率先把这件事做出样板。需要调动村民义务出工整理村庄的垃圾，实行资源分类。在项目实施中，垃圾与环境问题可以说是五里店政府绕不过去的事，也是领导常来检查时遇到的最麻烦的事。

备注：此项工作由北京绿十字、村委会、五里店三方合作推动。

8. 开展以家庭、村庄为中心的健康教育和健康促进活动

改革开放30多年来，中国社会飞速发展，国家面临的社会服务管理需求正在发生巨大的变化。其中一个显著特征是公民对健康服务的需求日益增加，尤其是家庭健康（疾病预防、心理健康、婴幼儿教育、老龄人口护理等）已成为新的需求点。如何在政府主导下通过多部门合作与社会力量的参与，有效整合各种资源，来满足公民对健康的需求，从而构建全民健康社会，是中国政府和全社会面临的一个重大课题。

2006—2009年，人口计生系统在全国29个试点县开展国际合作的中西部地区生殖健康家庭保健服务能力建设项目（一期），从群众最关注的家庭及其成员的健康出发，为妇女、儿童、青少年、中老年等人群提供贯穿生命全过程的健康教育、健康咨询和健康

检查服务，使健康这一基本的民生问题得以落到实处。

备注：区政府、中国人口与发展研究中心翁永凯、镇政府三方合作。

9. 创新和健全新时期村干部管理考核机制

区、镇二级要制定一套对村干部进行考核和奖励的方法或制度，制度要有持续性。还需要区和市有关部门把部分权力和项目下移到村委会，还权于村两委，改变现在的村干部只有责任、没有权力的现状。这不仅可以调动村干部的积极性，也可以让村干部有一定的利益分配权，对目前软弱的村级组织来说尤为重要。

备注：这项工作由镇与区来完成，要具体，不要形式与口号。

10. 筹建"深化农村改革发展综合实验区"理论与培训教材

我们用两年时间完成"深化农村改革发展综合实验区"项目，第三年就是项目总结与临床阶段。项目从一开始就要用日记、图片、录音、录像完整地记录下来，并编辑成"深化农村改革发展综合实验区"教材，第四年开始在信阳市全面开始实验区的复制与推广。出版工作要等到第五年才能开始，一个项目5～6年如果稳定了，能实现70%的预见，这个项目就算是完成任务。

这项工作从接受理念到完全做好有一个过程，工作烦琐但资料非常珍贵，很多资料都有时效性，无法弥补。这种细微的工作，光靠协作中心不行，还是需要北京绿十字团队来完成，必须要有有效的管理和监督，预先进行人事安排，组建"项目支持组"。

备注：由北京绿十字以及村、镇、区项目团队共同完成。

11. 筹建"北京绿十字民间农副产品"有机论证体系

中国的食品问题，论证的公正性越来越受到公民的质疑。在西方社会中，论证体系基本由民间组织承担，由第三方论证。尤其是第三方公益组织更加具有公平性。北京绿十字从2005年起就计划筹建"民间北京绿十字论证计划"，因为没有适当的时机，一直没有完成。本项目中，北京绿十字首先要完成"信阳原种茶"有机论证，目前只是北京绿十字内部的论证，不与政府的论证发生冲突，等影响大了，公众认可了，"民间北京绿十字论证计划"就会具有社会性。

备注：由北京绿十字、中国"远方网"、协作者协会三方完成。

12. 项目准备工作要点

（1）系统考察，选择项目，政策沟通，项目对接。

（2）项目点规划，准备每个村的测绘图和形状图。

（3）请平桥区农技站对五里店郝堂村土壤进行化验，提供报告。

（4）先做小事，从资源分类开始，从道德修复起步，建立小学生广播站，进行宣传、传播、批评和表扬，全面推动乡村资源分类。

（5）确定好项目点办公室与住处、网络、项目负责人通讯录。

（6）开展以家庭健康为切入点的全民生活卫生常识、公共健康知识和心理健康知识的教育、宣传和服务，侧重于传播健康理念、健康知识和信息，提高民众（特别是妇女和老年人）的健康能力，包括针对妇女和老年人的健康咨询、健康体检和健康教育等。

十、实施内容（2011年3月—2013年2月）

1. 准备工作

2011年3月1日—2011年5月20日，完成郝堂中心村的规划、培训、外出参观、集体用地与河道转租、环境卫生、家园美化、村规民约、合作经营互助、政府项目（水利与景观结合）等对接工作（因为时间太紧，要一边设计一边施工）。

2. 近期目标（2011年5月21日—12月20日）

（1）硬件：完成旧房改造30家、新房和重点房建设18家，有机茶田300亩，"郝堂茶人家"农家乐2家，夕阳客栈（健康与保健）开始筹备，景观（农田）改造300亩，原种茶100亩。完成以家为单位，以奖代补的一户一景的村庄环境改造。

（2）软件：建立村民共同体、"统分结合"的自然经济发展模式，建设以资金互助合作为核心的经济发展，在建设过程中完善村干部在村里的绝对权威。

3. 中期目标（2011年12月21日—2013年2月）

硬件：完成郝堂新村整体建设改造，项目引起社会关注，政府与社会企业参与性更强，市场主体开始有计划地建设，随着村庄环境的改变，年轻人返乡回家越来越多，农家乐与就业机会也越来越多。以自然村为单位，政府的项目开始向其他村组扩展，道路、水系、绿化等基础性建设投入加大。

十一、后续工作

1. 理论与总结（2012年11月—2013年10月）

（1）做郝堂村是因为这个村有代表性，也是资源一般性的村庄，正是一般性才有普遍性，才有复制与推广的价值。这需要政府支持和学界从理论上的总结。这部分理论性的工作以前往往被忽略，但没有这部分理论性的工作，就不可能有未来乡村建设与复制工作的延续。

（2）复制前需要先有郝堂村总结的理论与经验，要对本地工作队进行系统性的培训和理论提升。把这种方法和经验进行本土化，并转化为一套系统的培训方法，是项目的价值所在。

2. 远期目标（2013年11月—2015年10月）

试点调整阶段，全面推动信阳市深化农村改革发展综合实验区。这部分工作是终极目标，也是项目的价值所在，这时的复制与推广工作由本地协作者协会主持，北京绿十字等专家组转到后台，做指导性工作。主要是项目的价值、意义、经验总结、图书出版等工作。

资金预算

此项目要想做成中国新农村建设中的精品，成为全国的示范项目，需要平桥区政府的财政资金500万元，国家项目资金3000万元。以下为郝堂中心村与核心区红星组的大致预算。

一、第一期建设总计费用：321万元（包含设计规划费）

房屋：旧房改造30户×每户1.8万元=54万元，重点户（沿路靠水）8户×3.5万元=28万元，18户新房建设×7万元=126万元。三项合计：208万元。

项目支持与配套资金：村庄环境整治8万元，垃圾分类3万元，环境绿化6万元，路灯和墙灯5万元，沿河拆迁和改造12万元，2家农家乐（已预算），学校大门和厕所改造10万元，村入口标识5万元，沿途安逸亭2万元，高仿唐宋石雕30件16万元，农民培训班1.5万元，有机农业风险补贴费3.5万元，100亩原种有机茶改造6万元，300亩农田景观改造补贴费18万元，运作和工作费用2万元，不可预见费15万元（含人工和材料涨价）。合计113万元。

二、第二期景区建设资金总计费用：1597万元

1. 新村建设用地30亩16万元，乡村茶产业39户（农民住家、旅游与休闲，商议开发，费用可另计）200万元，水面（农副业改造300亩1000万元，有条件就做，没有条件可以不做，项目资金不在预算中），3座放生桥60万元、3座简易桥30万元、3个观景式漫水坝50万元，一个村民禅茶活动表演中心（800平方米）160万元，一个中心活动广场（含戏台）60万元，村中心道路16万元，600亩原种有机茶改造24万元，300亩农田景观改造补贴费18万元，茶区整体绿化30万元，灯光与路灯设计10万元，老龙头景点1万元，郝堂村昭庆禅寺16万元（部分可民间集资），规划设计费160万元，共851万元。

2. 后期完善项目总计费用：727万元

太平仙山娘娘庙（部分可民间集资）26万元，茶艺制作体验展示馆400平米60万元，一座本地古民居移迁（保护性）120万元，茶区三处观茶亭26万元，恢复信阳八大茶社×30万元=204万元，晚约客栈（健康与保健）60个床位800平方米120万元，茶区牛车10辆×6000元=6万元，功能性休闲雕塑5处（信阳历史）100万元，规划设计费65万元。共727万元。

3. 后期软件费用：19万元

筹建乡村产品网上交易平台3万元，策划"北京绿十字民间农副产品"有机论证体系6万元，建立信阳平桥科技局支持的原种茶试验基地8万元，实验区经验材料编辑2万元。共19万元。

三、资金说明

1. 中国的乡村需要解决一个问题，即如何激活乡村，让"三农"问题变成"三农"希望。我有意加大基础投入的这部分资金，应该由政府投入，也是我们政府长期以来欠农村的。郝堂村项目第一期建设资金在360万元之内。完成后郝堂村就可以成为国内最有代表性的茶文化新农村。达到这个目标还需要政府的决心和村干部的信心，没有这些做基础，仅仅依靠北京绿十字和李昌平是不可能完成的。

2. 如果项目第一期建设顺利完成，我们就有可能把项目提到另一个高度。市和区政府想把这个项目发展成一个信阳茶生活公园，或乡村体验的信阳茶都，如果要求能达到AAAA级乡村公园，那么在投入上就是另外一个项目，估计投资需要1800万元。

备注：以上资金只是一个基本估算，预算是以艺术价值标准做的。项目如果一开始预算太低，那么将来项目升级，前期的投入可能就会浪费，因为这个项目从一开始就是按照精品标准来做的。

我与团队要用近半年的时间来完成这个"郝堂·茶人家"项目的目标与工作内容，这个过程也是这个项目的行动计划。在未来的实践中，我会始终不停地看着我最初的计划，在方向、速度、定位、品质上进行校正，与政府的项目进行磨合，把握最初的理想。我要调整的不仅是我的计划，还有政府、村委会和团队的计划。正因为如此，这份项目书基本就是一个郝堂村控制性规划。

每一个项目规划，一定要具备政策性、可行性、落地性、操作性和复制性。这个乡村建设的流程图，需要3个部门与专业的交叉作业，即政府、村委会和北京绿十字团队（社会力量，也称非营利部门）。郝堂项目在建设之前，我们必须构建三股力量，并且一定以当地村支两委为核心，还有村干部，建立乡村治理下的工作流程，才开始配合村干部与政府部门讨论工作计划。这个计划的制订由村委会提出需求，政府部门立项，我设计,"一把手"决定。先后参与者有李昌平(郝堂村内置金融执行人)、孙晓阳(北京绿十字执行主任)、吴本玉(平桥区副区长)、禹明善(项目秘书长)、胡静(村主任)、马德记(信阳茶人)和陈长春("远方网"负责人)。

四、六年之后

我希望6年之后再来看看我们今天的最初的期待,6年之后再回头看看我们今天的规划与设想。9年之后才是项目定性。9年后项目依然正常,则说明2011年的规划是落地性的,是有价值的规划与项目。

正解郝堂，田人合一

做这个项目之前，我想的一件事，就是希望把郝堂村做成中国乡村建设的教科书。可能这个目标有点过于理想，因为要解决农民回归到本来种田的位置，让农村再次充满活力，回归乡村自然经济，回避城市发展中的竞争机制，适当注入服务与管理，以常态下的新农村来激活郝堂村，把郝堂村建设成未来信阳人民生活与文化的奢侈品，如此等等，就是我自己也会感觉有点乌托邦。现实中，如果此项目不成功，那么我孙君自然会成为乌托邦，可是项目如果成功了，那么这就是一本书，这本"书"在中国基本没有现成版本，中国几千年的农耕文明已被西方农业与技术引入歧途。目前很多专家与官员还在为西方文明感到兴奋，许多政府机构更是不知所措。

书分为两种，一种是看图的书，这非常适合农民与政府，他们都不喜欢也不擅长用成套的条条框框的理论来表述，比如农民看房子一定要看图才能看懂，政府官员看规划一定要看鸟瞰图，貌似根据在"天上"看的图他们才能判断出项目是漂亮还是丑。另一种是教学与理论的书，这个工作从一开始就有意识地在准备。如果项目顺利的话，那么项目在结束的第9年就会完成关于郝堂村项目的两本书。一本是实践性书，另一本是理论性书。北京绿十字的所有项目，成功与失败都会以理论与图表的形式引入开启民智的教学之中。我们的目的不仅仅如此，我与团队的最终目的就是计划设立北京绿十字乡村建设的系统教材，成立本地的乡村规划与设计的专业机构。

这就是我所说的落地有声。就是从项目制定起始时的每一条每一句，心中都已经有完成任务的团队的设想和把握，要能把握住有一个执行力强的机构，有一定的项目资金来支持（村民为主体），要明确我们做的规划与设计是从郝堂村地里长出来的原创设计，要确定项目最大的受益者是农民。农民受益就是方向，这也是一个设计师所应该承担的社会责任。

在我制定好这个项目时，我基本感觉到某些项目排除掉特殊情况的话，至少有60%的工作目标是可以完成的。另外有30%的外延项目会有意想不到的收获，还有10%是我在项目制定时考虑不足的。这就是我在制定这个项目时的大框架。

2011年4月3日前后，我一直在讨论签订合同的事，郝堂村的工作推进很快，此时已进入一边施工一边规划一边签订合同的状态。我与王继军区长和吴本玉副区长有了很好的默契，大家相互信任，没有问题。我是晚上画好设计图，第二天就开工，一边规划一边调整。我称这是动态式乡村设计，这种设计与乡村自然生长一样，很有艺术创作中的随机性和灵感的闪烁。王继军区长一周要到村里两次，村里曹纪良说，原来一年也看不到一次区长，现在一周最多时要来三次，弄得我们压力太大啊！我笑着说："很多村干部是想见王继军区长都很难，曹纪良是不想见到王继军区长都很难啊。"胡静主任捂着嘴在笑。

我的工作是把很多零零碎碎的子项目、外部（企业）加入的项目、引入的非本地项目、政府各局委办的项目以及村干部与村民想做的项目等进行有机的整理，并形成一个完整性的乡村建设项目。现在很多政府天天要做规划，感觉规划做好了，项目就能做成。这种想法未免太幼稚、简单了，建设规划只是乡村设计和建设很小很小的一部分，这部分工作对我而言只需一个人在画室就可以完成。乡村工作涉及多学科，是知识与文化的交叉，会随时随地发生变化。我们其中的变化就是乡村建设中农民的需求，约定俗成的文化，这种文化是几千年来形成的，是属于自治与道德下的文化特性，变幻莫测。它不像城市文明中，那些法律、规定、措施、办法等是共性的，是人为制定的，是可预知的。我在做的工作恰恰就是我想研究有生命的乡村边界的变化。郝堂村就是因为有这样一个未知，才让我们团队有了探索的价值。

我将近期工作基本分列在以下4个领域。

一、村里要完成的工作

（1）马德记负责信阳原种茶。

（2）胡静负责农家乐与旧房改造。

（3）有关村里的野花和菜地事宜，与陈长春联系。

（4）垃圾分类重新选址。

（5）区政府负责旧房改造与新房建设补偿标准。

（6）村干部负责荷花池调地。

（7）昭庆禅院募捐工作。

（8）村庄的水资源全力收归村集体管理（自古属于集体资源）。

二、镇（办事处）要完成的工作

村干部与党员工作机制的建立：

（1）垃圾分类运行管理执行办法。

（2）山区烧炭、古树、林地管理办法。

（3）村干部工作业绩综合考核标准。

（4）党员与老干部模范带头示范性。

（5）负责与区和各局联系，争取更多的项目。

（6）村庄建设环境很差，黑势力很多，白势力（政府）无为。

（7）近期工作日记，主要是日常工作的困惑与解决方法。

三、区委要完成的工作

（1）全力推动项目，执行落到村委，这对提高村干部管理能力、调动村民积极性非常重要。

（2）原种茶的技术问题。

（3）北京绿十字民间绿色认证体系。

（4）所有项目的管理构架，项目速度、阶段任务。

（5）项目网站的筹备。

（6）加快道路与农户示范户的建设，要求的是速度与品质。

（7）乡村建设培训体系，多样型的培训形式。

四、北京绿十字规划与设计工作室要完成的工作

（1）完成郝堂村平面功能示意图。

（2）景观农业示意图。

（3）郝堂村水系（修复村庄生产与生活基本需求）。

（4）民房设计调研，植物配置（东南大学）。

（5）旧房改造设计。

（6）尽快完成两个农家乐项目的启动。

（7）保持记录日记，一定要真实。

乡村建设中，项目各归其责非常重要，我们不是万能的，规划设计也不是万能的。政府更不能什么事都管，管多了，什么事都管不了。村是主体，所有的工作都是在助推村支两委。这是四个领域工作之目的，乡建其实并不难，只要把权利还给村干部，乡村就有生命，就会持续。只要村干部失去了应有的权力，中国乡建就难于上青天。乡建没有大事，只有小事，村干部有了权力，乡建的难题（"三农"问题）就会迎刃而解。

2011年3月30日 信阳郝堂村规划务虚会

今天我把谷城县五山镇的弓，枝江市问安镇的工作室，以及宜城市板桥店镇的画室，

一起搬到了平桥区党校，信阳项目我准备背水一战。因为规划催得比较急，又不能过了春季，下午就在三楼的会议室讨论郝堂村的规划。

此时的硬件项目由方洪军负责北京绿十字灾后重建规划与设计工作室，颜平和张继基负责郝堂村项目，李如道负责问安镇项目，方工兼顾负责山东方城项目，孙晓阳负责北京绿十字的软件部分。

进入平桥区党校，要经过一条欧式风情的小街，214户原准备做商业街，后来改为平桥区政府行政街。走到头是平桥区党校，党校进门就有一块大石头，上面刻了四个字"风生水起"。据说原来的党校"风水"不好，就在大门口放了一块大石头，大石头是用来冲大门对面的厕所。大楼正上面是毛主席的题词"实事求是"，因为是草书，读成"足球是宝"。

参加会议的有区科技局禹明善，五里店苏永华主任，郝堂村曹纪良书记、胡静村主任，北京绿十字孙君、颜平和张继基。会议召开前，禹明善与我商议是不是通知村干部，我说当然，我们一定要以村力量为主体。

定的是下午3点开会，我睡不着，可能是茶喝多了，又想到刚刚搬家，家里还乱成一团，于是便爬起来整理工作室。一点半时，村干部与禹明善来了，一起帮助我整理工作室，后来党校的不少年轻人也来参与干活。

下午3点，交通局苏永华局长来了，我们全部到三层会议室开会（我住在二层，还挺方便）。村里的很多问题需要进一步确定，很多问题是规划之外的问题，也是村庄的问题，此时我已经不知道自己是甲方还是乙方，更不知道哪些是收费的工作，哪些是不需要收费的工作。这种状态下，真的只有公益性的机构才能做，公司与市场就做不到。公司与市场追求的是利益最大化，而公益组织追求的是社会责任最大化。

会上我主要谈了以下几个事项。

（1）进村的村道，这条路有3公里要沿河全部改道，路宽为7米（水泥与灰砖结合），每隔100米埋一段大孔管道，为小动物留下通道，也是水利准备，免得以后再破路，公益修路一概不补占地的钱。这一点非常重要，项目一开始就要树立好的风气。

（2）郝堂村目前还没有建新房，绝大多数旧房改造，每户补助多少，按新房设计时的标准，1～2人，3～4人，5人户以上，3种户型，新旧房统一补助标准。

（3）村里准备调整30亩地作为新建房建设用地，需要政府调整土地指标。这个准备工作要开始了，另把村委南部耕地全部改为种藕，这样农民收获也高一些，景观也好一些，更重要的是可以消化村民的生活污水。

（4）村民一直认为"风水"不好，村干部想改造村委会大门，我也这样认为。现在凡是村干部想做的事，我就力挺，一是想让他们尽快动起来，让他们有信心，让村民信任，让局委办力挺村干部，二是让村民看到变化，三是让区政府相信我们的水平。我对村镇区干部说，还是要说"风水"，现实中干部比农民更信风水。一是村委会正面是学校厕所，这叫霉头，这种霉头会压抑全村的人才与财路。二是学校大门正对面村委大门，门对门必定穷。三是进村口应该在东南方向，古人说朝阳路就是这个意思。四是一个村要出人才（郝堂村 60 年连一个科级干部也没有出过），学校大门一定要朝南，或把学校换一个地方。村庄进与出要有桥，最好是两桥，桥面要高出地面，桥下最好是长流水，水为财，活水叫财源滚滚不断。五是村中的古寺，这个寺就是昭庆禅院，现在寺没有了，可是香火依然还在。寺是村规民约的一个核心，也是村民道德与精神世界的寄托，更是一个村的心理医生，所以修复古寺对村民的社会稳定、人与人关系的和谐等有着重要的意义。寺一定要朝向好，原寺中的百年银杏树还保留着，这很难得。学校地势太洼要搬出去最好，现在有阴森的感觉，也很潮湿，不亮堂，被风与水所困。学校南面两户人家太穷太破，东南部又是厕所，更加不吉利，加上大楼前树林位置不好，应该尽量位移。

（5）垃圾分类的问题是全镇要做的，目前镇已经制定了相关的方法与政策，我还是看看效果吧。

（6）村干部一直说村里缺水，我说不缺水，是水没有用好，村里的水源很好。村干部希望水能绕着村一圈，我原来没有考虑好，可是村干部提出，我就一定把水绕村一圈加上，村干部的想法与我们的想法加在一起时，这个规划就会成立。村干部想做的事就会有执行力，此项目优先放在前面考虑，激发他们的参与热情，增加他们的自信，他们的责任感就是这样一点一点地被引出来的。

（7）对有机农业、原种茶、农业景观等都一一进行了讨论，因为是务虚会议，所以每件事都难有定论，对于每件事村干部都要回去与村民交流摸底。村干部对薰衣草有很大兴趣，我感觉薰衣草不像乡村的，太浪漫了，不好，放在城市与小镇上就很好，这也是陈长春与我的想法。

（8）对于村庄道路和原来的村道，苏永华主任建议改道，道路拓宽就要拆迁，拆两户就够修几公里路了。局长以为另修一条路，在东在西均可，颜平建议从东修，我建议从南沿水修，可以把水利项目与乡村景观结合，又便于农村生活与生产。讨论结果是村中的路接受颜平建议改为石材和砖路，进村的用我的提议，路保持土路（不沾脚），村路为步行街，旅行车从村处走，以保持核心村的一分安逸与安全。

讨论中，我有意在众多的政府官员面前不断地与村干部交流，听从他们的意见，慢慢地形成以村干部为中心的局面，是村干部在做事，我们只是为村干部帮忙，做到帮忙不添乱。在我近几年工作中，类似这样的会议，绝大多数村干部是不可能参与的，他们只有接受与干活的份儿，这很不正常，也是乡村矛盾突出的原因所在。

调整以村干部为核心，把权力与责任还给村干部，这是我们这次最重要的工作目标之一。目前看来，我顺势而为，在这次会议中渐渐地把村庄建设潜移默化地转移到以村干部为中心上来，这对整个项目来说，是确保项目成功最重要的一步。

这次会议的纪要原本不该由我做，而是由禹明善安排或者由村干部来做，每次问他们总有理由，可是一看他们的记录，就像领导讲"套话"，什么话前面都要加上"伟大正确。"他们还是没有一个良好的记录真实话语的习惯。

也有可能他们与我一样，回到家后再补记，希望如此吧。

2011年4月1日

开始研究郝堂村的道路改造，这是一项工程，我总怕工程，因为只要是工程，一个好端端的村就会变成又冷又丑又硬的景观，这是注定的，只是希望在平桥能改变现状。这种状态大家都知道是错的，可是大家都无能为力，错误一次又一次在发生，悲哀啊！

中午王继军区长来了。听说王继军区长已正式荣升为区委书记，一切正向好的方向发展。北京绿十字孙晓阳在这期间才开始与平桥区政府筹备签订合同。中午与王继军书记讨论郝堂村的规划，他提出了尽量保持郝堂村原状，农民建房，他们自己选地址，老房保留，新房可以重新放在新规划的生活区与经营区，农民住房与经营分开。农民的地用来种田也是为了生存，在田上盖房经营也是为了发展，这应该是合理的。王继军书记在乡村工作得出这样的观点，一定有他自己的想法，这种想法远远超出了我的前瞻性，不易。

颜平在旁边说，这不行，国家对农民宅基地有明确的规定，这不可能。王继军书记转身说，怎么不可能，把土地性质改为村集体性质，以集体名义来经营。颜平还想说，我笑了，这时王继军书记是秀才遇到兵了。

之后我们再次去郝堂村考察，王继军书记说能不能把村庄规划范围再扩大一点，我说可以，我们先在郝堂村做好操作模式和工作方法，然后尽快扩大范围，先做小，可控，要做大先做小，王继军书记没有说话，看着我笑了。

在考察过程中，我说得最多的就是村里伐树、烧炭。五里店办事处的领导说，这事很不好说，分管这些事的部门与五里店办事处平级，有的级别比他们还高，一说就得罪人，村里就更不好说，只有我们去说。

从政府把山林确权给农民家庭后，树林不但没有被保护，反而遭到更大的砍伐，一片一片原来的集体林场被砍完了，我们根本管不了啊，有农民自己砍的，有外面的树贩子砍的，花样太多了，砍着砍着，树就没有了。历史上又一次大规模的砍伐。

2011年4月2日

上午我带着张继基与颜平集中作图，讨论规划。下午3点，林业局、水利局、交通局相关工作人员准时赴约。会议由吴本玉副区长主持，村主任与禹明善、苏永华主任参加。

这次讨论不是务虚，而是针对政府的项目资金整合与施工队的协调展开。会议在我的工作室进行。会上禹明善大致介绍了北京绿十字和区政府的意图，讨论中村主任与书记一直在校对我们对3公里路的问题。这3公里有农民的田地，有灌溉需要的土地，有坟地，有好说话的人家，也有特别不好说话的农户。所以协调起来很有难度。

晚上我们再次修订规划。这个规划调了很多次，每次我都是很有耐心地一点一点地改。村干部很忙，又不太懂规划，我是借此机会在与他们交流，要让他们感觉他们的话有人听，专家在听他们的话，一点一点与他们进行思想对接。村干部说话有一个特点，往往是昨天刚说的话，第二天就不算数了（主要是群众思想变化异常所致）。于是只要他们说不行，我们就改，反复改，改到他们说行为止。就这样，这个村的规划最终实现了在村干部的思想认可下形成了村干部自己心中的郝堂村规划。乡村规划一直处在动态中。这个过程中，我们不仅是做规划，也是对一个村的文化、村民的风气、人的生活习惯、村干部的能力等开展一个规划前的详尽调研，这样我们对郝堂村项目的当地队伍和民情都有了一个更为完整更为全面的洞悉与了解。

我很重视这个过程，这个过程是我乡村工作中最关键的一步。一是实现与村干部的默契。二是与村干部有足够的时间沟通。有了默契，很多工作就会顺利得多。这个过程我称之为有效培训。三是只有以村干部为主体，村干部才会操心，这样的规划才具有落地性。四是很多专业用语他们也慢慢学会了，我们在交流时就更加方便。

2011年4月3日

上午与苏永华主任及交通局的人一起进村进行七公里道路考察。交通局很认真，派了不少人到现场，考察过程其实就是一次沟通与了解的过程。交通局修公路有他们行业内的标准与项目要求，这些与我们的要求在接近，但是这种接近对他们来说有些是违反规定的，也是要承担责任的，可是我又坚决不同意用工程的做法，因为我认为以工程的方式很煞风景，对乡村建设有破坏性的损害。关于这些看法我与他们一直在争论，他们也很为难，最终他们还是同意了我们的观点，因为他们也感觉现在的工程是近百年来最难看的工程。

（2011年4月5日 空中日记）

2011年4月24日

郝堂村规划与设计做得差不多了，郝堂村平面规划、景观平面、道路、河道、资源分类、原种信阳茶、原种茶馆、民居新房设计、旧房改造、金融互助、健康、有机（荷塘与渔）、水稻、花卉、寺院修复、放生桥等工作进入深化与扩充阶段，各规划之间不再是各自为战，所有项目在王继军书记与吴本玉副区长的关注下，在村干部与我的监督下，一点一点地向前推进。建筑与乡村之间有了更加紧密的技术关联，新房与旧房有了更加纵深的历史顺序，房前屋后与村民有着更为合适的尺度，山、水、河与村庄在空间上形成了田人合一，也可理解为天人合一，是三产融合与生态文明的真谛。这个过程也是一次与村民的零距离交流，更是一次农民对我的培训、我对农民的引导过程。村民要的是什么？他们的要求哪些是对的，哪些是错的，都可以从这个过程中得出令人信服的答案。

村里开始筹备调地（荷花田），在集中推行村庄的资源分类，小学生们开始很认真地监督与评比。新农村建设一定要做到，村庄建得漂亮的同时，村民的文明意识也要同步提高。遗憾的是，当前新农村建设是村庄漂亮了，可是村民自私自利的欲望也提高了，村里的自治环境被破坏了。郝堂在一开始就把村民参与家园的建设，村庄的环境，以及村小学的加入与村民自治融为一体，只有他们有了自律，有了参与，建设与规划才有价值。

这几天我一边工作，一边布置工作室与画室，一边在思考郝堂的建筑风格，这个过程已经有了近3个月的时间，目前风格还没有形成。一个地区的建筑风格不是我强加的，也不是在书中能找到的，而是它本身就存在的，只是我们没有找到，没有在意。这种风格可能就在我们眼前，我也能感觉到，可就差一点点。

2011年4月17日 灵感说来就来

今天是这次在平桥的最后一天，但我的灵感说来就来了。我用了大量的时间对村庄的每一栋旧房，每一处新房，每一座桥，每一个堰，每一条路，进行一笔一笔的设计，一点点的创作。对信阳地区老建筑的风格、砖的纹样，以及屋脊、房檐、大门等进行收集，重新测绘设计，并寻找制模的厂家，开始制作砖的模型。同时尽快把郝堂村的总体规划完成，与张继基和颜平讨论郝堂新村规划设计，交流水利、道路等问题。

下午与禹明善对合作项目协议进行最后确定，其中服务费50万元，设计规划费25万元。晚上吴本玉副区长等领导请客。

吴本玉副区长是我见过的女区长中给我印象很好的人，从第一次见面到今天，印象一次比一次好，基层干部对她都很认可。她务实、真实并很有自己的思想。

我们谈到道路问题，她坚持我提议的，不修水泥路，不修柏油路，只修山石路，并保持随弯就弯，高低随势，在吴本玉副区长的有力推动下，路的问题不再找公路局，因为公路局要花两个月，费用约180万元，而把扶贫路修路工程交给村委会，150万元就可以完成。吴本玉副区长一直强调路不在于有多宽，而是通行安全。

吃饭时，我们谈到郝堂村90亩荷花地自己调好，这很了不起，村干部不易。买荷花种子本来要25万元，吴本玉副区长打电话给付款的单位领导，对方说要准备30万元。吴本玉副区长说10万元。对方说不可能，最少准备20万元。对方没有讲话，吴本玉副区长就挂电话了。后来吴本玉副区长对我们说："他想套我话，说30万元，我一听就知道，最多20万元，对方就不说话了。"我们都笑了，吴本玉副区长真是老江湖，厉害。

郝堂是缺水的地方，我知道未来的郝堂村会人流如梭，要想让人来，乡村自然的景观就要设计得漂亮，这很重要，如何在郝堂制造出大面积的水面？这对一个缺水的地方来说是一件很困难的事，除非我们设计出一套静态水面，并且还要保护环境，对生活污水进行净化。于是我与村干部商议，把原来村对面的水坝加高加大，把水面抬到足以把四周的农田浇灌，从村里绕一圈再回到原来的小溪。这样只要把农田改成荷花田就可以了。

郝堂红星组缺水，我希望让水能在村中活起来，于是准备大面积改造荷花田，就在当地人称为"郝堂冲"的核心地。我就这个想法与村干部和王继军书记进行沟通，大家感觉很好，于是我就直接进入规划与设计，村干部开始做征地前的准备工作。

郝堂，当地人叫"核塘"，听起来很像"荷塘"，我感觉荷塘与郝堂很有缘分。

从一号院开始

  郝堂村之前没有旧房改造的先例，村里的房子要么拆了重建，要么废弃不管，农民都封闭在自己对房子建设的理解中。要找到一户愿意接受改造的试点，如同打开一个封闭世界中的缺口。这个缺口如何找？是我们面临的第一个问题。

  选试点最重要的有两个关键点，一个是户主本人，另一个是房子本身。我提出了这样的要求：试点的户主首先最好是党员，是村干部，这样的人觉悟高，好引导；用于试点改造的房子应该是老房子，就是我们所说的普通民居，比如瓷砖房、欧式建筑、火柴盒房。

  紧接着问题便出现了，村里人认为老房子没有价值，是一定要被拆掉的，没有人肯为老房子花钱。为了项目的顺利推动，用一户试点打开一个村庄建设的缺口，一定程度的妥协也是必要的。几经协商之后，改造用房的定位更改为：新房子中年代比较老，形式上比较新，但是建筑格局和生活方式依然是旧的，是不再适应现代生活方式的"新"房子。乡村改建最怕的是有钱乡愁没有了，没钱年轻人不回来住了。如何花最少的钱既能留住乡愁，又有舒适度，还要像农村，不是豪宅，不是会所，不是民宿，这就是一号院的价值。

  村里果然有这样的房子！房子主人是张厚建，是村里的生产队长，还在城里做装修，这样既有觉悟又懂技术的人实在难得，所以就定他家了。这个房子质量比较好，格局比较典型，建造时间是20世纪90年代初，算是村里最早一代的新房子。两层平顶的砖房，外墙正面贴瓷砖，有一部室外楼梯，没有室内卫生间。红砖墙围起的院子里，院内设有粪坑厕所和猪圈。这样的房子，建筑形式是现代的，但布局延续了传统的方式，说明户主有向现代生活方式过渡的需求。

  经过村干部与房主人的协商，第一户试点选定，且被命名为一号院。郝堂村的建筑改造活动便从一号院开始了。张厚建家二开间二层改三开间二层，院里五间房改农家乐，一个男女卫生间，一个乡村花园，一个污水净化池。

  中国农民的模仿能力超强，一个试点成功了，后续的建设活动会很容易开展。从一户试点入手，而不是整体规划后全面实施，这可能是村庄建设与城市建设的一个非常重要的区别。

接受改造

主人原想把房子拆了盖新的,不相信通过改造可以实现房子的重生。我便对他循循善诱进行解释。首先是拿出其他村子改造好的案例照片给他看,证明建成效果确实不错。下面是我与从事装修业的主人的谈话。

我:"你装修都是装什么样的房子?"

房主:"一般有两种,新房子和旧房子。"

我:"那旧的也能装修好吗?"

房主:"能,装得可好了!我装修的嘛!"

我:"哎,这就对了!这改造房子跟装修房子是一个道理……"

接下来的一步非常重要——了解主人心里房子的问题到底在哪里!主人对房子不满意主要是5个方面:第一,儿子儿媳过年回家探亲,不愿意住在家里,因为厕所在院子里,觉得不方便(但房主本人又不喜欢厕所放在屋里,觉得有味道不干净);第二,现在的楼梯在房子外面,下雨下雪上下楼很不方便;第三,家里没有晾衣服的地方;第四,屋顶开始渗水了;第五,院子臭味重,因为有一个猪圈。

解决问题就是最好的突破口。我答应主人能解决全部问题,同时还能让他的儿子和媳妇也在家里做生意。主人听了充满希望,"谈判"就这样胜利结束!

再下来是做改造方案。这是个"画"房子的过程,我跟主人家一同进行,边画边改,直到双方满意。

拆掉围墙的"小"家

一号院的正房进深比较短,所以整体上就觉得房子小房间也小,主人很想加大。但我不以为然,认为现在的大小才是刚刚好。我解释说,中国自古形容小房子便有方丈、斗室之说,大概9平方米,3米乘3米。这是非常适合一个人的尺度,两个人一般就需要9~12平方米。这样的判断是以人体温度为参考系数:晚上12点到次日凌晨3点的时候,房子和人的温度正好适合睡眠;如果房子太大,则要靠人的体温来养房子,这样的房子就不是养人的,而是伤人的。我还表扬了房主:"你盖了一个面积和人特别相适宜的房子,将来别人家盖房子,也得按你这个标准盖!"主人听了很得意,这个尺度就保住了。

正房对面的外围有一圈红砖院墙。高高的院墙,是私密性的保证。在很多农民的观念里，没了院墙就不像个家。改造的第一项——拆墙，便成了一个难题。我解决问题的方法是先与主人打心理战，摆道理：第一，房子是农村人的脸面，改好了得"炫耀"给别人看看；第二，原来开门见厕所，拆掉以后开门见山，位置极好；第三，围墙里面一个人字是"囚"，寓意不好，非常不利于家里小孙子的成长。主人听到这里，心里已经接受了拆围墙的观念。而后再讲功能：无墙可通风，猪圈的味道就没有了，而且，没了院墙，原本墙外的空地只要稍加整治，从心理上到视觉上都像极了自家的新院子，面积无形中被放大了一两倍，将来还可以在家做个小生意。主人欣然同意，拆墙的难题就这样解决了。

墙拆了之后，视野果然开阔了，主人的心里也敞亮了，觉得拆得真好。于是一号院的大格局就定了下来。

房屋大改造

"画"房子最关键的一步——从功能到形象的全方位大改造。功能如果不改，还是不能适应现代化的生活方式，形象不改，又没有乡村的味道。

第一，内部卫生间。让孩子回来住，家里不能没有卫生间；老两口年纪大了，夜里行动不方便，也得有这个卫生间。我让搞装修的主人想想他在城里宾馆看过的室内厕所，干干净净的，也没什么味道，屋里不适合放卫生间的疑虑消除了。

第二，改楼梯。将原本在室外的楼梯改到屋里面，这样以后就不用担心上下楼时遇到坏天气。这点主人没有任何异议，也是他原本的希望。

第三，阳台不要窗。一号院二层原本房间里的采光和通风就不好，我建议去掉窗子形成部分开放式阳台。有了想法之后，与户主的"谈判"又开始了：中国汉字里堂屋的"堂"字，拆开来看，最上面是太阳，然后是房子，再下面的口字代表人，最下面是土地。也就是说阳光进来的屋子才是堂，照不进来的那是小人房。现在的走廊窗子遮住了阳光，全家人都住在小人房里，这样好不好呢？主人听后觉得很有理。

二层的两扇窗子，一侧增加了中式的木质窗框，减弱了原本铝合金窗户的冰冷生硬感；另一侧拆掉了窗子，又拆掉了部分墙体，增加了通透的范围。改造后的阳台，方便农村人晾衣服、晒猪肉、晒鱼，等等，功能上成了一个开放性的晒台。

第四，屋顶防水。年降水量在 1000mm 以上的地区，房屋需要坡屋顶来解决排水。很多农民的房子都是平屋顶，设计中也是有一定坡度要求的，或者采用西方的内排水，配套有排水管道。现在主人家的房子是平屋顶，既没有坡度又没有排水管道，天长日久，雨天屋顶积水、渗水的现象就很容易出现。我的做法是将原有平顶改为坡屋顶，既解决了排水问题，又提升了保温效果，同时与乡土建筑的风格相契合，可谓一举三得。

第五，重修家门。按照中国人的传统理念，大门要像家里的男人一样，得是顶梁柱，要撑起门面。"就好像中国繁体字中老板的'闆'字——一个门、三个口，品德高尚的人才能撑起大门，家才会旺，家里才能出大老板，财源广进！"重修的大门更像是北方比较有特色的门头，朴实又大气。

第六，立面做"土"。一号院房子的外墙面原本贴满了白瓷砖，如果将来要对外，要做生意，立面风格上也得有特色有价值，这里乡土气息就很重要。

第七，二间房改三间，自古人住的房都是一、三、五、七为单数，单数才会有中堂，没有中堂的房子不是人住的，很明显这个房子是城市设计师设计的，这次要改三间房。

第八，传统农房是有大门的，功能是火灾与地震时房倒门不倒。现在大门就是门窟窿，这次要改成有文化与功能性的大门。

立面选材的过程又是一次有趣的谈判。我想用当地的石头，主人不同意，觉得石头是常见材料里最丑的；用当地的免烧砖，主人也不愿意，觉得免烧砖是砖头中最丑的。我只好反复跟他讲道理："这个漂亮啊！这样的砖看着像青砖一样，又比青砖古朴大气；下面配上石头，房子看着多结实。房子就是要有结实感，你现在的房子看起来跟个纸片似的，这才是不漂亮。"之后画了不同角度的立面给主人看，看着看着，主人也觉得真是漂亮了。

一号院原本是瓷砖房，所以设计中也尽量保持了原有瓷砖房的主体概念，没有把它改得面目全非。二层除去因开窗拆掉的部分墙体之外，余下部分墙面的白瓷砖被全部保留。我希望人们能够既看到一种时代的象征，也看到它与乡土的对话。对于一层立面的处理，实际上是将原有二层走廊下的灰空间加建出一个新的廊道。新廊道与重修的大门相结合，采用砖石做结构，最"丑"的砖和最"土"的石头终于上了一号院的墙！同时用青瓦拼接的花格做立面装饰，又结合中式木格窗，最终完成了立面的改造。改造后的立面表现了不同材质的对话，形成了层次更为丰富的构图。

现在的中国农村，像一号院这样的房子太多了，所以这次改造多了一层探索意义和推广价值。

花园一样的院子

拆掉院墙后，一号院原有的院子和院前的空地在视觉上合二为一，仿佛都成了主人家的乡野花园，只要稍加整治便又是一番别样的风景。

第一，院落的景观格局。一号院景观由郑州鲍国志团队设计，原始院墙包围的内部地面略高于墙外,这样的小高度刚好在心理上成为内外院的分界线。界线以内尽量保证院子平整开阔,便于日后室外经营活动的开展;分界线上已经形成的陡坎由石块加固,其上再布置约30厘米高的砖砌矮篱。矮篱装饰有青瓦拼接的花格,这样的处理既强化了原本的小高差,增加了心理上对内院范围的限定感,又随着矮篱走向的变化,自然界定出更改后的道路边缘;分界线以外采用石材铺设道路,三合土铺设外院的地面,结合布置竹、芭蕉等植物和废旧农具巧妙利用后的乡村小景,整个院子的格局就此确定。

原来院子里的猪圈,按一号院的未来发展设想,暂时不再需要了。不过,这其实是我的一个遗憾。在他的理念中,有猪的农家才更像一个农家。养猪对家庭环境的负面影响没有解决,只得忍痛割爱。

第二,污水处理池。按照我的预期,房子改造完成以后必定会有很多人前来参观,做起农家乐就是自然而然的事了。但开展农家乐用水量会增大,污染也会增多,不能因为一家挣钱破坏了村庄的环境,这是一个道德问题。那么,建立一个家庭污水处理池就十分必要。主人也赞同这样的观点,于是一个小型家庭湿地生态水池出现了。

生态水池由鲍国志完成,乡村工程师李如道监理。水池位于外院的一角,呈不规则的圆形,驳岸采用了当地开采的山石堆砌成仿自然式,石间偶然点缀一个陶罐,罐口四分之一处与水面相平,视觉上又像是一个由罐口出水的水口一般。水池与正房之间保留了原有的几棵小树,软化建筑外轮廓的同时,与建筑一同形成了水池身后层次分明的画面背景。水池中搭配种植的水生植物可以有效地完成污水中的有害成分的净化过程。水里养上鱼,鱼能养活了就说明水质是好的,可以排到河里了。最后养上几只鸭子,鸭子"扑腾扑腾"下了水的动态景象又平添了几分乡野人家的意趣。

第三,公厕与沼气池。考虑到开展农家乐的使用需求,在我与鲍国志老师的建议下,院子里又建了一个男女分开的小型公厕。当地政府鼓励开发沼气做能源,沼气技术和资金是由政府负担的,这样将来两个厕所的排泄物一起进入沼气池,沼气能源所需的原料就基本满足了,节能又环保。

这个院子的改造特点,一是与民居建筑配合,完成乡村院落景观的营造;二是结合家庭生活的湿地生态系统和沼气能源系统,做到了节约和环保,实现了家庭的内部循环。

作为郝堂村的第一户试点,我们做得很细致,包括室内的材料、挂饰也都亲自挑选。十几万元的改造费用,完成了建筑结构、功能改造和室内装修,庭院景观和生态系统的重建,政府也补贴了一些。

一号院还没有完成,已经有六七户人家找到我,要求改造。一号院打开了郝堂村建设的一扇门，也开启了郝堂村的乡建之门。老百姓开始承认乡土材料的美，本地的石头、环保的免烧砖、透水的三合土再次登上乡村建设的舞台；拆掉围墙，拆掉厕所并将厕所移到家里，这些村里人觉得离经叛道的改造也实现了；人们还接受了家庭污水处理系统的设计，接受了室内设计的概念；有装修出身的主人参与，村里人也逐渐开始重视施工的质量……

规划与设计，在我看来是一种文化与理念传播的载体，是一个设计师文化与品质的体现，更能体现一个设计师的社会责任感。未来的中国，乡村文化在影响着我们，同时我们也在帮助农民完善他们的家园，两种文化在城乡交融，在这个城乡交融的时代，在工业文明过程中，依然保存着中国延续了几千年的古老的农耕文明。在西方经济盛行之际，我们试图返璞归真，这个过程中应该如何面对，如何实现，需要用爱与责任来鉴别。

改变原有建筑，改变对建筑的理解、对乡土设计的理解、对乡村人文与环境的理解，这可能才是一号院更为深层的意义！

郝堂村一号院手绘图

共识源于梦想

2011 年 4 月 17 日

我第一次写草书挂在郝堂村张厚建的家中,书写的内容是"酒旗芳草郝堂村,叠石山水新农村"。这是张家田园的真实写照,郝堂村项目的启动,张厚建起了重要的带头作用。

今天的郝堂与曾经的郝堂有天壤之别,我自喜还是有一点点功劳。

很多事有人讲好,也就有人讲坏。郝堂村红星组的朱明刚就是一个例子。

朱明刚性格倔强,带着一个女儿,女儿很内向,少言寡语。他们是村里最穷的家庭之一。其弟弟朱明强曾出过事,家贫也不勤奋,村干部对他们哥俩非常头疼。

朱明刚家处在村里极为重要的入口处,以养牛为生,家里又臭又乱又脏,并且还很难沟通,全村人都不愿意与他为邻。

4月初,王继军书记以帮助朱家兄弟为由,为村里的贫困户修房建房。

村干部与朱明刚议定,朱明刚不在村里养牛,村里为他在红星组外借3间房放牛。可是过了一些日子,借房的人家不愿意借,说朱明刚养牛把日垠全踩坏了。村干部只好做工作让朱明刚把牛卖了,村里加一些钱买。后来村干部安排他在村里捡垃圾,每年有三四千元收入,并安排民政局给他低保补助,可是他不愿意。

后来村干部又跟他商议帮助他改房,政府全部补助,他也答应了,可是房子拆了,他又不愿意了。朱明刚对村民说,孙老师把郝堂弄得乱七八糟,是对郝堂村的破坏,并且与村里人商量要把孙老师抓起来,一定要把他关到监狱云。

这话传到我爱人耳朵,她吓坏了,要我赶紧回家吧,别在信阳给关起来了。

可是最近,朱明刚的房子改好了,很漂亮,他也做起生意了,每次看到他时,他也不再说要把我关起来的事了。

2011 年 4 月 18 日

上午与禹明善把北京绿十字与平桥人民政府的合作协议签了,下午布置画室,画室里挂的是叶浅予的速写,赵朴初手迹,我的3幅油画,一副净空法师的佛像,还有谷城的收藏家李念先生送我的奇石与古树茶台，办公室马上就不一样了。

中午与禹明善到市里购买文化与生活用品，宣纸、剪刀、电池、钟、羽毛球等，在信阳有禹明善协助我，对我来说真是幸事。禹明善是一个有情怀的人，什么都敢说，知识面很宽，为人厚道，是一个在官场怀才不遇，又舍不得离开官场的文化人，他很像春秋齐国上大夫晏婴，很是厉害。

这两天，我又恢复了早晨的生活，跑步、练太极拳、写书法、做俯卧撑、画油画。养生与养心，我选择养心；工作与艺术，我自然选择艺术。住处阳光很好，自由、卫生、环境是我工作与艺术融为一体的工作室，这就叫幸福！

2011 年 4 月 18 日

项目要落地，就自然有很多具体的小事，这些事又直接与我和禹明善的规划有关联，所以有一点点小事，村干部就会与我和禹明善商议，因为此时，我和禹明善是最易与区委领导说上话的人，也是容易说服领导的人。而我俩又能听取村干部的意见。我之所以这样做，就是因为我吃过大亏，很多人不了解，村干部平时看上去不重要，可是到关键的时候，村干部说不认账就不认账，说不给你面子就不给你面子。一个项目好与不好，村干部占了 80% 的作用，这一点到今天为止有 90% 的乡村工作者还没有弄明白。

今天村干部找我和禹明善讨论的事，有的我也弄不明白，他们说什么，我只听着，只管点头，我点头了，他们也就感觉踏实了。他们与我讲的事我记不全，但禹明善门儿清，没有他不知道的，大约是有投资商来了，土地出什么价，缩小投资风险，增加集体经济，荷花（景观花）种子，学校与教师住宅里（两层）6 间（12 套）模式，建庙资金，找原种茶（40～50 亩）等，这些事都一一由禹明善解答了。

在汇报要结束时，我对两位村干部说，你们不要对领导说缺钱，你们要先说做了什么，准备再干哪些事，只有做了，领导才会有兴趣，只有做了，领导才能把钱给你们，两位村干部点头。然后他们又接着说没有说完的事。

（1）6.5 公里进村的路已完全调整好占地工作。

（2）村里的垃圾现在已经开始管理，并且很干净，目前正在选址建资源分类中心。

（3）80 亩荷花池用地已经完全调整完了，虽然工作很难，但村干部全力以赴。

（4）村里修昭庆禅院已重新选择，为学校建一座教师楼，留下一片村的集体用地，此时禹明善与教委在联系。其中禅院是村民精神文明的寄托，学校是村民的希望，也是乡村孝道文化之根。

上午进行考察的时候我闪了腰，下午去按摩。20 日晚上，苏永华主任带我去见开发商郑阳，想引入郝堂村，这是办事处郭书记想做的，也是村干部想做的，可是禹明善不太愿意，因为开发商与农民合作，99%是农民吃亏，郭书记感觉村里的资金有压力，村干部也有此想法，苏永华主任只能全力运作，既不能让禹明善不高兴，还不想让禹明善反对，这就有些费劲。

开发商知道郝堂村的项目由北京绿十字在规划，郑阳就给颜平打电话，想去见一见我。吃饭时我们没有谈郝堂村的事，我因为没有与禹明善商议，就更不可能与郑阳谈郝堂。晚上，苏永华主任又带我们去理疗，却没有时间去看，只能一边工作一边理疗。

2011年4月25日，平桥区党校"郝堂·茶人家"项目研讨会

这是一个大的系统性项目，所以我希望近期内开一次研讨会，集中大家的智慧，以一个完整的构架推动此项目。会议的第一项由我汇报"郝堂·茶人家"。

子项目讨论问题有如下内容。(1) 李昌平：内置金融功力与惠农。(2) 翁永凯：计生问题、年龄化问题、管理政府转入服务政府。(3) 陶康华：土壤改良，等等。陶康华老师建议我汇报的目标中第十二条可以归类压缩为9条。同时强调在12条中，重点是农村要创造出就业，这是"郝堂·茶人家"的目标。我感觉陶康华老师说的问题非常重要。后来的专家也一一发言。

陈长春，北京远方网的负责人：一个好的项目不能着急推广，相反要推迟旅游宣传，避免出现问安接待问题。推广网络销售平台，薰衣草不易种植，这里气候变化大，湿温也大，建议种本地植物，以紫云英、小朵花为主体。

胡晓琴，来自襄阳市政研室，"三农"问题专家，她说了四个问题：

(1) 地区的理念与能动性，尽快与北京绿十字对接，对接了，你们就能看到光明。

(2) 加大村庄外力量的指导，少走弯路。少走弯路就是进步。

(3) 特点与地域文化的放大，这是项目的价值。

(4) 快乐老家，是农民的家，城市人的老家。

贺雪峰，中国著名"三农"专家，教授：这个项目感觉非常完美，如果能实现那是很了不起的事，不过我感觉孙君的想法过于理想化了。

王继军书记最后只说了一句话：共识源于我们共同的梦，这是我们坐在一起的基础。散会。

原以为王继军书记要说上一两个小时的话，没有想到一句话就结束了。这就是王继军，我一下子感觉到我面对的是一位话不多、话到位、有内涵的政府官员，心中立刻肃然起敬。

晚上我和李昌平、王继军等一众朋友在禹明善的办公室进行了一次重要的交流，说到乡村金融与财政的转化，等等。王继军不同意李昌平的观点，两人还争了起来，他们说的内容我听不懂，我感觉王继军书记的想法更靠谱。

第二天晚上李昌平、禹明善、孙君、王继军讨论财政支持还是乡村金融支持。讨论来讨论去，还是没有什么结果。看来乡村金融如何与政府项目资金对接，政府在项目资金上能否由村委会来运行与管理，还是一个问题，这些项目如果交给村委会，实用性会好一些，运行的质量也会好一些。乡村金融要想在郝堂再往前走一步，还是有点难啊！

思想的成长

2011 年 4 月 30 日

禹明善一直说信阳有一个很原始的村在山里，每次说起都眉飞色舞。30 日我携家人王兴娥与禹明善、刘磊一起进山春游。

头天晚上我还与禹明善说道，我对郝堂的房子一直心里没有数，豫南民居风格类型不确定，关键是一定要找到能建本地房子的人，想找一个民间建筑的高人，没有这样的人，我心里不踏实。

进山走了很远，看到一个名叫象牙村的小村。这里的"风水"极好。在我们之前已经有一些客人走进了一家农户，房很破，可是干净极了，茶杯干净透明，边上还有几个高脚杯。房屋旁有不少寺庙的破砖残瓦，一看就知道是有心人捡回来的。屋中有一张简单的小桌子，是有窗格的那种，做得很讲究。

前一拨客人走了，我们就走进房子坐，因为天热，又累，便想向农户要点水喝。禹明善要了几杯茶，这位农民手上戴着一串佛珠，他给我们倒茶。禹明善说，茶杯洗得好干净。这位农民说："我们农民穷，可是不能让人家说我们不干净。"这句话一下子吸引了我，于是我们进行了长达 4 个多小时的交流。

交谈中得知此人姓李，名开良，55 岁，对民居很有研究，他自称只有小学四年级的学历，可是他会用标准的坐标纸绘图。

这个村的象牙寺已在文化大革命时被毁，原址被几户人家占了。原来的象牙寺与环境形成一条巨龙的样子，两棵近千年的银杏树是龙角（一棵遭难被砍，留下来的一棵已经枯死，只有树干）。寺庙前各有一口井，为龙眼。两边楼梯为龙须，楼梯由小到大。寺前是一片非常开阔的水潭，目前已经改为水稻田。据说象牙寺原有 99 间屋，僧人上百，可见当年是一个香火很盛的寺。有一点我想说明，人们一说起庙宇好就一定要说有 99 间房，我一听这个数，就开始对这种说法产生怀疑。

在村里找到两块石碑，其中一块躺在杂草之中，另一块被李开良抬到屋中，两块均残，文字也很模糊。

这个村离公路有20多公里，汽车开不进来。村其实就是一个小组，只有几户人家，村里没有一块瓷砖，也没有任何不锈钢、铝合金窗，也就是说这个村因为偏僻和贫穷，而保留了一个近百年的乡村形态。虽然这些房子皆为中华人民共和国成立后所盖，可是房子依然保留着近百年来农民房子的遗风，这就是我要的资料，也是随自己的想法进行肯定，并逐步形成的郝堂的建筑风格。

中午李开良请我们到另一户农民家吃饭，并取出自己酿的山药酒，酒逢知己千杯少啊，只是山药酒味道不好，但这种感觉极好。

这样的人我在乡村遇到较多，他们自身有优点也有不少缺点，在合作过程中要对他们小心引导，要挖掘他们的能力，他们的知识不是学科与专业的，是混在一起的，是传统中原有保留的。我们千万不能用今天做宾馆与酒店的建筑方法去要求他们，要在尊重对方的前提下，提出新的要求。离开时，李开良送了一程又一程。我想，我们会再见面的。

他们是中国乡村建设的真正专家，是传统筑村传承人，可是他们却被文凭、学历与资质挡在乡建的大门之外，能建传统村落的人不能建，不会建乡村的人拥有所有的资质，这种奇怪的制度就是为了消灭乡村而制定的，郝堂项目我要改变！

2011年5月2日

在平桥震雷山党校工作室，我与禹明善、新调来的助手陶良金，还有平桥区五里店办公室副主任孙德华，在一起研究规划与设计中的具体问题。这些问题基本与规划无关，可是又比规划重要。这些是规划的基础，是规划的生命，也是与规划同生同依的伙伴，没有这些条件，规划还有意义吗？规划与设计还会存在吗？

目前项目存在以下问题。

（1）关于建筑的模型，我想请本地人来做，可是找了几家都做不好，乡村需要有空间感的设计，光与影，人与自然的温度，环境与人的尺度非常重要，这是乡村视觉的重要表现。

（2）土地以下空间微生物生存需要一定的成本，可是这又很环保，是我们传统建筑中最具智慧的成果。

（3）关于流水过村的设想。郝堂水资源不好，村民用水不方便，生产用水也不方便，这次一定要通过景观来解决这些问题，不然仅仅做景观就没有意义。

（4）请山里采茶的李开良来郝堂村协助施工：①9种豫南民居定位；②9种户型大门设计；③建房中的屋檐与神龛设计；④具体民居与官府的区别，要用文字说明，这为郝堂村设计找到了依据；⑤建筑材料的加工，不要过细，不要太光，要有厚重的乡村味，建筑材料的铺设不要超过30公里，减少不同地区材料的膨胀系数；⑥每平方米造价以最低为好，建筑材料本身就没有好与坏之分，只有我们会不会使用而已。

（5）关于昭庆禅院（历史、演变、项目、资金）的规划。

（6）关于郝堂小学宿舍楼（教委申请、教师住宅楼计划）的规划，建立健全乡村小学，这是未来乡村重要的工作，乡村只要有小学在，希望就在。

（7）信阳原种茶：①名称申请；②信阳十号原种移植；③收集野茶（原种）；④原种茶的定位标准。

（8）关于道路、水利的标准设定，原有的工程标准是城市标准，不适合乡村。这对乡村建设来说就是破坏性的标准，要重新界定乡村标准，没有标准就以"孙君"为标准。

（9）近期：资源分类。建设土地调整（路、塘），金融互助能否深入村庄建设，资金投入与项目执行。

（10）关于农民健康与防疫，尽快与翁永凯博士对接，这是未来乡村发展的长久之计。

（11）保留近期日记、图片、录音和绘图档案，保留专家与工作人员的通讯录、邮箱。

（12）明确专家团队：①北京绿十字；②原种茶团队；③信阳协作者团队；④乡村培训教材编写；⑤紫云英团队；⑥乡村健康医疗进家庭（综合性规划与设计团队）。

（13）关于2800亩紫云英的事要有专人跟踪与落实，土地有机了万物就有机（陶康华与戴老师）。

之前因为有了湖北省枝江市问安镇的项目，北京绿十字开始对项目的系统性，以及项目的运作和实施办法有了一些经验。

紫云英团队戴承镛夫妇的岁数加在一起约180岁了，70多岁的陶康华，还有年轻的陶良金了。2011年5月3日10时40分，平桥区民政局胡局长与北京绿十字王佛全讨论在郝堂村做试点，希望把乡村居家向养老方面发展，民政局在每个村建立一个孝道服务中心，每个村提供30万元，集中建一个养老社区。

这方面工作一直是北京绿十字项目中的弱点，一是我们没有机会，二是没有经费，三是没有经验。这次民政局主动提出，经费与机会都有了。

下午 3 点，吴本玉副区长带着农业局和区办主任一起考察郝堂村野茶区，这片茶于 1978 年从安徽六安移植，当地人称之为信阳原种茶。后来又赶到震雷山看信阳种 10 号，这是从信阳群种中选择优秀品种重新育植的，可能是信阳真正的原种。

下午 5 点 10 分，到党校工作室，参加吴本玉副区长主持的交通论证会，主要听取从七桥村到郝堂村道路改造的汇报。原本这件事还没有受到如此重视，是因为村干部反映这条路修得太简单，可能是没有图纸，没有专业人员等，所以进行讨论。会议中，我们的意见是比较重要的，正是因为这样，会前我就反复在想各方的意见，修路的扶贫办、政府的吴本玉副区长、村干部的想法、原交通局苏永华副局长（女），还有禹明善等，在这次众多的建议和利益相关集体中，我们必须慎重决定。我的原则一是合理，二是实用，三是尽快推动项目顺利向前。

会议中吴本玉副区长一直在调整自己的意见，尽力与我们的想法接近，就改道入村进行讨论。有 1.5 公里道路，原从水田中通过，工作量大、地基不好，费用高。吴本玉副区长建议改成原道路入村。禹明善说明改道是考察到景区的需要。村干部觉得调地工作量大，还有一户是养猪户，养猪数量较大，应该这条道路沿山设道，地基好，费用低，节约用田。我同意这个想法。昨天我进村考察时，看到我们规划的道路是从这片农田通过，感觉不适，建议改为沿山设道（向山边改十米）。

会后禹明善对我说，村干部对我有意见，说我叛变，观点始终站在北京绿十字这边，区干部也经常议论北京绿十字瞎糊弄，看看把村弄成什么样了？到今天为止连一张设计和规划图也拿不出来。村民对我的意见更大，说我不做正事，整天弄垃圾分类、开会、与村干部吃吃喝喝，不是拆房子就是扒房子，就是不盖房子。我笑笑。这种情况我经常遇到，不同的观点、不同的生活环境，尤其是在政府指导下的新农村建设，美与丑完全颠覆，文化没有了差异性，人在是与非之间没有了原则，全中国的乡村规划与设计处于同质化。每遇到这种情况，我坚持，从不让步。我只有两种选择：一是坚持，二是不做。

我与村干部所站的角度不同，村干部说的也有道理，他们刚刚把路的用地调整好，马上又要调，我想的是尽量在不改道的（吴本玉副区长最初的建议）前提下，尊重修路的扶贫办、专家意见。会中我又听取前交通部门的建议，他们认为改到沿山边更为合理。

质量对我来说很重要，这里因为是砂石路，我也感觉标准低，如果修好后，扬尘是一个大问题，我怕以后又要改成水泥路，或者柏油路。这对北京绿十字的影响就不好了，那时村干部也会抱怨。更重要的是以后的维护是个大问题。

目前，村、局在争执路的问题，各自站在自己的利益角度上，这些关系到政策与资金等问题，我不太清楚，很多时候在咨询禹明善，他们每天会出现"十万个为什么"。

比较而言，做平桥五里店"郝堂·茶人家"项目，我几乎没有做规划，做了也意义不大。村里几百年形成的路、道、水系本来就很美，关键是自然形成，村民的生活与生产是顺其自然，在保护自然的前提下，从事日常劳作。今天的中国乡村规划本身就是对乡村的一种破坏，关键是破坏是合法合规的，十年后他们就会后悔。

我第一次走进郝堂就感觉很美，不需要规划，只需要局部调整就行。我所做的工作就是大环境的微建微改，土壤改良（农药、化肥过度使用），打通水系、便于生产生活，让村干净起来，全面推动村资源分类，让环境美得像画儿一样，半年后环境（景观）修复好了，再开始修复老建筑，对近30年的建筑进行完善，对新建筑进行设计定位，最后才有部分规划工作。

"郝堂·茶人家"项目就是景观—建筑—规划。我一向强调文化的个性化、艺术的生活化，在郝堂要践行个性化与艺术化相结合的做法是正确的。

规划在我眼里分为两种：一种是工业化的生产模式，另一种是文化性的艺术创作模式。今天有很多专家与政府一直在说，农业要用工业的模式，农民要用产业化的模式，完全是在胡说八道，这是一点都不懂农业的人说的话。

上述的两种模式各有利弊，城市工业化的规划设计模式，特点是快、普及性好、价格低，快的东西很难出艺术品，快的东西是依靠按钮来完成的，是通过机器生产出来的，是由计算机设计出来的，充其量能做出莱卡相机与苹果手机，它最终以产品定位。

而艺术性的创作模式，并带有个人温度的规划设计就是另外一回事，这种项目的特点是无法重复，很难有效地复制，所以王羲之的《兰亭序》只有一幅。艺术性的乡村规划通常只能以个性和个人的形式来完成，而城市工业化的规划是由规模来完成的，这是两者之间的区别。

用城市的规划方法做乡村是错误的，用城市的标准来建设乡村是有害的，用人造的乡村来代替自然生长的规划，用绿化代替生态，更不可行。对于这种产品与艺术品之间的关系，传统农业与现代农业的关系，我不停地与村干部和办事处的干部交流，要让他们对这二者的关系有更加确切的理解。

5月7日

上午安排李开良与颜平一起去深入乡村调研，主要针对本地豫南民居的大门，进行建筑测绘，考察材料风格、住宅形式、位置布局等。这些工作很是复杂。东南大学出版社的《豫南民居》是一个系统概括，对我而言，有用的很少。其内容与我想象的相比还不够深入，于是我再次组织他俩调研民居。

从4月16日到5月7日，20多天的时间，我将来时计划的事罗列出来，每完成一件就用笔勾去一件，这些都是北京绿十字孙晓阳安排我需要完成的事。这些年来，我们与政府签订合同时，内容很简单，只要政府指定一个目标，并为目标配置好相应的项目与资金，有钱就做有钱的事，没有钱就做没有钱的事。五山堰河村就是采用没有钱的做法，问安关庙山就是有项目资金的项目，而郝堂村的资金与项目在中等偏下的条件，这正是我们想要的条件，因为这样的乡村太多了，可学习与复制的可能性比较高。

我一直在说乡村规划，但乡村规划到底怎么做？我不是学这个专业的，可是我感觉应该不难。几千年来，中国历史上那么多美丽的乡村，几乎个个都让现代人啧啧称叹。那时他们都没有学过规划，都不是专业人士，何况我还是画家。乡村规划与建设毕竟不是造原子弹，没有那么复杂。1997年我在中央美院读书时，天天在798的破工厂画画，那时的破工厂大多倒闭，很便宜的钱就能租到，后来画家越来越多，结果这个地方今天成了全世界十大艺术文化中心，并成了今天所有做规划与设计的人的经典之作。正因为如此，我认为做规划和建筑靠的是天分，当然也有勤奋。

我选择郝堂就是想做一个用艺术来超越规划，用文化来征服设计的作品。因为在这里没有奢侈的装饰品，没有技术高的工程师，更没有做规划的规划设计师。这里只有一群农民，只有农民最常用的免烧砖和石头，还有的就是水泥。这些在我看来并不是最重要的，最重要的是村里有生活，有牛与狗，有炊烟还有老人与小孩。正是因为有他们，郝堂村的规划才是规划，我们做的设计才是有生命的。

规划是什么？最近我有一本书准备出版，叫《手绘·乡村营造法》，大家可以看看，看完了就知道原来我也会做规划。

关于郝堂村的规划与建筑，我不是主要的设计师，真正的设计师是村干部、曹纪良、胡静、方洪军、李如道、李开良，还有老王（王继军书记），我的每一个想法要先征得他们的同意，然后我才敢设计，他们有了想法与我商议，我把他们的想法变成图纸，还经常被他们批评。这个过程，我会经常与孙德华，镇里的苏永华主任，还有小罗、民兵营长等交流，天天与他们说，慢慢地他们也成为半个专家了。后来他们说："孙老师，以后我们也能出去做规划了。"我笑了，笑的是，当他们明白了什么是真正的规划时，郝堂村就有希望了。

这次来郝堂村，要做的就是把最近工作中的每一件事都与他们商议，目的就是两年后当我们离开了村庄，他们仍然知道新农村应该怎么规划怎么布局怎么实施，我想这也是政府最希望看到的结果。只是这些细致的工作政府一下子很难想到，合同中也没有注明，但作为项目落地是必须要做的。几天后，我把工作向村镇局干部一条一条地落实，20天后我来检查。这时我们会发现村镇局干部渐渐地成了项目执行人，北京绿十字的专家团队成了项目监督员。这个项目角色的转换就是项目能够落地的一个重要过程。

6 个月的磨合期

从我第一次到信阳，有六七个月的时间了。这段时间应该是项目最艰难的时期，我称之为"六月郝堂孕育期"。信阳市平桥区郝堂村建设项目是北京绿十字乡村课题中较为系统性的案例，也是一次较为深度的试验。北京绿十字从1999年到今天一直以试验和案例为主题，这些不仅是北京绿十字的产品，也是北京绿十字未来的发展资本。

与政府合作的项目，自然面临着一个速度问题，而速度与方向关系很大，好在目前政府认可北京绿十字的方向，但是方向如何定位？规划又如何做？这需要一个孕育的过程，而不是拍拍脑袋就干。

对我们来说，什么是方向？农民是第一受益人群就是方向。要保护农业的自然经济，就要尊重"天地君宗师"的价值观，这五个字就是中国文化与传统的全部，也是未来走向现代化的必经之路。

最近有一个问题，让我一直在反思，就是乡村建设中"规划"两个字让我感觉不适，尤其是北京绿十字孙晓阳申请注册成立"中国乡村规划设计院"，成为中国历史上唯一一个专门为农村和农民做规划设计的专业性机构，大家对此就更加关注。陶康华老师说最好不用"规划"两个字，我也感觉用"规划"二字不合适。"规划"一词来自西方，主要用于城市，而东方一直沿用"营造"。"规划"与"营造"相比，规划显得过于生硬，感觉是强迫自然，过于强调以人为本，规划是以人的意识来构造社会的，这如同西方的油画是以人物与建筑为主体，而东方的国画是以山水为核心，人与建筑在画面中所占比例极少，特别注重自然与人的关系，这是东方典型的人文哲学。所以中国常用一个词"经营"，能使人感受到"营造"所包含的对大自然的尊重与敬畏。

2011年5月17日，北京绿十字在中国香港申请"中国乡村规划设计院"正式批复，后来我又与李昌平老师开始筹建一个实体版本的"中国乡建院"，我想改为"中国乡村营造设计院"，可是因为时间与程序上的事，来不及了，"营造"二字就放弃了。不过要是有机会我一定要改过来，营造比规划更适合中国的逻辑思维关系。

郝堂村的"乡绅"

"郝堂·茶人家"项目从 2011 年 2 月就开始准备,但项目能不能做好,不是钱的问题,不是环境的问题,而主要是人,也就是项目执行人的问题。我们这些人像"乡绅",为未来的郝堂出谋划策。

王继军:平桥区委书记。2011 年 2 月时任区长,是一个很有思想与执行能力的人,法学博士,注重文化的创新与传承。

禹明善:最适合做乡村建设的人,为人开朗,是一个大智若愚的双重性格的人,乡镇干部出身。

吴本玉:副区长(女),分管农业建设,乡镇干部出身,做事务实,善用政策,倡导以制度和权、责、利共担的管理方法。做人低调。

苏永华:五里店办事处的"父母官",办事处(镇)郭书记全力支持。苏永华做事细心,对本地文化与地域了如指掌,并充满热情。

李昌平:中国"三农"专家,全力推进乡村金融互助合作社,用孝道文化促进郝堂村资金互助,架构村民共同体,用农民自身的力量建设新农村。他提出了"三农"问题,又开始转入解决"三农"问题层面。

曹纪良:郝堂村书记,有很高的威信,与村主任有血缘关系,快退休了,因为新农村建设,再次燃起了他的热情。

胡　静:村主任(女),郝堂村夕阳红养老资金互助合作社社长,做事有手段,雷厉风行,市场意识强,村书记是她的表舅。郝堂村建设的主推手。

孙　君:北京绿十字顾问、画家。

北京绿十字专家组:这是一支集生态、茶文化、规划设计、卫生健康、乡村景观、乡村旅游推广、土壤修复、理论研究、村民自治、乡村科技等于一体的实践性专家队伍。

这在北京绿十字所有项目中应该是最完美的结合形式,也是北京绿十字运气好,当然这一切要缘于李昌平先生。北京绿十字专家组能批准这个项目,是被我的一句话所感动,就是"李昌平先生代表着中国有良知、讲真话、有责任的人,他提出了'三农'问题,如今又走上解决问题之路,并找到一条解决农村问题的最佳路径。能加入这个项目,并能帮助他完成这个项目,这是北京绿十字的幸事"。

项目方向

"郝堂·茶人家"项目的难度很大,难在以前北京绿十字做项目时遇到的问题在这里基本没有了,当地的条件很好,所以我有一些茫然,但知道做的时候一定要更加小心。

曾经做过的襄樊市五山镇"五山模式"是以堰河村闵洪艳书记为核心，项目取得了一些经验，但也有一些遗憾，后期政府干预过多，尤其是组织部的干预，可是没有组织部，堰河村的关注度可能更少，这一切也让我与闵洪艳书记很郁闷。乡村像闵洪艳书记这样的人才有限，乡村干部的综合能力还有一定的限制，到了一定的高度时，就很难再向上发展，这对项目的持续性有影响，这一点在"五山模式"中很明显，这些都增加了政府在后期复制推广运作的难度。

宜城市板桥店镇"穆罕默德·王台"项目借助宗教的题材，是以宗教来推动新农村建设的模式，3年中虽然换了3任党委书记，可是他们一直坚持北京绿十字的理念，成果明显。3年后市主要领导调走了，新来的市委领导对北京绿十字的做法有一些不认同，支持力度就小了。项目进入了一个不冷不热的状态。关键是农民在发展过程中缺少资金，没有技术，没有村民互助组织，北京绿十字千方百计也没能解决好农村资金互助的问题。

襄樊市樊城区牛首镇熊营村八二组熊营项目，是一个改善环境污染与调整产业结构的项目，是失败项目。以村小组为主体，没有得到村干部和镇干部的支持。虽然区政府很支持，但中间的镇与村二级是断裂的，所以根本做不成事。

尹集田园城市是襄阳这个地区人的观念与政府保守所致，是一个不成功的项目，尤其是乡干部缺少创新意识，失去了一次绝佳的机会。政府说的要做全域一体化，做旅游，其实是在全力推进工业，这是全国的大趋势。这没有对与不对的问题，只是个人的需要不同。

枝江市问安镇是以镇政府现有行政体制为推动力，两年项目7个月就完成了。项目做得品质很高，复制性极强。也就是说，只要方向对了，速度再快也没有太大问题。缺点是一些村干部的市场运作意识不够，没有建立村民集体经济基础，加上市与镇二级领导变动，项目也停下来，这样的项目后劲不大，很可惜的一个好项目。

山东诸满村是大书法家颜真卿的故里，村干部能力强，镇政府支持力度也大，项目各级官员的理念不同，国家政策落实不到位，风险很大。这个项目以镇党委书记周俊献为中心，我最怕周书记会调走，结果周书记真的被调走了。政府过度干预村委会的工作，这个项目是所有项目中最不成功的项目，也是我感觉最遗憾的项目，到今天为止我心里总充满着内疚，为村里的刘敬志书记深感不安。也是因为这个项目的失败，我开始下决心总结项目失败与成功的经验，开始对选择项目有了一个系统性的评选，因为我怕失败，怕一次又一次地伤害村干部，更怕让村民一次又一次的失望。

最让我心疼的就是5·12汶川大地震中的绵竹遵道镇秦家坎项目，这个项目本来做得很好，3年重建，我们一年就完成了，第二年完成产业，准备第三年完善村的产业与市场的对接。第二年年底，某基金会支持了一笔项目资金，要求资金直接到组，资金使用透明，民主决策，财务公开。我当时就感觉有问题，但是也说不清究竟。一年都不到，问题却越来越多，乡村越来越乱，最后被村干部赶出村庄，村干部老肖说："你们这种工作方法在我们村里行不通，这一点点钱，把村里弄得一塌糊涂，你们再不走就要出大事了。"这是我们第一次接受来自西方基金会的运营与管理，可惜西方的理念水土不服。

既要宏观又要微观

一个好项目要高起点、低入手、大规划、小切入。要有能做的，要有能写的，要有能说的，还要有人能动手。郝堂项目是系统介入，宏观渗透。这叫说大就大，说小也小。大是指政府有政策，有项目支持，部门之间资源能够有效整合，一切以农民的实际需求为本。小是指村民家的柴米油盐，还有我们看不见的，又是最重要的，即文化与民俗，土壤与生态。

"郝堂·茶人家"项目各方的定位如下。

（1）政府：具有复制与推广价值的河南省新农村建设的典范工程。

（2）郝堂村：把旧房改造、新房建设、民风民俗、金融、产业、自治系统地结合起来，做一个农村可持续发展的项目。

（3）北京绿十字：负责完成系统性的乡村建设，其中有乡村文化、规划、生态、乡村景观、观念更新、通信、适度宣传等工作，做一个具有可观可学可玩可居的村庄，像一本新农村建设教科书。

河南为中九州之中，是中国的文化之舟，也是集中国东南西北建筑文化于一身的要塞。这些元素其实在我们心里是有的，此项目内涵主要概括为一是信阳文化，二是地域，三是茶历史。正因为如此，我们对项目的态度也很严肃，前期的调研与交流更为细心。

一个项目要做好，首先要提供给北京绿十字一个好的工作环境与较为充足的资金，这一点非常重要。好的工作环境不仅仅是说给多少费用就能解决的，而是指人与人之间的感情，互相之间的志向，项目本身的价值，以及各自愿不愿意在项目点停留。禹明善做得非常好，特别是与北京绿十字专家团队的关系处理得很好。

近十几年中，北京绿十字基本上是以项目点为家，比如宜城市穆罕默德·王台由封宁老师盯着；保康县歇马镇派出现场工程师李如道；于集田园城市成立了第一个工作室；5·12汶川地震后在什邡建立另一个北京绿十字分支机构（成都工作室）；宜昌问安镇工作室有方洪军监理；山东诸满有工作室，现在河南平桥也有工作室。让项目落地就必须住到村里、吃在村里，不然项目很难落地。

其中平桥工作室规模最大，人员配备齐全，条件也最好，最主要的是合作的人和机构与专家组的人际关系处理得好，大家只有喜欢这里，心才能留下来。

这些都是希望能为项目的前6个月做好风险的预防，在我做过的项目中，有部分项目就是因为前6个月没有挺过来。

软件是乡建核心

微观要可行

宏观建立在微观的基础之上，宏观的方向要正确，微观的方法才有效。现在政府很愿意做宏观的事，而不愿意做小事。有时承诺和签约了，但不能兑现自己的诺言。社会的浮躁，人的欲望和精神的颓废，主要还是政府诚信不够，造成社会混乱所致。在现实生活中表现得很充分。

郝堂村有了区政府的宏观认定，微观是专家与村民的事。而我们做的既是方向又是技术层面的事。村里要准备的事很多，有生活上的，还有工作上的。这些工作由政府各局统筹，北京绿十字只是协作和顾问，以保持项目的统一性，还要坚持自己观点的独立性。在今天这个社会，坚持自己的独立性非常难。

（1）道路。把原来的水泥路改为石子路，原来拐弯取直，现改为保持自然弯道，保持道路自然的高低起伏。

（2）河道。原来的河道要修得笔直，要搞水泥护坡，种统一的景观树，现在改为保持河边自然景观，保持原有河的形态，保持原有河道的树种，补充式地增加一些本地的树种。

（3）李昌平老师在这里试点的夕阳红养老资金互助合作社，是我们选择平桥项目最重要的原因。很多人不理解李昌平先生做的事的重要性，我们知道。有了李昌平做的事，项目就会成为郝堂村新农村建设的发动机。信阳是河南新农村建设的综合改革试验区，试验区就需要尝试，就需要创新与改良。河南信阳在全力推动，可是湖北不少地方在取缔农民互助乡村金融，两个地方两种观念，对与不对可以用时间来证明。

（4）80亩水稻改荷塘计划，这是郝堂村做的第一件大事，也是从一开始就营造茶文化的氛围。之前，村里砍树和烧炭，严重破坏生态。村干部和镇干部一次又一次地反馈，效果不好，后由我直接反映，很短的时间里就在郝堂村禁止了砍树、烧木炭等破坏生态的行为。近期全村开始了垃圾分类的工作，一个多月下来，已经有了非常大的变化。同时开始对原种茶、原种紫云英等本土物种进行生态与土地修复并将这种意识灌输给村干部，也把有机农业的概念带给村与镇干部。

（5）开启智慧。什么时候与村民讨论规划，能让村民看到村的未来？现在还没有到时候，这要等村干部与农民把土地转让协议签了之后才能讲项目给村民带来希望。做农民工作要有"两讲精神"，一是讲理，二是不讲理。一个村能不能做好，村民不重要，重要的是村干部。如果遇到好的村干部，那将是我们最开心的事。

（6）郝堂村的房子什么样？前几天我们派人到信阳地区调研和测量，对本地的环境、文化、等级开始评估，这些工作以前是很难做的，可是不做又怎么了解呢？为了让"80后"的设计师们了解豫南民居，用了一周的时间让他们测绘古建，并制作5套完整的豫南民居图。这些日子几位设计师天天在看书，在画草稿，冥想苦思。最后他们做出来的还是没有豫南民居的感觉。唉！没有办法，我还是找到原来的几个设计师帮助我一起来完成。

5月12日，村里开始修建垃圾池，这是郝堂村项目第一个动土的，新农村建设要从新的生活开始，乡村文明也要从文明的源头开始。这些源头不是建会堂，不是宽马路，不是村委会，而是从厕所、垃圾池和拆围墙开始。这些事也是村干部原来一直想做的事，因为他们知道这些方方面面严重影响到村里的环境，影响到健康，影响到人的心灵。所以我刚把想法提出来，镇干部和村干部很快就接受了，并由村里出钱立马办理。北京绿十字为了把这件在政府看来很小的事做好，派了一名农民建筑工程师李如道火速赶到村里，后又提前结束颜平的工作让其返回村里监督垃圾池工程。万事开头难，第一件事如果质量关把握不好，后面的工程就会一塌糊涂。

项目一定不是要我们天天来操心，而是村干部天天、时时、刻刻地忙。村干部与农民忙起来，县区镇干部不忙，这个项目就有希望了。这就是主体转化，我们只是在协作。很多组织和机构没有把这个重要的环节把握好，政府更是如此。

郝堂村与后现代

一个好的规划需要有能接受和理解的人。5月13日，禹明善带陶良金到北京参加"芯世界"项目评奖。这是一个难得传递郝堂村后现代设计理念的机会，于是我带他们看了北京的潘家园。在这里特别是进入国际化的大都市（北京），我们通过潘家园能感受到那些被人们抛弃的传统生活用具有怎样的魅力。成千上万的文化人来到这里，他们的行为又预示着什么呢？很少人考虑到这可能预示着中国文化在未来乡村文明中再次复兴。

第二天，我又带着禹明善和陶良金到北京798艺术区。1997年还没有798艺术区，中央美院临时搬到大山子过渡，那时的798是一个面临倒闭的工厂。画画的人很穷，只花很少的钱租旧厂房画画，我自然是其中的一员。因为有艺术家们的聚居，又因为有工人与工厂，这种接地气的形式就成了 798 艺术区。在平常人眼里，艺术离他们很远；在艺术家眼里，艺术就是普通人的生活。因为艺术家自然的生活和对生活的视角，成就了今天的 798 艺术区。

艺术创造是一个过程，这个过程的每一个阶段都很美，所以艺术家享受的是过程，而平常人享受的是结果。生活就像养孩子，抱来的不亲，买来的会跑掉，只有自己亲手带大的才不离不弃，这就是过程的作用。

在艺术家眼里，一个女孩，从幼年、少年、青年、中年、老年到死亡的 6 个阶段，每个阶段都很美丽，都同样可以通过绘画表现出女人人性之美，而不是人体之美。798 艺术区的艺术展示的就是这 6 个阶段的美丽，而通常人们更喜欢妙龄少女，认为她们只有这个时期是美丽的，这就是艺术家与平常人之别。我是以艺术的形式面对郝堂，而村民是以生活的便捷来面对郝堂。

798 艺术区是由一个旧工厂改造而成的，是全世界最大的后现代艺术区，目前艺术区里还有不少工厂在生产，做生意，开酒店，开画廊，有规划设计，也有什么事都不做，只是发呆的人。798 艺术区的画，大多数人是看不懂的，看不懂的才是艺术，郝堂就是一直在争议与看不懂的过程中成长的。所谓艺术就是个性，就是真实的生活，不做假不演戏，让农村成为农民的农村。

我对禹明善谈到，798 艺术区的作用就是告诉大家，艺术其实很简单，生活中每个人都是艺术家。798 艺术区把艺术引入学校、家庭、商业、建筑与新传媒，打破了艺术的界限，告诉大家只要心里有爱、有色彩、有个性，生活的艺术就会让每个人都享有阳光与现实。后现代强调个性、唯一性，强调艺术多样性，同时也是对传统独裁、权威与过于理性的一种反叛传承。后现代从自然来解释，就是把一种不可能变成可能，就是一种开创性的互动式文化，并倡导原生态艺术的多样性。多样才能保持稳定，这种思想与当下的社会形态是不冲突的，同时也有很大的要求。

一句话，后现代艺术更加接近真理，因为画家与工厂工人在一起，接地气。北京宋庄画家因为与农村、农民在一起，所以有了宋庄艺术园区。接近生活就是接近艺术！

禹明善是聪明"绝顶"的人，他知道我带他看 798 艺术区的用意，更知道未来郝堂村会发生怎样的变化。

信阳毛尖与 798 艺术区

中午，我们走进了 798 艺术区的一家以齐白石艺术为主体的茶馆。这里的茶品种很广，有传统的龙井、普洱、信阳毛尖，还有抹茶、奶茶、凉茶等。在饱含齐白石画风与灵感的环境中喝茶，体现了与艺术融为一体的独特的798气质。

艺术同样会与社会一起前行，准确地说比社会的进步更提前一步。其实当下的现代化越是前行，离农耕文明就越近。郝堂村就处在这个社会发展的阶段，一般人不易察觉，但艺术家比普通人会先行十步。

茶在信阳还是茶，几千年没有变。茶在信阳没有文化。每年一届的大型茶文化节演出只是一种形式，与信阳人的文化谈不上关系。目前信阳毛尖的价值主要体现在价格和数量上。什么是茶文化？茶文化与生活有什么样的关联？茶对社会文化意识、文明形式又有怎样的关联？

这也是我们一直想找机会与信阳人交流的。

在798茶社为我们服务的女孩也是河南人，她告诉我们，到这里喝茶的有30%的人喝传统的茶，70%的人是来喝奶茶、冰茶、果茶的。

禹明善说，看来随着社会的发展，饮茶者在信阳还有更大的一个群落（年轻人）没有发掘。茶不仅仅是饮，还有品，还有生活中的文化，这些就是我们今后要做的事。今天我们自己又把70%的年轻人赶到了肯德基与麦当劳。因为几千年来人们一直喝的茶，到了今天他们喝不起了。太贵太贵，一个月工资也就够喝一次茶，真是开国际玩笑。

禹明善说他儿女对茶没有兴趣，我女儿也没有兴趣。我们可以想象，一个连"80后"、"90后"都无法产生兴趣的产业还会有多少前途。生活中他们喜欢798，他们疯狂于潘家园，他们的个性同时让其又对过去的生活充满好奇。这些在我们规划中，不能不重视，再说得过分一点就是今天我们做的乡村规划设计一是脱离时代，二是没文化，三是远离生活。

我们坐在茶馆，品尝了3种时尚的茶之后，我对禹明善说，郝堂村和未来信阳浉河工业园区（简称工业园区）的设计，我们一直有一个担忧，就是从什么角度入手。北京绿十字希望从后现代的角度进入，因为这样可以让郝堂与工业园区一举成为国内乡村与城市建设中的精品。显然我们也很担心，因为同意我们的设计理念是需要胆量并承担风险的，这就如同今天各大酒店的大厅会议室已经悬挂上后现代我们看不懂的艺术精品，社会各界已经广泛认可的梵高与毕加索的艺术品，出了798艺术区，不少人就会认为这不是艺术而是垃圾。艺术分为多个层面，农民喜欢年画，小资喜欢西方与现代艺术，收藏家喜欢个性与潜价的艺术品。

后现代艺术需要一定的环境和氛围，郝堂村与工业园区是一个整体，这也就是我们愿意接受这个项目规划设计的原因。

另外就是我们完成五山模式（问安）的规划与设计，这是一个雅俗共赏的作品，大家都喜欢。我们那时还不敢向前跨得太多，那也是六七年前的事。今天北京绿十字已经有了成熟的经验，有了完整的思想与方法，加上平桥人经历了公民启蒙教育多年，我想应该不再是五山模式的翻版。信阳的茶文化与特殊的历史，尤其是自然环境，应该加入一部分后现代设计的元素。

禹明善看了我一会儿说，什么叫后现代啊？我说主要是反对以各种约定俗成的形式，来界定或者规范其主义。一切从生活与自然来设计艺术，让艺术为生活服务，也是文化与艺术的风向标，一句话就是更接近真理的本质。禹明善摸摸光头说："我知道了！"

我带禹明善来798艺术区的目的是告诉他，我们想在郝堂村做什么。

信阳茶、郝堂村茶文化应该怎么做？这次的参观与感受，也是为将来的规划做准备。禹明善可以把这些感受与文化很巧妙地传递给领导，只要得到区领导的认可，我们就有可能做出集农耕文明与后现代于一体的郝堂村和工业园来。前景看好！

规划也是生活

规划不是用来看的，规划是需要落地的，看的是花瓶，落地的才是鲜花与果实。现在很多规划往往改变了性质，大多数是给上级检查时用的。正因为只是给上级领导看，所以很多时候，花的功夫绝大多数用于梦想中的鸟瞰图，这种梦多半是为了领导的满足，为当前的浮躁与无知。

规划落地是北京绿十字的原则，不能落地的规划是对人与物的浪费，也是对职业的不尊重。

规划在一般人看来，就是指建筑（交通、水利、住宅、公共空间等），在我们看来，最少包括3个方向，即自然系统、建筑群落、文化与历史，而核心是实用。

所谓设计，其目的是从实用性考虑，其次是质量，最后是美观。今天通常的设计与规划，注重规划图册做得高档，效果图完美无瑕，到了施工，水分偏多，干货很少。这样主次颠倒，文化必乱。

规划从一开始设计的时候，就要与落地可能性同时考虑，否则规划就会变成纯粹的纸上谈兵。当然作为以营利为目的的公司这样被无可非议，其实更不应该，但作为公益组织，北京绿十字就不愿这样做，那样不符合人文精神。

我们在平桥已经有半年之久，大家的理念慢慢地走向一致。为什么现在规划还没出来？是因为从规划理念到图纸需要有一个过程。如果平桥区的村民还不认可我们的理念,我们就贸然做出规划,然后强塞给他们,那样势必让平桥人觉得我们所谈的一切都是胡言乱语。

这次禹明善的北京之行,对北京绿十字来说是天赐良缘,会让北京绿十字在郝堂村的规划孕育期大大地缩短。

禹明善走的当天说了一句耐人寻味的话:"农村产业要城市来解决,城市文明需要乡村来回归。"用陶康华老师的话来说,乡村是城市的外婆家。目前,应该说郝堂村规划已经经过了相识、相知慢慢进入相爱,甲、乙双方如同婚姻,只有相爱,才会生子。规划同理,只有相爱,规划才能落地。

直到4月25日,我与区委书记王继军和信阳市市长郭瑞民见面聊天时,对规划的定位才有了一些较为具体的轮廓,可是还不够详尽、清楚。

5月12日,郝堂村主任胡静来短信,说现在工程太慢,能不能想办法加快。我笑了,立即回了邮件。她来电话说"我也用邮件回吧"。

事后我与禹明善说,一是要强迫胡静主任用电脑,要学会使用方便快捷的现代工具;二是他们想要做事,这就非常好,于是又给她回了邮件,提了对她目前工作和规划的要求。

以下是我发给胡静主任的邮件内容。

胡静主任与曹纪良书记:

哈哈!你们的工作推进很快,昨晚给你发了有关村里工作的邮件。这些日子一直在外围为村争取项目,到环保部、计生委、住房城乡建设部等。这几天还要到一些专业学院研究郝堂村的房子应该怎么设计,很麻烦,因为你们那里的房子太复杂,北方、南方、中原的元素都有,王继军书记又要求做成一个全国范围内的示范型项目,这就需要好好地研究啊!

政府做事,往往只做工程,不做文化,更说不上精品,不做文字记录,不做小事。这不好,多少年来我们也看到了结果,所以这次做郝堂项目时要换一种方法,要工程与品质一起做,并且要做出品质,超越古人。村里的工作,人的思想你们要记下来,这对项目的推进很重要,这是你们把村里情况向外准确无误介绍的唯一通道(网站)。没有你们的介绍,专家和我就一无所知,项目也很难得到社会的支持。

项目在开始时不要太快,要做一些准备,要把基础做好,关键是你们村里人的思想要调整好,多正面教育,多发挥党员干部的作用,多召开党小组会议,多与村民介绍这是村里的一次机遇,错过了,对村民就是一辈子的损失。我们在堰河村时,一开始做的是堰河和田河两个村，后来因为田河村里干部和部分村民观念跟不上，项目就移到堰河。后来田河村民后悔莫及啊！

我们的工作很多，要与区领导沟通，要与禹明善交流，还要与专家们交流，所以很多事你们要想办法，多给我们和禹明善分担，只要你们把村里的事做稳定了，绝大部分群众的思想能跟上你们的想法，我的工作就好做了。这几天可能郭瑞民市长要去，禹明善和我建议先缓一缓，因为你们村的卫生、金融互助、村民旧房和新房改造制度、新农村建设的工作小组、原种茶、有机茶等工作，还没有开始建立（筹备），这些是小事，可是没有这些小事就一定做不成大事。

工作已经在很快地进行了，很多工作要你们先有想法，要让我们很多时候围着你们做，而不是你们围着我们做，这就是主体，也叫还权于村两委。

你们做好村里的事，我们做村外的事，目前是筹备时期，过了这个时期，工作就正式开始了。开始前你们的基础一定要打扎实啊！

另外你一定要学会用电脑，这很简单，一定要会用，不然工作不好联系。我们项目村的干部都会用了，所以你也要会用啊。

5月15日，胡静主任回了邮件，后来又回短信："邮件看过了，垃圾处理池正在建，5月12日我们又开了村民代表大会，重点安排垃圾分类，沿路村民让农户都配了垃圾桶，路边的宣传栏也做好了，垃圾池在按图严格修建。"看完胡静主任的邮件，我转发给北京绿十字的孙晓阳，孙晓阳马上就安排好了近期的工作。

一、村里的事

（1）村里垃圾池开始放线了，李如道、颜平和禹明善要常去看看，第一个项目一定要做好，要严格（颜平负责）。

（2）村干部对这段时间的事要尽量地记录，日记必须要写，这对以后的宣传与评估非常重要。

（3）村干部要开始考虑旧房改造，新房补助的标准，建房的占地标准，这要与镇领导商议。

（4）村干部要把夕阳红互助基金运作形式用文字写出来，便于大家能看到能学，制定出制度和注意事项。（互助社不太愿意做这样的事）

（5）对村第一批要改造房和建新房的人进行统计。

（6）垃圾资源分类工作要下决心，完全、彻底地解决好这个问题，如果一开始没有做好，以后再想改就很难了。

（7）王立平试验的原种水稻、原种茶的工作要抓紧，这是重要的基础性工作，村干部要抓紧与王立平联系，这是信阳市最想做的事。

（8）北京绿十字出3000元给郝堂村小学（后来政府没要我们出），开始做茶文化和品茶等培训工作，要从学生开始培训。在村民中进行斗茶（也就是品茶），这是郝堂村茶文化的核心。

二、北京绿十字的事

（1）豫南民居调查和测绘要抓紧，争取十天内完成，考察和调研费用由北京绿十字来承担。（颜平与李如道，北京绿十字出李如道的补助费）

（2）荣老师发北京绿十字财务制度给禹明善，要求财务规范与及时。

（3）近期完成农民房的设计、桥的设计以及村的详细规划。

（4）近期对专家通讯录。项目日记、录音、照片进行收集和整理，录音可以由专业的公司来处理。（三个秘书来完成）

（5）完成新房旧房的设计、十几座桥的设计。（孙君/东南大学，设计费禹明善那里出，孙老师直接审批就可以了）

三、乡村协助中心的事

（1）戴老师的水稻、茶叶、税务、病虫防疫工作开始研究，这是为有机茶和水稻做好前期的工作。（有难度）

（2）刘磊开始重建北京绿十字（郝堂项目）网，以图为主体，并建立专家邮件网。

（3）调整"郝堂·茶人家"项目书最终稿。

（4）郝堂村小学教师住宅楼的工程启动，（7月16日）禅寺小学教师抓紧从原住宅中搬出来。

（5）村商业区要有污水处理和公共卫生间，要提前申请项目。

（6）李昌平老师尽快完成村资金互助的完整体系。

（7）准备乡村建设教材与此次项目的理论与培训工作。

按照合同要求，5月20日完成基本规划，可能会推迟一些，应该在6月初可以完成一个基本规划形态。乡村建设可以一边建一边设计，一边指导，这个过程不仅是北京绿十字参与，镇政府和区政府也一起参与建设和设计，这就是公众参与。公众不仅仅是农民，也包括政府与北京绿十字。

郝堂村的动作很大，建设范围也广，村里在项目的建设、就业、资金、发展等方面都已经大动干戈、伤筋动骨了，村民的愿景和欲望也被调动到一定的高度，村干部也开始进入由梦想步入现实的阶段。这就是目前的郝堂村。

郝堂村规划项目由前期筹备期进入项目的阵痛期，这是机会，也是项目最危险的时候。要么会很顺利地进入可持续的发展阶段，要么会给郝堂村带来灾难性的后果。

政府选择北京绿十字，就是希望郝堂村项目回避灾难性的结果。其实这个阶段，有多大风险我们是清楚的，我们已清楚应该怎么做会更好一些，但是郝堂村人不清楚，政府也不太清楚，于是就有了风险。这些风险有时非常严重，如山东临沂的诸满村，5·12地震成都的秦家坎村，湖北襄阳的熊营八二组等，灾难性的规划就是把一个村拆了，又建不起来。就是把一个本来完整无缺的村，建得人心惶惶，欲望无限，自治无绪，七零八落，无法收拾。

（2011年5月17日 成都）

垃圾分类中心

一个村的垃圾分类中心由两个专家来监督。为了郝堂村的一个垃圾分类池，也就是一个垃圾池，北京绿十字专门派了工程师李如道和颜平在监督工程，他们是拆了又拆，建了又建，拆得村干部着急，拆得施工队要哭，因为拆的都是钱。今天的中国普遍存在粗糙与劣质，社会都认同可是我坚决不认同，我建的郝堂村一定要像我，要有品位，要有人文气息。

建垃圾分类池应该是小事，又建在山坡背面，为什么我近一个月一直盯着此事，村干部也很认真对待？原因是，村干部在五山镇与问安镇也看到的，只要是建筑，每一件事都要认真对待，每一件事都要当艺术品，再说简单一点，做对每一件事都要像做自己家里的事一样认真。

建垃圾池不是真正的意义，意义是让当地人知道北京绿十字要求很高，做事认真，这是目的。

良好的开头是成功的一半，就是这个意思。这里马上面临着村道、河道改造，如果一开始不严格，以后的工程就会惨不忍睹。

村干部不是说要"赶五山超问安，一年郝堂大变样"吗？如果连一个小小的垃圾池都建不好，还能做好什么工程？

还没有办完马鞍山的事，禹明善就在电话里催，问我何时去信阳，说王继军书记在找我。我26日晚赶到信阳，27日开始设计郝堂村新村，早晨王继军书记与禹明善就来陪我吃早饭，并交流近期的工作情况。其实每一次王继军书记与我见面，交流得也不多，只是嘘寒问暖，关心我还需要什么，等等。这种感觉像我们是很多年的朋友，艺术家需要的是尊重而不是金钱，这就是中国文人的性格。每一次我回信阳，这一点王继军书记都做到了，非常重要。

28日上午，我很多年前在做宜城穆罕默德·王台项目的工程师郑世宏到郝堂村参观，晚上"三农"专家廖星臣也到了，讨论《北京绿十字乡村工作理论》一书，由廖完成编著，明年3月完成初稿存档。

29日上午，郑世宏帮助规划局做七孔桥漫水桥预算，就直接回宜城了。回去前，郑世宏说："有机会我们一定合作一次，做一个好作品，要比郝堂还要好的。"我笑着说："我记下来，到时会喊你！"

深夜0时40分，工作室的两个年轻人已完成郝堂新村的27套房子的第四稿。明后天要修稿，比如太阳能，红砖与灰砖，石头，呼吸的房子，空调的位置，乡村照明灯，以及每一个农户房子改造后的采光，与左右建筑产生新的关系，与全村的自然生长是否自然，等等。关键是每一户农民家改造房屋时的目的是什么？是为了漂亮？是为了娶媳妇还是为了做生意？其实这些都有，他们现在还处在半信半疑之中，这时的改造旧房、设计新房，只能考虑到是否与历史有延续性，是否建设后还像郝堂村，100年后郝堂村还能否保持今天这个模样，这些是规划与设计原始性的问题。

打破郝堂村的宁静

2011年5月31日

做郝堂村项目之前，我就在想，这会儿郝堂村又要"乱"大半年了。

北京绿十字每到一个村庄，不仅带来希望，也带来风险，这种作用是双重的。一种像五山堰河、穆罕默德·王台三组、问安关庙山那样，跨越了风险，把村民引向一条积极向上、崇尚正气、乡村自治的道路。另一种像襄樊牛首镇熊营八二组和方城诸满村以及延庆堆臼石村，没有成功跨越风险，这里有政府部门的原因，有农民参与不够的原因，更多的是我们对乡村的陌生与不了解，其结果是村庄仍然没有太大改变，钱还花了不少。

很多乡村干部私下说，防火防盗防学者（专家）。因为有些学者和专家，只要在村里待上半天，村里就半年不得安宁。现在的专家和学者到乡村来，大多数是带着自己想象的问题来的，也带着问题来找问题，而不是带着方法来解决问题。比如：农民弱势群体的问题、空心村的老幼问题、农村养老问题、农村的民主选举问题、新农村建设中因为土地引起的农民上访问题等。这些问题在郝堂村全部存在，可是村干部与村民都认为问题没有那么严重，也没有人认为这些是严重的社会问题。农民在生活中说得更多的是中央的惠农政策，农民很感谢政府，并不是想象的那样"愤青"。

这些问题在中国农村的任何一个村都存在，同样城市问题应该比农村更多、更复杂、更严重。只要改革与发展就会有问题。如果我们不来郝堂村，就不会有问题，问题也不会在很短的时间内爆发，但是，不改革并不代表没有问题。就像一个人生病一样，生病的时候，一些小病也会随之而来，因为抵抗力弱了。当人体本身抵抗力强大起来，小病也随大病自然消失了。

北京绿十字项目，不敢说所有项目都会成功，只是告诉大家，通往成功的路很艰难，会有很长的阵痛期，但胜利往往属于坚持的人。

所以每一个项目真正到了执行的时候，我心里还是有一种恐慌，这种恐慌与项目的大小有关。郝堂村就是一个大项目。所以项目在执行的时候，一般情况我是不太愿意直接与村民交流，村庄如同一个社会，村庄人员形形色色太复杂，我们又不太了解。正是因为复杂，我们往往好心办了坏事，有时也会碰巧，把项目做好了，但做错的占绝大多数。如同新农村建设，农民上楼、集中居住等，政府花了钱，农民却不领情，可是搬家又很快。

郝堂村项目进行快半年了，半年中各种项目的资源整合越来越多。这个过程中，开始的时候，政府要多干预，半年后我们与政府应该渐渐地放手，越少管村里的事越好。再难的事，尽量由村内部自然解决。当然遇到刑事案件或与黑社会类似的事情，自然有公安出警，农民对公安还是挺在乎的。乡村自治并不代表农村没有法，村干部心中很有数，什么用情，什么用法，他们比我们明白多了。

政府与北京绿十字为什么不能介入村里太多的行政管理呢？只有村干部提出需要时，我们与政府才能出面。

就郝堂村来说，政府与北京绿十字的人不属于村里的人，又不了解内部的平衡与事务，关键是即使我们处理事务，用不了几年我们也离开了。不了解情况来处理村里的事，会产生很多遗留问题。几年后，我们一定会离开，这样问题就遗留了下来。

在项目还没有开始的时候，我们就清楚地确定了三个重要目标，其中之一就是"还权于村两委"，这是目前解决乡村发展与稳定的核心问题。

郝堂村是目前村民自治比较好的村，村民内部平衡与公平也属于正常，关键是曹纪良与胡静主任也是有能力和水平的，在村民中凝聚了一定的信任度，村民只会听他们的，不会听我们的。

一个村是否正常，有很多方面：一是村干部是否稳定，稳定的村干部一般村里矛盾不多，否则三年不到村里就不得安宁；二是看村里的账务有没有钱，这如同一个家中女主人会不会过日子，郝堂村不负债，账上有一定的余额，这非常难得。

我第一次走进村里时，看到水系管理有序，古树大树满目，我就心中一喜，别小看这些，透过绿荫能折射出村的内部关系和村干部的工作能力。

一个不好的村，首要就是村干部无法驾驭村庄事务，村民人心涣散，村中无规无矩。比如：北京绿十字做的宜城板桥店穆罕默德·王台三组，几乎村中无树；襄樊牛首镇熊营八二组，小树零零星星。今天的绝大多数村庄的古树、大树被砍伐，为什么？就是没有村规民约，村民没有公民精神，对自然没有敬畏感。我年初来郝堂村的时候，正逢村镇两级干部抱怨，目前砍树成风，村镇执行力有限，可是砍树的并不一定是本村的村民，有的是外地商人。此风气如果不制止，很快就会带动本地的村民，这也是郝堂村干部所担心的。好在砍树的事很快得到区政府的制止，郝堂村的绿色保住了。

农民天生地敬畏自然，他们是依附于山水和农田生存的，保护生态的意识，原本是农民正常的心理状态，这种内因是主要的，可外因的干扰是可怕的，村干部就像一只老母鸡，一直小心翼翼地护着守着。

护紧了，村没有发展机会；护松了，弄不好又会鸡飞蛋打。北京绿十字这次来平桥，有一个重要保障就是有李昌平和禹明善先生，他们比我了解农民，比我了解政府。越是这样，越要更加小心。村里目前还是出现了工地打架、黑社会参与修路等现象，利益群体侵入，矛盾在几天中突起，五里店办事处郭书记与苏永华主任开始异常忙碌，项目执行秘书长禹明善更是郁闷，心里很是不爽。

这些情况我见多了，越是在这个时候，越要把解决问题的权力交给村干部和政府。北京绿十字要紧紧地围绕着干部。这个时候很多人来问我，与我商议，我一概提出要与村干部商议，这事是村里的事，这也是我与李昌平一致的想法。

不过有时也要说服村干部，比如村里的基础建设，村干部想承揽下来让村民做，上级政府也支持，我也支持，可是到了工地我一看就傻了。修路与修桥是要保证质量的，尤其是北京绿十字设计的项目，技术标准要求很高。扶贫工程开始了，我们发现村民没有图纸也在修路。村主任胡静对我说："没有图纸我们也会做。"

后来有些工程还真的给他们做了，这时我们也有图纸和要求了，因为有要求，质量也会提高，就是项目资金是有限的。有一些村民不支持，但也有一些村民是支持的，还有黑社会介入，这个活儿让村干部很恼火，进退两难。这以后村干部就再也不愿接项目了。

后来我提出所有项目必须由郝堂村认可，必须先见规划与图纸才能开工。这时我与苏永华局长把七孔桥漫水桥的图纸交给胡静看，苏永华局长希望由村里来做，胡静一看如此复杂，就不说话。我说简单容易的让村民做，复杂要技术的就找专业的单位做，郝堂百年才有一次机会，不能让桥刚修好就被冲垮了，再说一座桥需要多少钱，专业机构不会给村委会多少利润。这以后，遇到一些复杂的项目，胡静就不再为村里争了。

27日早晨，区委王继军书记问能否在一周之内开工，我说开工没有问题，关键是开工之前的准备工作。王继军书记说要尽快让村民知道未来的目标，农民工作慢慢做，"新农村建设的过程就是对农民教化的过程"，王继军书记这话说到点上了，这些日子我们就是在为村民做未来的规划。

一个村的规划很重要，这是统一村民思想、统一村民意识的过程。这三个多月中，我们不停地做规划，不停地拿着罗盘像算命先生一样，在村里晃悠，设计新房子，保护、改建旧房子，规划新的学校、新的老年活动中心等。村民常常在背后议论我，说孙老师是北京来的"风水先生"，也有村民问我是否是"风水先生"。我笑着点点头不语，用"风水"与村民交流特别管用。这里做得最多的是"风水"的调整，还有以后村民的就业，也就是产业的调整。这些与村里每一个人都息息相关。这些用文字表达农民看不懂，只有用罗盘与图表达他们才能看懂。

与农民谈未来不能用文字，而是用图，这与政府官员一样，他们喜欢看图，看鸟瞰图，是从天上往下看的那种图。

村干部工作需要两讲，一是讲理、公正，二是"不讲理"，要狠要凶。而我在讲课时要面对讲理和不讲理的两种老百姓，两种混在一起，这个课讲起来就很麻烦。

比如：就近期村里的建设，不讲理的人感觉有利可图，一些"三无"人员、无业人员又回来了，这些人有太多前科，对于这些人，就要狠，不让步，同时又要给他们希望。6月3日，派出所来人了。因修公路、迁坟、移村等出现了很多问题，我全交给村里处理，对不讲理的就"打与骂"（他们之间是亲戚），对讲理的人就动之以情。村干部做的事得到了大多数村民的支持，政府肯定是拥护的。为村干部保驾护航，让他们能大胆工作、无忧无虑地向前走。这六个月，是郝堂村最不平静的六个月，这似乎也是一种规律。

今天的村干部，可能就是明天的社长、总经理，所以区委王继军书记对村干部又有了新的要求。王继军书记、禹明善、李昌平在不断地给他们加压，郝堂村在发展在进步，而村干部应该在这个过程中同步成长。很多新农村是村庄新了，可思想还是旧的，这样的新农村其实还是旧农村。只有村干部成长了，村民才会进步，这才是一个真实的新农村。

2011年6月1日

我们又一次召开了郝堂村项目汇报会，会议由吴本玉副区长主持，由各局、委进行各项汇报，主要内容有以下方面：

（1）农业技术（农民培训）。

（2）乡村旅游项目申报。

（3）野生（原种）与紫云英改良土壤。

（4）平桥党校工作室要建一面郝堂村项目建设记录墙。

（5）全村各组要进行垃圾分类，以郝堂村为示范（强调资源分类荣誉感对村民很重要，培训、评奖、颁奖）。

（6）吴本玉副区长系统工作总结。

这个会提了4个要求，一是先做概念性规划后设计手绘图纸，现场结构师认同后，经村干部批准再开工，要有精品意识，争取超越古人，不然不能开工。二是以村委会为中心，所有项目要经村干部认可，要有为村民服务的思想，各局委办的权力不能超越村委会，这是很大的问题，这要切记小心，要帮忙不添乱。三是项目不仅要保证功能，还要保证美感，美感才能烘托茶的文化、茶的市场。四是这里不仅是工程，还要有品质，目前有赶工程的感觉。

北京绿十字团队在乡建过程中总结了大量丰富的经验，尤其是乡村建设，从一开始，为回避这些核心的问题，在项目书中就明确村两委是项目的核心，我知道政府不会反对，可是实际工作中，政府还不适应把小小的村干部提到重要日程的工作中，还不适应区长、局长、公务员等无论什么事都去与村干部商议。

正是因为如此，我在工作中一直不停地强调我们是为谁服务。从问安项目到5·12灾后重建，再到山东方城的诸满村，北京绿十字越来越发现，新农村建设中的主体与主权问题。不解决为谁服务，谁是主体的问题，将后患无穷，越建问题越多。

北京绿十字经历了太多的失败，可持续发展作为工作的核心与内涵，好在这种观点在平桥得到区、局两级政府的支持，尤其得到禹明善的认同。他是秘书长，秘书长是核心人物，用孙晓阳的话说，禹明善才是项目的核心人物，除了他的职责作用，他还起到承上启下的作用。

6月1日会议，就是以最大的力量为村保驾，调整项目为谁服务，用禹明善的话说，我们是为郝堂村服务的，同时郝堂村也为我们（各局）提供了展示风采的平台。

这个平台刚刚拉开序幕,我作为主持人,非常高兴地主持着这个项目,演出到现在"演员们"才开始化妆,真正的表演还没有开始,可是这个时期又非常重要,真正等"演员"上场了,问题就不大了。这是整个项目的阵痛期,这个阵痛不仅是村,还有区与后,还有北京绿十字本身。

　　平静美丽的郝堂村,渐渐地向大家拉开了她美丽的面纱。

　　我们说得最多的一句话就是:"一起努力,把梦想变成现实,让我们为梦而努力。"

超越古人

从开春至今天,郝堂村一直没有下一场像样的雨,郝堂村现在大沟小塘已基本干涸了,很多农田已干枯了,可怜80亩新种的荷塘已经见底,看不到水了,老天爷!快下点雨,第一年的实验无论如何也不能失败啊!

今天水利局张局长忽然对我说:"孙专家,你知道你为什么总爱扒拆工程吗?"我摇摇头,他笑着说:"因为你的手机号码就是8898,这不就是扒扒就扒吗?"我笑了,交通局、农业局、扶贫办的领导都笑了。

郝堂村的一个普通的资源分类中心已拆了5次,原因是砌得没达到图纸的要求,质量没有超过古人。只要做的质量达不到要求就要拆!施工队每一次看到北京绿十字的人心里就发毛,因为我们很认真。我心里一直感觉,郝堂村项目一定要超越古人。今天的钱多了,文化水平高了,技术好了,工具先进了,为什么还做得比古人差呢?而且不是差一点点啊!粗糙的建筑反映出一种粗鄙的品质,这种感觉我不能接受,我们的品质就要像孙君,有君子之风。

扒!我是铁了心。超越古人是郝堂村的标准,这已让施工队"心惊胆战",让村委会花了很多人工与材料钱,也误了不少时间,一个简单的垃圾池竟然砌了两个多星期了,拆了5次。费用从原来的1万多元,可能要增加到3万元,这可是白花花的银子啊!尤其是对一个村来说,3万元可不是一个小数目。可是对一个项目来说,对未来的郝堂村来说,很多人不知道3万元未来的价值,我想只有到了2013年,那时大家才会理解这3万元的价值。

6月2日,我再次到资源分类中心,看到资源分类中心外围低墙,大家都说不错,可我发现与图纸不符,我一句话没有说,只说一个字:"拆!"

我对郝堂村的人说,正是因为绝大多数施工队做事马虎,质量粗糙,所以30年中,农民的房子建了3次,而且是建得一次不如一次。关键就是做事缺少认真、严谨的态度。这种不认真的态度让农民将一生赚的钱用来不停地建房拆房。

我对李如道说,北京绿十字做事认真,现在你到中国乡建院(此时正在筹建),你代表的是"中国水平",郝堂村的事你要把关更加严一些,中国乡建院应该更加专业与认真，只要我们做到了，就会受到政府与农民的欢迎。正是由于大家都认认真真，每一件事都做得漂漂亮亮，用农民的话说，50年不落后，才体现出我们认真的价值。这个价值就是从"拆"开始。

施工队老板是本村人，村文书的弟弟，老板说他这一辈子做的活儿没拆过，这回拆得他晕头转向。不过现在做的活儿让他很有面子，不少人竖起大拇指，感觉这活儿有学问，有成就感。以前大工和小工抱怨一片，说不就是垃圾池吗？这个池子比我们家都漂亮，有必要吗？现在他们不说了，他们只说"确实很漂亮"。

水利局、交通局、扶贫办的领导对下属的施工队说，你们看看郝堂村施工队，人家一个村里的施工队做垃圾池是一流的，那个做活儿的态度、做事的水平、做出的样子，让你们正牌的大施工队都感到汗颜。让市、局领导来看看这个小小的、大家最不注意的垃圾池，看的是什么？答案就是看设计，看建筑水平，看工作态度！

一个垃圾池推动了郝堂村的工程质量，也促进了平桥区的项目责任心。各局干部开始有责任感，对工程质量严格要求，追求项目的完美，这些变化让村干部和我很是欣慰。

超越就是品质，品质就是文化。

2011年6月3日

下午信阳一支施工队送了我一些现金和中华烟，我不能要，也不敢要。这些年我对工程质量严格要求，常常有人送钱给我，我一概回绝，这次送钱无法推脱（因为办公室有人），只能收下。第二天我把钱交给禹明善的主办会计柳金霞，跟她说有机会做公益捐助吧！今天我做的项目多了，与工程公司的交流也多了，这种事越来越多，可是我把握一个原则，就是与工程有关的钱一分钱也不收，因为收了钱质量关就保不住了，收了钱甲方就与乙方分不清了，收了钱你自己在包工头眼里也是小人了，收了钱自己以后说话的尊严就丢失了。君子与小人往往就在一念之间，尊严与小人也在一念之间。

我也对所有与我打交道的政府官员说，我孙君做到今天，所有的合作方没有出过一次问题，我一直提醒，我们一生做一件有意义的事，做一个干干净净的项目。我们自己要把握自己。你们要不要脸我不管，可是我要，我不想晚节不保啊！郝堂村也是这样，在钱的问题上有禹明善把握，我很信任他。我孙君不是不要钱，我要啊，我收设计费，我可以卖画，我还有单位的工资。

不过朋友送的小礼品，尤其是宣纸与笔品，可以要，这是人之常情。所有甲方与乙方的钱一概不要。

2011年6月12日

上午陪李如道到村里看现场，以后的现场就交给李如道了。这个项目的设计目前大框架已经结束，近期要进入实施阶段。所谓大框架规划就是不能做完整的规划本册，还不需做详规，不要把3～10年的规划全部设计完成，那肯定不靠谱。不能开专家评审会，不能修改我的图纸，规划与设计是一边规划一边实施，在设计中规划，在规划中实施。不能在项目实施中让区领导级别再大的人来参观，让设计师能安安心心地做事。项目中，我们一起把核心转移到村干部身上。先听村干部的，后听专家的，最后听领导的。这就是乡村规划中最好的模式与方法。

这种规划在很多专业部门看来一定会被认为不合格，可是按今天的专业规划与设计来做乡村规划未必是最合适的。

我比较好的一点就是，发现问题就想办法去解决，这些问题不论涉及法律还是法规我都不管，我管的就是什么是符合农民利益的，什么是对乡村发展有利的，符合中国传统美学的，什么像农村就应该做什么。

进村遇到环保"小天使"，与他们交流一番，他们正忙着一户一户地检查，村民还很配合，没有做好资源分类的都让"小天使"给记下了，并告诉他们，过几天还要来。村民回答说："不要来了，我们会弄好的，来很多人站在我门口多不好意思啊！"这项工作是为正在修建的资源分类中心做前期准备，而我们做的后期，以村干部为核心的管理模式也是为了能把资源分类中心做成农民的一种生活方式。它的价值是什么？就是资源分类连城市人都做不了，农民能做好，这说明什么？这种距离、这种素质、这种文化就是未来郝堂村的价值。

生活中，人们用钱来衡量城市文明，用道德来衡量乡村文明，这种文明的距离就是学历与文凭所阻隔的。这种错误很多人没有意识到，可是我知道。我们从一点点的小处在开始修复，从东方文明中的母体基因开始。

郝堂村的孩子们在村干部的安排下，做得很认真，他们大人似的说，弄好了也要来看看！村民又像笑、又像哭似的说"好好好！"

大约下午5点回到工作室。生活中我最喜欢读书、读帖、读画，往往读的时间远比书写和画画的时间多。

在工作室，我有曹立老师的速写、中央美术学院刘晓东的油画册，还有林散之、三羲之、颜真卿的字帖，有六七本好书跟随我多年，左汉中著《中国民间美术》，冈布旦奇著《艺术与幻觉》《三希堂画册》，英国霍德华的《田园城市》，美国人写的《土壤与文明》等，其中有一些大家的生活传记，我都喜欢。我读书很少，文化水平也很低，知识面更窄。我反对打麻将与赌博，那与中国人百年前鸦片没有区别。我的爱好就是与喜欢找我的老师和农民兄弟聊天，那才是真正意义上的大学问。

读书是一个思想养育的过程，是思想与肉体同步成长的过程；读书也是调整生活方式、修身养性的最好捷径，把自己与农民兄弟、和大家融于同一种状态下，感受他们的心境、审美与价值。每读一遍心灵都会得到洗涤，每读一遍都会心有所悟，每读一遍仿佛又回到前辈跟前，面对面，促膝欢谈。

记得2009年10月1日，我收到谷城一个朋友的短信："绝不是吹，真功夫可以压倒北京书法家的一大片，他们不懂草书，未下过苦功夫，沈鹏、欧阳中石之外，其余不在我之上。"这条短信是读书的另一种状态，我不喜欢，之所以保留在手机上，是为了常提醒自己。

近几十年，艺术创作感觉少走了不少弯路，总结起来，主要得益于一直有大师（作品）相伴，有精品引领，有思想在我左右，甚感幸福，从未孤独。

从把襄阳的两个家（画室）一起搬到信阳后，在党校闲下的时间就临《黄庭坚行书》。比如书中黄与盖这两个字中重复的横，每笔起笔与收笔的变化，字的内紧外舒的张力，让我看得如痴如醉，临了一遍又一遍，写多了就想起黄宾虹先生曾对林散之说的一些话，用笔有所禁忌，忌光、忌滑、忌扁、忌轻、忌俗，宜圆、宜平、宜雅。其中钉头、鼠尾、蜂腰背脊也，凡病好医，唯俗病难医。读后我笑了，黄先生所得之病我皆有之。

林散之与黄宾虹先生的理论与艺术使我受益匪浅，在《林散之序跋文集》中，记录了黄宾虹对书法黑与白的独到理解，先生言"古人重实处，尤重虚处；重黑处，尤重白处；所谓知白守黑，计白当黑，此理最微，君宜领会。君之书法，实处多，虚处少，黑处见力量，白处欠功夫。"林闻言大骇。这以后我也开始关注写白，白不易写，白是于黑才显示出来，写黑的目的是显白。对于这些艺术感觉我平日并没有时间去体会，但是只要读书，并且是读好书时就能潜移默化，不断受益。

如今有些人天天在讨论国家大事，在如数家珍地说着李嘉诚和王石有多少钱，每天像总理一样在微信上处理各种国内外大事，问题是，这关你啥事？

网络新闻、小品、小报、杂志、电视中某些无聊的内容和节目绝对是乱心和让人傻笑的事，这些节目十年看下来，一点不会有进步，唯一有的就是人变老了、俗了，浪费了生命中太多宝贵的时间。

我就是在这样一个读、看、写的意境里生活着，过着我一天一天精致的小日子，并乐在其中。

说真的这年头能有时间静静地坐下来，泡一杯茶，坐在有风景如画的窗前，听着雨声，放着音乐读书的人，恐怕不多。凭这一点我敢说我过的是精神贵族生活。

这种富有不是有金银财宝的富有，那样的日子也不属于艺术家，我在信阳工作室度过的每一天肯定不是物质上富有的生活，可是我喜欢。有画室、画案，有古树根雕、茶、酒，还有难得的艺术品。我的画案上方挂着黄胄老师的速写精品，品茶处有一幅潘天寿的书法，卧室内还有一幅赵朴初于1977年1月写的手稿，是纪念周恩来逝世一周年的诗稿。他们的精神和艺术与我同在，这种感觉让我超级养心。

品画读书，午后好茶，这是何等的自在，又是绝对的享受。这就是我的工作，也是我的生活。

2011年6月15日

这几天下了雨了，雨量较大，荷花池也有水了，项目正一点点走向常态。

15日，陶良金开车接我到郝堂村，车子开到进村的小道上时，两个轮胎全爆了，正巧区委王继军书记路过，就带我一起到了村里。

王继军书记极为关心郝堂试验区项目，他也常到郝堂村去看工地上的进度。这个项目是试验，所以我与王继军书记有约：一不宣传，二不让人参观，我们认认真真、踏踏实实地为农民做一些有意义的事比什么都重要。

前几天原区委副区长吴本玉突然调任到民政局，吴本玉副区长在离开时说，她并不想去，她想做实事，她是郝堂村的荣誉村民，希望能继续以北京绿十字志愿者的身份参与郝堂村项目。吴本玉副区长的调离会给我们未来工作带来很大的不利。一个好汉三个帮，唉！无奈也无语。这些年我的不少项目做失败，主要原因就是领导调走了。

郝堂村项目第一是垃圾分类池，拆了5次，水坝扒了重来，桥与路完全掀翻，按原有的计划，一定以北京绿十字的规划与标准重新开始。这个过程对我们来说其实是最难的，对政府来说也是最不能接受的，对村干部来说则是不可思议的事，对村民来说就是瞎折腾。现实中，很多人都是在这个过程中输了，但这个过程能让人们看到什么叫坚持，什么叫原则，什么叫血性！

今天王继军书记来，是因为村里有一家旧房要改造，马上就面临着政策补助问题，王继军书记答应第一期先给村里20万元，作为以奖代补资金，让农民先动起来。只有动起来，村民才能看到希望。

另一件事是有关村小学的，原小学因为"风水"不好，50年来没出人才，要改大门，拆围墙，建老师住宅，建厕所，等等。王继军书记认为这样划不来，不如找一个"风水"好的地方重建。村干部一听当然高兴，我也高兴，如果能把学校搬到一个得风又临水的地方，那就太好了，学生的茶艺区自然就有了。现在太挤了，再说学校窝在村中，地势也低，既无风也不得雨，还常常被淹，真是一个"风水"不好的地方。

于是我们就到新选的小学校址看了一下，六七亩地，原小学是四亩地。

郝堂村的规划一次一次地在改，一次比一次更合理，一次比一次让村干部与村民满意。

中午村里炒了一大盆菜，王继军书记与镇、局领导每人扒拉一碗吃完就各自回去了。村干部们一般以素为主，领导来了就加几块"硬"货（肉），平日我们都希望领导能多来，不然天天就是"软"货（素菜）。

16日，回家。我爱人生病很久了，一直不见好，实在没有办法，只能抽时间回去看看。爱人长期一个人在家，生病时吃饭吃药都没有帮手，我实在不放心啊！

离开郝堂村时，郝堂村的荷花已经盛开，特别是经过几场雨水后的郝堂村，已经有一点特别的味道。郝堂满池花香，月上柳梢。

风生水起

郝堂村的村民大会何时开

6月16日离开平桥,7月4日回平桥,这期间禹明善和胡静又不停地打电话。6月16日之前说了很多次,希望能召开村民大会,我一直在拖,为什么呢?

一个项目如何开村民大会?什么时候开?这需要很适合的时机,这个时间应该由我把握,既不能听禹明善的,又不能听村主任的。乡村开会,大会的作用只是通风报信,解决不了实质性的问题。中等的会只是提出问题,起不到决定作用。只有一两个人的会,在家中的酒桌上,才能真正地解决问题。这不仅是乡村,中国的多数事情普遍如此。正因为如此,我一直在想,村民大会要告诉大家什么?目的又是什么?能否达到我们想要的预期?

目前的磨合期,是村民欲望最高的时候,也是思想最混乱的时期,干部与群众处在迷茫阶段。这个时候最重要的是尽快找出示范户,再找适当时间开个大会。大会只是让大家看到希望,用希望来换空间。近期我的工作主要是与乡委王继军书记、村主任胡静交流,之前与禹明善讨论项目的可行性。我的经验是先与村里的核心人物(曹纪良、胡静,部分自然村队长)达成共识,只要他们认同我们,起码不反对我们,这个项目就没有太大问题。另一部分就是村里的精英人群,这部分人最难搞定。精英是技术与文化层面的人群,核心人群是忠孝与道德的人群。农村最复杂的往往就是精英人群(包括部分乡贤),他们见过世面,又有知识,是典型的实用主义者,万事总还有理,也是最有想法的人,但他们的想法又总是落后于我们,可是又先进于村民,村干部比较在意他们。这就是目前郝堂村磨合期中的状态。

郝堂村项目动作太大,不确定因素太多,过早地与村民交流,项目以后的结果差距会太大。

比如老年活动中心、自来水供给站、新建小学这些近期发生的事情提出来后,规划在一天一天地改变,很多是伤筋动骨的变化。当一个项目还处在不确定的时候,对村民来说,希望也是不确定的,尤其是我们的政府中心任务、工作重点改变和领导更换的期间更是如此，这种教训现实中多次出现。

农民最怕的是官员说假话、大话和空话，这不仅农民怕我也怕。因为怕变化所以不敢向农民说实话，说了做不成，结果就会被当成骗子。以前的项目，只要有县、市干部与村组干部，出了问题一般是村组的责任领导，有了成绩都是县、市领导的功劳。现在多了专家，只要出问题，县、市责任领导与村干部都会将责任推给专家，别看平时大家互相尊重，在酒桌上是哥们儿，出了问题就什么也不是了。因为在他们眼里专家是外面的人。郝堂项目就是在这样的环境下，做一点，说一点，我是一怕村民欲望过高，二怕村干部与区干部不敢承担责任。我们还是踏踏实实地往前走，我想随着时间的推移，我们会慢慢地赢得村民的信任，信任了才开会，这是我的想法。

其实我心中一直在等另一个项目，就是平桥区工业园区规划，禹明善与曹纪良、胡静可能还不知道此项目对郝堂村的意义，当然没有工业园区也完全没有问题，但如果有的话，郝堂村的生活与生产方式就与今天的规划有较大的区别。因此，我一直处在矛盾之中。

工业园离郝堂村只有六七公里，如果能用我们的理念，城乡就能真正成为城乡一体化，这才是真正解决郝堂村与平桥区的农民生活状态，修复城市乡村生态与文化的最有效的方法。这点可能很多人还是没有意识到，而这些恰恰是我一直在等待的。城乡不能融合、城乡不能等值化，美丽乡村是不可能振兴的，目前很多人依然没有意识到。很可惜的是，我感觉可能没有机会了。这也是我心中的一点点遗憾。生活中就是这样，你感觉是对的事物，又总是不能完全把控；你感觉是错的事物，又总是在你的眼前发生、闪过。这些年我一直在坚持，就是希望能等到一个我梦想的项目，一个没有遗憾的项目。

现在看来有点等不及了。

郝堂村的定位是以村集体为主体，"郝堂·茶人家"项目的目标定位是做成河南省有茶文化的小村。如果平桥工业园区真的实施了，相距这么近，郝堂村就有可能会形成一个城与村互补的社会形态，是乡城互助式的社会结构。这个希望我一直放在心里。

郝堂村的茶体验区，也可能是未来的商业区，这些地是从农民手上以 2 万多元租过来的，如果我们改成商用地，建的又不是农民居住的建筑，到时农民会有意见的。这一点王继军书记一直在提醒我们。这个生活区基本不会是农民来往，郝堂村有能力购买的人很少（村干部感觉）。我接受"五山模式"和 5·12 地震灾区重建的教训，豪华小区物业费贵、车位贵，如果住的是普通农民，那就是害了农民。对于这些问题我感觉开会时没有说清楚，也不好说清楚。

昨天信阳本家孙老板本想在郝堂村购2000平方米建筑，投资500万元在新区购房，可是村干部说不行，"这个人我们了解，村民对他的印象不大好，不能卖给他。"我顿时感到惊讶：啊？印象不好的人就不能卖地给他？村干部说"那是啊，人品要是不行，你与他做生意，村民会怎么看你啊？"这出乎我意料。郝堂村目前最缺的就是钱。在城市，各级政府全面招商，我感觉是"有钱就是娘，有钱就是爹"，而郝堂村的村干部给我的回答让我由衷地敬佩。在中国的乡村，我明显感觉到人们的价值观和人生观与城市文明有很大不同。村干部的这些话，不知为什么一直留在我心里。经济是有贵贱的，文化是有方向的，一个村干部都能明白经济与市场的贵贱，我们这些专家学者又为何不知，政府官员又为何不晓？我更多地反思今天城市的文化、文明和经济的方向。

2011年7月6日

　　7月6日，李昌平与贾建友来了。李昌平是思想家，他的到来总是让人思路清晰、理论明确，此行用陶良金的话说，"我们的思想又提升了"。

　　什么是新农村？李昌平说："我村我根，我村我业，我村我建，我村我家。"这句话渐渐地被社会接受，也成为新农村建设的又一个标准。我笑了，笑李老师太有思想，而我又太没思想，只想着落地。

　　郝堂村的内部结构在打破，在寻找新的机制与运作模式，这种做法我一般不愿采取大动作，那是我怕驾驭不了，要把事"做大"就一定要先把事"做好"做精。农村的事变数太大，而政府的政策又是"十五的月亮"，可是郝堂村有李昌平和贾建友，我就放心多了，因为他们比我更了解农村，特别是还有禹明善，他曾任过五里店原镇党委书记。

　　晚上吃饭的时候，又见到香港地区施永青基金会的陈庆英，区委王继军书记也来了，禹明善陪同。饭后我们讨论关于下一步项目的工作，一是7日的村民大会，二是目前我们的分工，三是李昌平要开始总结夕阳红资金互助合作社的经验。

　　7日的会议，我准备讲郝堂的村建设与规划，让村民知道未来的希望和村干部在忙些什么，村民应该有哪些责任，等等。关于村民的责任与村庄的希望，我有意把村民的责任作为重点，尽量少说具体规划，因为我也不敢确定规划，尤其是政府官员在项目中的稳定性非常重要，村干部三年一次选举，等等，我实在不敢把握。我没有给村民看总规划，只是简单地谈谈。我要是真的把郝堂村说得怎么怎么好，我想村民的欲望会猛涨、那样村里征地，租地就很困难了，尤其是精英人群真的很麻烦。很多时候这样会起到相反的作用。对于农民的思想我们要学会把握。什么时候讲原则，什么时候不能讲原则，弄不清这两者关系，就不可能做好乡村工作。

今天，曹纪良对我说："孙老师啊，不得了啊，村里乱成一团了，胡村长说她两天没有睡觉了，牙床全都肿了。我是只要眼睛一闭，村里吵架、打架各种各样的矛盾全部都闪现在我眼前，睡不好啊！"

风开始起了，这一天来了。我是"死猪不怕开水烫"，见多了。我笑笑，我笑这些事村干部能搞定，也不是大事。郝堂村动工了，村里村外部分贫困的人和混混（黑社会）开始为自己的利益与村干部纠缠，还与附近的黑社会一起，想承包村里的建筑项目，有一些完全不会做建筑的人也来闹。他们放出话来，说什么郝堂村的活儿全部由他们做，任何人都别想来争。

有一个村民说："你们不能动新建小学的地坪，那里有我家的祖坟。"胡村长说："你说那里有你家祖坟，好！明天我们请派出所的人来，如果有我们马上停工，如果没有怎么办？"第二天那个村民没有再去。胡静遇到实在不讲理的，一生气扇了人家两个耳光，我一听，说"好！"这个耳光一下就把不讲理的打文明了。村干部在乡村往往不是要治理那些讲理的人，而是要治理那些不讲理的人，只要极少数的人治好了，或者赶走了，村庄的大环境就好了。在现在的乡村建设中，野蛮往往战胜文明，这不合道理。

有人兴风作浪的时候，村以外的人很难去插手解决问题，这需要村干部自己来解决。我们能做的工作就是不要给村干部添乱，这样就很好了。

村里的拆迁引起很多问题，村民与四周（城市）拆迁攀比，想多要钱。周边有浉河改造、修铁路、修高速、企业征地等，那是国家与企业的项目，郝堂村的项目拆迁款是村民存的钱（养老合作社），是部分企业家的善举，还有区委书记王继军通过自己的面子，到处化缘得来的。今天 500 吨水泥，明天 30 吨钢筋，是各局科室跑项目，从办公费中挤出来的，也有村干部从牙缝里一分一分挤出来的钱。

可是很多村民不信任政府。这与目前政府的工作方法与工作作风有直接关系。交通局修水坝，被一棵小树挡住了，村民不让动。小学校的征用被 2.2 万 / 亩的价格难住了，因为工业征地才 1.8 万 / 亩，道路还有一小段开不了工。因为近 30 年没有规划，村民想怎么建就怎么建，还要拆迁部分房屋，会增加难度。

这次在郝堂村开会，不说社会问题、政策问题，更不会说村干部的问题，我们能说的就是村里的"风水"，这是做事的原则。很多事是政策问题，基层政府也无能为力。我们是甲方请来的，如果我们又说甲方的问题，这会让村民怎么想？很多时候我们左右为难，我们只能说的是村民在建筑与无序建房中破坏了郝堂村的"风水"，伤了"龙脉"。这其实是一种工作手段，也是一种工作方法。

东方人对待矛盾与问题的处理方法与西方人是不一样的。东方人一般不会把矛盾对立起来，即使是熟人社会也是如此，这叫宗法制。乡村社会在解决问题时是以情服人、以德服人，实在不行就先放下，用时间跨度来自然化解。我称这种方式为自然解决法，这也叫自治。

乡村工作中如何让村与镇干部转变观念，方法有几种。最有效的方法是影响他们。比如我想让郝堂村种荷花，我没有直说，而是说荷花是所有花中最有景观感、四季都美的品种，并且中国人很喜欢，既好看又有收益，关键是还能对污水起重要的分解作用。村主任说："这么好，我们能种吗？"我说："能啊，关键是村里没有地了，况且种荷花最好的地方只有你们村委会四周了。"胡静说："没有问题，只要能做，我们就来做村民工作。可是到哪里找荷花呢？"我笑了，说："找李昌平老师啊！"胡静恍然大悟说："对啊！"郝堂村的荷花就是这样种成的。我如果说"你们要种荷花，你们要去征地，你们要找李老师联系荷花"，就变成了是我要求他们去做的，他们会觉得总是在被动地做事。如果我换一种方法，就是让村干部主动去做事，他们想办法去做，心里的主动性就不一样了，项目的成就感也不一样了。

另一种方法是让他们有目标地去参观，让他们自己去考虑工作进度，让他们自己去解决村内的全部问题，让他们去着想村庄的发展规划。我们只说思路，只说方法，只与村干部交流，绝对减少与村民的直接交流。这也是影响村干部，发挥他们的主体作用的重要方法。

新农村建设中，来帮助解决问题要看自己是哪个层面（角色），我是北京绿十字的人（这期间我又是中国乡村规划设计院的法人与董事长），一个无权无官的民间组织，所以我能做的事不可能涉及政府与政策，如果我是市委书记，解决问题的方式又会不一样，就不会与村民来说"风水"了。

我经常端着罗盘（其实是指南针）在村里转，村民总说我是北京来的大"风水"先生。郝堂村的问题不是别的，是村民自己把"风水"破坏了，需要重新调整"风水"。要建设新农村，要致富，需要每个村民协助村干部。一个村就是一个家，一个家庭中，孩子不听家长的就会乱，就会群龙无首。新农村建设首先是大家要有规矩，要修复"风水"，要一心一意地尊天敬地，尤其是村干部和党员干部，他们是群众的主心骨，他们明白了，群众就会跟着走。规划就是把一万个人的思想统一成一种思想。知情、明理、参与和得利，这也是我们解决问题的最好路径。

李昌平建议，把中国乡村建设设计院落户在郝堂村，占地两亩，另外要筹建郝堂村商业运作的管理班子，要把郝堂村改成养老村。我对最后一点建养老村不太赞成。村就是村，自然生长最好。养老是非常专业性的行业，目前中国能做好这行的极少，而且我对管理与服务要求很严格，目前村里连一般的农家乐与客栈的管理都很费劲，即使请专业的团队来合作也很难保证。

哈哈，每次李昌平与贾建友的到来，大多是在禹明善的盛邀与"威胁"下来的，禹明善总是打电话给他，"你们不想活了吧，要来了吧？把我与孙君推上去，你们就不来了是吧？说！"这种工作关系，这种亦师亦友的感觉让我倍感亲切与舒服。

为此，我特意创作了两幅速写。

所以郝堂村的乡建也是禹明善抢来的。来的是朋友，返程的票一律由禹明善购买。禹明善不买票，大伙儿就走不了。禹明善是老江湖，我们说什么好话，他也不回答，只是一个劲儿地呵呵笑，真的没辙！

这一伙人，这一伙人的事与梦，相信3年后的郝堂村一定会让人流连忘返、回味无穷。

2011年7月7日

信阳市平桥区郝堂村定在7月7日开会，这是有讲究的，村干部说七上八下，七为上，八为下，上比下好，所以定为7日，再说7日李昌平也能来。

7月7日，来开会的村民与村干部前前后后有近百人，除了红星组的村民，还有其他组的村民代表，平桥区和镇的领导也来了一些。

要开会，这是区、镇干部的要求，也是村干部的要求，说明做群众工作的重要性，也说明群众需要知道村里干部和新农村建设究竟做什么。一句话就是，统一思想，统一认识。

讲课前，我自己也在分析，村民们怎么看我们？他们认为我们是政府的人，还是公益组织的人？是为村民做事，还是为自己做事？无疑，村民会认为我们是政府请来的，也一定会认为我们是在为政府做事。

在这样一种感觉下，我第一次给群众开大会，应该说些什么呢？

我认定，郝堂村的第一课不宜说规划（不确定因素太多），不宜说太宏伟的希望，也不能说建立村民共同体。农民不了解什么是共同体，他们只有真的看到了，才会支持我们的工作。说"逆城市化"，农民一定反对，他们大部分人就想进城；说"把农村建设得更像农村"，农民还不把我赶出村。各种物质欲望会与我的规划一样快速提升，这样的会就开得失败了。这种事我以前也干过，后悔得呼天喊地啊！

我在讲课时，大多用农民的语言，全部用实际发生的案例与村民交流，与他们讲"天地君宗师"，讲土壤与治水，讲他们最熟悉的民俗，讲正能量的道德风尚，等等。这些农民爱听，听完了他们也能记得住。村民在听课的过程中也能感觉到我们这群专家是有能力的，是懂农村的，是愿意也能够帮助农民与政府的。他们也能看出郝堂村也许会发生变化。

这次讲课更多的是告诉他们，以后他们要怎么做，男人的责任是建设村庄，女人的责任是管理好家庭，这就是郝堂人心中的国家。

我对郝堂村过去260年的历史进行了剖析。中国有句古话，"清官难断家务事"，我们在这里做项目，又想做一个有持续性的项目，村里的那些家务事就不能不弄清楚。不然我们这些"风"与村里的"水"就没有办法融为一体。

天下没有哪个农民不想过好日子，也没有哪个政府不想为农村为农民谋幸福。我们的目标与他们的希望是一致的，只是在方法与理念上有差异。求同存异，用善心来换取善举，用尊严来面对贫苦，用理想来引导现实，用希望来直面"三农"。

因此，对"三农"问题，我们不会直接来说，绕过复杂的"三农"问题，用最简单的"风水"来解决政府与政策上的问题，是我们能做的。所谓开启民智，就是要学会在乡村工作中找到那把能打开农民心锁的钥匙。

实际工作中，我与李昌平先生开始从孝道（养老资金互助合作社）、人才（郝堂小学的重建与让年轻人回家）、建立村民共同体的集体经济（绿园公司）、政府项目资金整合（路、桥、坝、养老中心等）、有机农业（土壤改良、家庭污水生态回用、80亩荷花池的自然净化)、旧村保护(乡村之根、乡村的熟人社会、道德规范)、新村商业(38亩茶文化体验区,对农田土壤进行更有效的改良)等方面寻求实施的切入点。我们做的最重要的工作就是还权于村两委,实在还不了权的,以最大的努力尊重他们,或者让他们明白我们尽了多大的努力在支持他们。

李昌平在小范围试点建立乡村资金互助,以村委为单位推动农民自身的力量,我希望掀起村民新一轮发展与规划的热潮,动力源头就是"风水",其实我认为,"风水"就是民心。

迄今为止,我们没有拆一户农民的房子,全力以赴地在农民参与的前提下进行新农村建设。即使这样,郝堂村还是进入"听风即是雨"的混沌时期。这段时间大约会维持6个月,这6个月,将是村干部"扒皮抽筋"的日子。很多村干部是熬不过的,只要熬过了,就算成功了。

熬,成了我们说得最多的字。

6月,土地征用的钱就分下去了。7月3日,道路又一次被堵了。7月6日,第一家村民旧房改造开始,7月8日第二家开始,7月10日第三家开始。到后面的3家又拆不了了,要价一次比一次高,最后决定不拆了。7月10日,禹明善为郝堂小学购乐器,筹备茶艺课程。之前,7月7日,他给郝堂村民开会培训;7月8日,给五里店办事处全部村干部开会;7月9日之后,农民参与建设新房和旧房改造的高峰期开始了,何时开大会,何时开小会,何时开二三个人做实事的会,这个节奏需要小心又小心。

我们"煽风",村干部"点火",郝堂村的"水"终于动了,风生水起6个月,只待"骑鹤下扬州"。

寻找生活

2011年7月15日

郝堂村又有2户农民要求建房了,目前还有4户旧房改建,这里的工作逐步深入,村民开始信任我们。这种信任是因为我们与村干部有了很好的"狼狈为奸",看来7月7日的培训还是起了一点作用,近日准备就村民建房再讲一次。

村干部让我设计莲藕包装盒,他们开始有了市场概念,也开始有了品牌意识,他们感觉到"郝堂"这两个字有价值了。

乡村建设的过程是村民成长的过程,这是王继军常说的一句话。这个过程是一点点走过来的,发展的随机性,规划的不确定性,产业的不可控性,项目资金的到位不及时性，等等，这些都是过程，都是乡村建设的特点。我之所以不愿意在项目一开始就做一本完整的规划设计画册，就是因为乡村建设确实有它的特殊性。

2011年7月16日

七孔桥是进入郝堂村的必经之地，这个桥就显得非常重要。今天七孔桥放线开始了。这个桥一直是我担心的，转弯处洪水阻力大，昨天又增高了20厘米，桥左右两边加了分水墩，又调整了不少细节。

目前有几个桥与堰的项目工作启动，像这种七孔，又是S形桥身的七孔桥，难度就更加大了。这要是在其他地方，几乎不可能建起来。我很担心，工作也格外细心了。我对自己做了以下要求：

（1）查找当地有历史以来的水文记录。
（2）所有的建筑材料一定要严格把关。
（3）培训一个村里的项目管理员，最好是村里的年轻人。
（4）一定要找一个专业建桥的施工队与管理者。
（5）坚决要按我设计的图纸建，品质要超越古人。

2011年7月17日

今天党校法院有公务员考试，要求全部封闭，工作室的人全部撤出，所以我们只能在校外流浪一天。

难得休息，我约上两个小屁孩张继基与颜平（禹明善叫他们童男童女）出门画画。早上7点带上速写本、画板、速写夹，欢欢喜喜地出门。

先到村里，有两户农民房子要设计，后来又与一号水坝（廊桥）技术员交流，我反复说明廊桥的重要性。宋代有赵州桥，今天我们无论如何也要建一座比那时还要好的桥。关于护坡，我重新出图。本地的石头较白，大小各异，我总想在白色上做一些文章，于是想了近半个月，才得出最佳方案，根据石头大小、施工人员技术水平，还有灰砖色较深的特点，出了一套银河星系的护坡方案，感觉较为满意，不过要是不能很好地维护就是失败的设计，我可以想象的，应该是失败的设计。

二号坝下游有一棵树（三号院对面），在河道上，不过挺好看的，现在大家也开始能接受自然环保艺术的概念，都觉得应该保留，于是我又出了一套感觉没有做工程的艺术方案。

忙到十点半，终于在苏永华主任的带领下开始了画画之行，我找的地方要临水，有茶喝，中午能休息，于是我们就沿信阳南湖风景区、北湖，找啊找，找啊找……从上午十点半找到下午一点半，没有找到，这里的山庄、会所、酒楼，要么不临水，要么很脏（垃圾），要么就是粗制滥造，要么是豆腐渣工程的欧式建筑，不过所有的房子都有麻将，信阳的赌博文化远远比茶文化盛行啊！

找啊找，找啊找……最后大家累得实在跑不动了，饿得也不行了，就在路边找了一家小农家乐凑合了。这家农家乐菜味不错，可是厕所实在太脏太臭，环境更不用说了，可见信阳在这方面还是有相当大的改进空间的。苏永华主任说："这一圈跑下来我对郝堂项目更坚定了信心。"

吃完饭就准备画画，之前的目标目前基本上没有时间甚至没有可能再找到了，我们现在只想找个地方能休息，聊聊天，喝喝茶，吹吹牛，于是就继续找啊找，找啊找……终于在水边找到一家北湖山庄。

我们在一层、二层遛了一圈，房子是临水，可是在临水处又建了一栋体积很大的住宅楼，楼上楼下，基本用于赌博、打牌，院内停满轿车，一看是清一色公务员车，我心里很难受。

信阳自称是茶都，我实在不敢认同，从上午十点半到下午两点半，没有在湖边找到一座茶楼或者一个像样的会所和农家乐，所到之处都是间间有麻将机，斗地主、打麻将，桌子上放满了钱。

找啊找，找啊找……我们实在跑不动了，最后只好又撤回平桥市区佛灵山茶庄，马德记的茶庄。好在这里没有打牌赌博，没有麻将机，可谓一片净土。

在茶楼坐下后，颜平说："我敢肯定，郝堂做好后，一定有信阳最好的农家乐茶楼。"我们都没有说话，实在累得不行。

佛灵山庄是我在信阳来得最多的地方，也是在浮躁市区中与我气息相同的地方，因为这里有浓浓的茶香。

美女汪燕泡茶，张三买西瓜，颜平玩游戏，张继基发信息，苏永华与马德记联系，大家不亦乐乎。一会儿马德记来了，他是一个正宗的茶人，也是信阳的茶老板，拥有自己的品牌、茶场和加工生产线，做事内敛踏实，朋友口碑不错。

我早就想与马德记交流，却一直没有机会，这次在苏永华主任与汪燕的安排下，终于可以好好地交流一下，没有想到马德记先请我去看看工厂，于是我很不情愿地去了（很累）。

这个现代化的茶叶加工厂，占地130亩，4个巨大的厂房也已经完成，白色外形设计得不错。

整个厂房坐东朝西，虽然朝向不好，可是也只能如此设计，这是地势所逼。130亩地中有一个山坡叫凤凰头，有头就有尾，于是我建议马德记建办公室与会所，把朝向改为坐西朝东，窗临水，把130亩地中的两段水系用流水连接，特别交代凤凰头处最好有木，凤凰头处的大门不可高于凤凰头，在三分之一处为佳。另外，茶山上有一个亭子，建议马德记重建亭子，形状以抽象的凤凰为佳。马德记听了不断点头，说正是他所思所想。

回去的路上，汪燕说他们家乡的固始鹅好吃，于是晚上马德记给我们找了一家，了却了我的心愿。

饭后我们就"郝堂·茶人家"项目进行了深入的讨论，马德记说他是郝堂村的邻居（佛山村），郝堂村做的茶文化，他的茶厂都在参与，所以那里的事无论公与私"需要我只管说"。

我与苏永华主任对视了一下，也算是心有灵犀一点通。我说："郝堂做的茶文化是以村民的生活习惯和生产方式为基础，以信阳文化、历史、宗教、建筑、村民自治、村民资金互助、村两委的考核与发展以及生态修复整体推进"，停了一下又说："茶是这里的核心，也是村民的希望，你对郝堂很了解，所以在郝堂经营茶最好，可以以农户家庭为主体，整体推动、整体运作、整体管理、以克服农民长期以来的散、私、贫、弱的劣势。"

另外一点就是，马德记一直在说的诚信也是我考虑和关注的要素。目前政府绿色、环保的有机论证公信力不高，市场上99%的假货都是经过国家各种认证后发证的，马德记想做一套自己企业的、北京绿十字民间论证体系，以社会责任来要求自己，我认为从长远来看这是必需的，只不过企业在短期内要做出较大的牺牲。马德记企业做论证标准试点，平桥区科技局负责技术支持，北京绿十字做企业标准，我答应了与马德记合作交流。

早上十点出门，晚上十点半回来。我见颜平手上提着大包吃的零食，便问为什么买这么多吃的。颜平说那家饭店太脏了，吃不下。我笑了，真的，到现在我还感觉脚是黏黏的，房子里四处不能碰。

太晚了，太累了，在信阳一天收获不少，我是带着遗憾与收获归来。

2011年7月20日

来信阳很久，一直没有见到柳区长，只是总听禹明善和苏永华主任说起，他原来是在组织部工作，后从南湾湖风景区调来的，年轻，有开拓精神。同行的还有常务副区长王亚玲（女）。在这个项目中，我们领略了柳区长优良的工作作风。新农村建设最怕的是谁都管，最后谁都不管。郝堂村项目王继军书记与柳区长有明确分工，分工明确才能保证郝堂村项目有实质性的进展。

原本今天到洛阳，因为柳区长要来，所以要陪柳区长。这个项目不仅需要农民支持，更需要政府、区委两方支持，还要得到各局与科办的理解，这是项目落地的根本。

项目推进的过程是地方政府与北京绿十字理解与沟通的过程，这个过程光用理论是不够的，理论只能维持3个月、半年，如果半年之后依然还只是理论，那么理论也将不攻自破。郝堂村项目不谈问题，而是找方法、找路径，在方法与路径中化解问题。

重读村干部

郝堂村项目是用理论打开了政府大门，用实践站稳了自己的脚跟。从李昌平的养老资金互助合作社，到孙晓阳推动的垃圾分类，再到80亩荷花的盛开、一号院的改造、水坝与砂石公路、旧房改造及未来郝堂村规划，拓宽了信阳新农村建设的思路，丰富了新农村建设的方法。我们渐渐地用理论充实了实践，也用实践证实了我们做事的可信度，其中村支两委功不可没。

乡村建设的主体应该是村，乡村工作最聪明的做法就是让村干部做我们想做的事，最愚蠢的做法就是我们做了村干部应该做的事。近十几年的乡建工作中，我给自己的定位就是村长助理，与村干部的交流多，了解也多，所以成功率也高。

在中国，村干部的官职最小，可是村干部才是中国真正的干部，也是最体现工作能力和人生价值的干部。

我之所以这样说，那是指的能力。村干部是无冕之王，是自己愿意做，村民推选的。村干部做好了，可以做二三十年。自己不想做了，又回到农民的身份，做得不好半年就被拿下。这个位置不是谁都能做好的，很是需要品德与能力。

在中国，除了皇帝，每一个官员都不知道自己的未来。可是村干部不一样，村干部本身是村民，村干部非常知道自己的未来，只要不做坏事，就一直可以当村干部。村干部（以前）没有工资，收入低到不足以养活自己，所以当村干部是一种奉献、一种荣誉。这种荣誉与权和钱没有太大的关系。无私才能无求，就像"五山模式"中的堰河村闵洪艳书记，他做得再好，还是农民，相反与他一起工作的两任镇党委书记和无数镇干部都升职了。所以村干部与一般性由上面任命的干部区别甚远，但以人的自身价值而论，村干部远远比国家行政干部更了解做官的价值，也显得更有成就感。

村干部的方法

如何做好村干部工作？我在郝堂村做了一些实验，这些实验以前只是感性上的，这次却是有准备的，开始把如何走近村干部，如何把村干部与项目有计划地推动结合起来。可以说这是一个难得的机会，因为这两个村干部也正是我最理想的人选。

首先是我们如何理解村干部，我们又怎样利用村干部做我们想做的事。这是一个难题，我以前做了一些实验，有成功也有失败。这次对我而言，基本上有80%的把握成功。

村干部在工作中，可以运用两种手法，也就是两种政策，或称为两种政策与情感，这也是国家行政干部不可比的。

一种是自上而下的政策与法规，另一种是自下而上的村民道德与自治。什么时候该用法律，什么时候该用自治，这就要看村干部的水平。

村干部做事简单实用，"面子"与原则两头都要。其实这就是特有的中国文化。政府倡导"三讲"，村干部只用"二讲"。对良民"讲理"，对刁民"不讲理"。

村干部面对的人群极为复杂，有家人、熟人和亲戚，还有死人与"鬼神"，对立面有社会的人渣，有绝对的弱势群体，还有一些有背景的村民，等等。在村委会中，没有公检法，没有派出所，没有律师，更没有军队和监狱等，所有的工作都围绕着村干部，由村干部裁决，靠的是一张嘴和一颗公平的心。

在北京绿十字历年的交往中，有几位村干部很是了不起，比如河北定县翟城村米金水书记，湖北谷城县五山镇堰河村的闵洪艳书记，四川成都洛水镇渔江村的黄益成书记，山东方城诸满村的刘敬志书记，河南信阳郝堂村的胡静主任，雅安雪山村李德安，等等，这些村干部都是乡村核心人物（不属于精英人群），都是可以成就大事的现代版乡绅。判断一个人是否是乡绅的标准不仅看文化与财富，更多是看其是否德高望重。

这些村干部都有很重的两面性，是红脸、白脸都唱，红道、黑道都走的人物，讲理与不讲理汇聚于一身。这样的村干部在乡村干部中所占的比例极少，可能不足10%。这些人如果遇上了好的机会，村子就有可能成为华西与大寨，这样的机会五山堰河村闵洪艳曾经有过，可惜因他的个性而失去了一些机会。郝堂村也未能把握这个机会。社会背景和政策背景，堰河村与郝堂村的干部都具备，可是"命"不好，"命"是天命，也是机遇。

村干部要想做好事，就是要公平。平均是小富既安农民的生活心态，竞争是城市人的心态。在农村做事，就是要学习村干部的这种能力。他们所要做的事就是在平均中找到不平均的突破点，又在突破点中用自己的能力驾驭与村民的平衡。

村干部不能做的事

村民对村干部有些事是不能容忍的，比如不敬不孝、男女不正当关系、贪污集体财产、触犯法律坐监狱，等等，这些都是有损祖上和家人颜面，极为不道德的事，一旦触犯，村干部自然就退下，并与全家人一起在村里被人看不起，几辈子都抬不起头，家里的年轻人也会背黑锅，这是村干部的家人与长辈最怕发生的事情。

村干部如果犯了这种禁忌，做了这些事情，一般就离开村庄，外出打工住到女儿和儿子家，严重的甚至会自杀。这样的事情我遇到过几例。

从中我们可以看出，村干部如果犯了错误，很多时候是自己对自己的惩罚，以及家人对自己的压力。这些压力是精神层面的，是无形的，大众称之为道德。

道德是什么？其实就是一张脸，就是面子，面子在很大程度上就是道德的体现。人们在生活中要是连道德都不要了，那么还要什么呢？不要脸的地方就很难教育出好的人。一个地方只要撕破了脸，这个地方就是人间地狱，是一个只适合道德败坏的人生活的地方，这会非常可怕。如今的城市是一个陌生人的社会，楼上楼下、左右邻居互不相识。在这样的社会中，面子和脸就显得没有价值了。同样，道德在城市中也就显得约束力很差。在农村不行，只要你还住在村里，脸与面子就比生命有意义。

"脸与面子"在乡村是绝对的底线。

村干部最怕什么

村干部最怕的是做了好事，村里人还不理解，甚至还说难听的话。村干部最高兴的事就是自己的口碑好，自己做的事村民能支持。村干部在村中做事不求利，只求名。如果没有好名声，自然也做不了事。这种情况下村干部会自己退出的。他们很少要等到大家开会，等着村民把自己选掉，那就太没有面子了。

乡村的事很有意思，村干部因为怕一些事，所以会用心在村里做事。反过来说，他们也是因为什么也不怕不求，所以做事就很狡猾，因为他们知道，只要没有私心，他们什么也不怕。

那么他们又怕什么呢？

村干部做事有他们的原则，一是怕外部力量伤害村民，这样会影响自己在村里的威信。村干部不愿外部人干涉村里的事务，否则这是对自己的一种挑战，村干部会本能反抗。当外部力量控制村庄，乡村可能就出大问题。就像一个家庭，从外面派一个父母，这可能吗？

外部力量包括专家、媒体、领导进入村庄，是村干部最担心的事情。村干部曾私下对我说，大学生进村乱三天，媒体进村吵半月，学者（教授）进村闹半年。

以前的村干部很欢迎民间公益组织（NGO）进村，因为 NGO 进村会引入一些项目资金，这些公益资金是不需要还的，做得好与不好，也不需要承担义务和责任。现在村干部无所谓了，尤其是新农村建设之后，国家有大量专项资金泛入农村，显然 NGO 的

3万~5万元根本不在村干部眼里。关键是NGO的语言与思维方式，村干部是提防的。NGO说的大多是外来（西方）语言，也有政府敏感的语言，比如弱势群体、维权、参与式、分享、民主、平等，其中还夹杂一些英文，村干部就更加害怕。

村干部的"小命"一半掌握在村民手里，另一半掌握在镇政府手里，NGO的渗透并不是村干部最怕的，而是政府最担心的。村干部多年受政府的教育，所以政治觉悟还是有一些的，他们也怕惹政府生气，怕把村庄给弄乱了，自己把村官丢了。

二怕：村干部怕得罪乡镇领导。乡镇干部是行政级别最小的官，可是偏偏他们管着村官，权力又很大。镇干部一是掌握着村干部的官帽，二是掌握着村干部的财权，三是掌握着他们新农村建设的项目钱。凭这三条，村干部不会轻易违抗镇干部。镇干部除了主要领导大多是从外地派来的，一般的干部都是就地任职，所以一般干部与乡镇的村民都知根知底，一桌饭吃上十分钟就全是亲戚的那种。

村干部怕的是镇与县干部总不到村里来，如果总能带市、县干部来，即使没有项目进村，那也是一种成果、一种荣誉。如果能留下吃饭喝酒，那就更不一般。市、县干部来村里的次数多了，村干部的威信就会大增，地位也会更牢。

每一个村干部都有几个人能制住他，这是项目进行的保障，也是乡村工作的杀手锏。北京绿十字与村干部合作时，始终牵着这条线，如县与镇主要领导，本地的与村干部私下里都是好兄弟、好姐妹等，这种血缘式的称呼在乡村特别管用。这些人在出现矛盾的时候又能缓冲、调解或者能直接驾驭村干部，这个工作要提前做，有时候情重于法、重于工作是农村工作的特点。

三怕：村干部都敬神，迷信风水，所以拆庙、挖祖坟、违背时辰动土是很忌讳的。只有不靠谱的村干部，还有政府官员才敢做这样的事，如拆庙、扒祖坟和祠堂。

村干部绝大多数是党员，可是他们对"风水"一套很讲究。其实人们对"风水"的迷信，不仅仅是中国，国外也是如此，只是各国的说法不同，中国人说是迷信，西方人将其列入科学范畴。在中国尤其是乡村，依托自然生存，在人们无法战胜自然灾害的时候，心灵的寄托和对灾害的惶恐心理是很自然的。村民在建房、修庙、动土时都要征得村干部的同意，也就是说村里人建房，请有影响的人包括"风水"先生、和尚和道人，均要与村干部招呼一下，可见村民与村干部对"风水"的重视程度。

北京绿十字很多项目的规划都是先从"风水"开始，这就是我在村里总是手里拿着罗盘的原因，因为村民们怕这个、信这个。说服村干部，一般都会谈到"风水"，只要他听进去了，这个规划就不会有什么大问题。

桂林阳朔大河背项目、山东方城诸满村项目、河南信阳五里店郝堂村项目均用"风水"这一说法打通与村干部沟通联系的渠道。

"风水"这词，我只对村干部与和村民说，我本质上不喜欢这个词，更喜欢用生态学和环境营造代替这个词，不过在正式官方场合就用"规划"一词。

村干部的生活

郝堂村是我走近村干部的最重要的实验区。每次来郝堂村，我事先总会做一个课题，这些课题要一个一个地在村中解开，要找到我想要的答案。什么是村干部，村干部的生活环境怎么样，村干部的价值观是什么，村干部畏惧什么又希望得到什么，村干部的社会关系，村干部眼中的传统村落，村干部是不是官，等等，这些问题我需要在郝堂村找到答案。

村干部的生活条件与工作环境与城市人想得不一样，办公室有时只是个摆设，村干部什么事都心里有数，很像千千万万的父母，我们什么时候见过父母写过"家庭发展报告""每年家庭收入与支出预算"？乡村不是这样，村干部大部分的文化程度也不高，加上他们与外界交流很少，所以他们会用村庄的视角来衡量外部社会的一切。村里发展得好，社会就发展得好，村里矛盾多，他们就会认为社会矛盾多。

村干部的视角边界最清晰，村以田为界，人以品为德。外部的社会与村干部联系可有可无。他们对理想与未来不大关心，因为他们生活在一个很小的活动空间，就像一个不太富裕的家庭应付着每一天的日子。

村干部是一个群体，村干部之间很多是亲戚关系，他们是在一起长大的，所以他们的工作协调性基本上是和谐的。即使是在乡村推行民主自治法，乡村的特殊社会机构使得人与人的关系也不会发生太大的变化。

在村里，最怕的就是非本村干部来任村书记或村主任。这种情况下，村庄的发展与稳定多半会不怎么好，因为这样会在乡村熟人社会中造成一种信任危机。这很像一个家庭中请来了一个外来人来当妈妈，很难教育好孩子。

能做村干部的人大多数家庭经济还不差，是村里有本事的人。在村庄，太穷的人家一般不太可能会被选上做村干部，因为贫穷一般是天灾人祸，或者好吃懒做，或者道德品质有问题造成的。只要是好好过日子的、不偷懒的人家，基本日子过得都不错。

村干部大多有一个好媳妇，这符合中国人的家庭观。一般一个家庭中是男主外，女主内。尤其是女人当家非常重要，女人没有当好家，男女的婚姻就不稳定。

家不和外人欺，家不和就一定乱。能当村干部其中有一个原因就是家庭里有一个能干和合格的媳妇。村干部的媳妇都很能吃苦，也能识大局。她们知道男人要做大事，要为家人争光，她们（包含长辈）是不允许男人做有损家庭荣誉的事的。传统家庭中，家谱、祠堂、中堂等都是品德与孝道的教育，这种教育是融在生活中的，我们称为民约。

村干部有很多亲戚，他们在村里走一圈，遇到的人有80%与他有血缘关系。这种关系多了，村干部有时就看得很淡了，但只要一跨出村，这种关系就显得很重要。

在村干部的工作环境中，比较好处理的是人际社会关系，比如辈分、家族、血缘、姓氏、地域、磕头兄弟等。另一个社会环境关系，如与政府的上下级关系，与社会的关系，与经济的关系，开发与资源环境的关系，这几种关系村干部一般不易处理。对于这种关系，村干部一般要依托乡镇干部来协助，或用朋友的关系来处理类似事情。而处理这些关系的手段并不复杂，比如喝酒、拉亲戚、扯辈分，拜大哥或姐妹（或兄弟），等等。

村干部是中国官员中最小的，小到其实不是官，只是很像官。可是村官还真是官，而且还是"大官"，因为他们最为农民着想，他们是一群在官场为数不多讲真话、有血性、像男人的官。仅凭这一点，就可以为村干部说一声：伙计，活得精彩！

在今天的社会中，"关系"一词，村干部运用得最淋漓尽致，这种现象影响了整个中国社会。也就是说，别看自己是城市里的人，是公务员，是博士，现实中我们办案和办事时的第一概念就是"找关系"，这也是典型的村干部意识，同样也是中国文化中最典型的思维方式。这种关系反映出一个民族的亲性基因，乡村中的信任关系其实是农耕文明的重要的特征。

至于中国传统文化，国人一直在批判传统文化没有了，乡村道德断裂了，传统村落要消失了，等等。这种说法有一定道理，可也不准确。我感觉今天的乡村，只要农民还能坚持田人合一，文化就一定存在。不能认为传统村落在，文化就在，古老的房子在，传统文化就在。其实在我看来，只有田在、人在，文化才会自然在。一方水土养一方人，郝堂村有几百年历史了，可是村中基本没有老房子，但他们的生活和生产还是以农为生，以天地为神灵。我认为郝堂村就是传统村落。相反，很多村有很多古老的房子，原居民换成了商人和城市居民，这还能叫古村落吗？有一些古村，老房子还在，可是人没有了，这能算传统村落吗？

乡建无大事

2011 年 8 月 8 日

郝堂村郝长荣第一户新房终于下地基了，这对一个小山丘来说，无疑是相当重要的。现实中，乡村建设没有太大的事，全是鸡毛蒜皮的小事，大事我也做不了，那是政府管的事。今天的乡村建设，很多问题是我们过于关心大事，又不愿做小事，还批判政府管得太宽。我认为政府就应该管大事，专家管专业性的事，学者做研究性的事，村干部做村内的小事。郝堂村的乡建，我就没有见过大事，村干部与村民没有感觉到国民待遇有什么问题，也没有意识到国进民退的问题，隐约中只是感觉到传统文化在逐渐退化而已。我在村中看到的一些现象似乎远远比城市文明要好得多，我感觉乡村问题更多的是一些生活与生产中的小事，是中国在改革开放过程中遗留下来的不足，只需政府调整结构、调整方向、加大基础设施投入就可以了。很多时候我们专家与学者把简单的问题复杂化，把普普通通的道理给弄得村干部与县、市领导看不懂。郝堂村在建设过程中，我有意识地回避学术上的争论，回避浮躁的观念，绕过具有破坏性的"城乡规划"方法。我们是在"慢慢地建设新农村"，不争只看，一切等两年后用事实来说话。

因为手上事太多，放完线应该吃顿饭，我就先回去了。

我知道第一户上梁之后，跟着要建房的村民就多了，农民的从众心理很重。下午 4 点半，苏永华局长找到我，商议关于七孔桥承重问题。工程师说现在的桥总垮塌，我们这个桥孔最高处与路面只有 40cm 高度差，感觉桥的稳定性不够，20 吨以上车辆不一定能过去，所以他们想把桥面再提高 40cm，这样孔与路面就有 80cm 高度差了。交通局苏永华局长他们真是认真用心啊，这样一改我更是踏实了，也睡得香了。

下午有一些村民说要建房。我知道他们要建房、要旧房改造也只是说说而已。他们说话变数很大，想法也很多，这也正常。建房对村民来说是大事，所以当他们说要马上动工的时候，我不当真，只是听着，出一个简单的平面图与他们商议，多听听他们内心的想法变化和变化的原因及理由。这些对我们乡村工作者来说是难得的一手成因分析材料。

8 月 9 日，我再次去彭校长（女）家。这是村里最有文化的一家，其父也是村里的老书记，她爱人吴军一看就知道是很忠厚的人，平时开一辆小面的。这是村里有思想又勤奋守村规的典型人家，正是因为如此，她家的房在设计的时候，我不停地与她和她家人沟通，目的就是让她家能真正地做一个乡村家庭客栈，并以北京绿十字的生态标准来试行。可是结果我们发现他们家总与施工队的李开良发生矛盾，又总与村干部发生矛盾，渐渐地我们就放弃了建北京绿十字标准客栈的想法。

随着项目的推进，郝堂村越来越吸引各类人群，其中信阳市郭瑞民市长也想到郝堂村参观并指导工作，王继军书记想尽办法都没有让郭书记来郝堂村。这是因为此时全省正在推行省委书记的新型城市社区，全力鼓励农民上楼的精神。而郝堂村正推行另一条新农村建设之路，此时若郭书记来了会怎么说？

这期间，我们的工作越来越多，越做越有方向，村、镇、区三级领导也渐渐地发生变化，这个变化是精神层面的，也是被压抑很久的一种理想和情结。郝堂村在社会各界的认同中，项目的价值与自信开始增长，这种增长又更好地让北京绿十字团队在潜移默化中，在不知不觉中，把可持续理念，把环保与生态理念，把农民的可贵精神，把村干部的正能量都挖掘出来。估计北京绿十字团队的这种工作思路和工作办法在八九个月之后就能体现出来。北京绿十字表面上看只有我一个人在工作，实际上是一个团队在工作。乡村工作不是大面积的人海战术，而是一种以静制动、以理念指导方法的工作模式。工作中一定要与乡村保持绝对的远距离，处在相对平静的工作环境中。不能每天都有很多陌生人在村里转，不要在村里设一个村干部权力以外的工作团队，那是大忌。

每一次来，北京绿十字总部的孙晓阳就会把一些工作任务给我，我会根据工作任务整理成简明扼要的文字，回到村里与村干部再一条一条在实践中核对。哪些完成了，哪些还没有完成，没有完成的怎么办？村干部说喝酒，我就笑了，农村工作就是这样，专家理性往往把一件很简单的事分析得云里雾里的，其实就是一杯酒的事，吃吃喝喝就是乡村工作最有效的方法，村干部就是把云里雾里最复杂的事在酒桌上办好了，专家与学者则是用西方的逻辑学与建设学，把最简单的事给弄得十分复杂化。而远离乡村研究乡村工作，唯一的方法就是用最严谨的逻辑推理来解决农村的事，结果那些逻辑思维概念脱离现实，越研究，"三农"问题就越多。

我每次回北京，都把郝堂村日记交给北京绿十字办公室，做每个项目时都是这样，渐渐形成了一个工作制度，办公室再把这些日记归类，重新编辑形成各种相关的研究文章和文件。这次来郝堂村，孙晓阳又把近期工作与区、镇、村三级具体工作的要求给了我，这些也是日记和资料中缺少的。这些工作很多是由荣尊堂老师在整理，北京绿十字已经基本形成一种工作流水线，也形成了某种规律性的方法。我一直在想，这可能就是中国乡村建设的重要理论与方法。我个人认为，北京绿十字最有价值的工作是在后台中的理性工作，这也是目前中国乡村建设中最欠缺的部分。

这部分工作需要时间，需要实践，需要人来编写，更需要资金支持，可是在我们的项目中，无论是政府还是基金会，从来不支持这部分费用。这些年来，北京绿十字坚持把实践中的感觉转换为理性的理论，努力探索一套具有中国本土特点的乡村建设理论框架，这种理想我们坚持了十年有余。

这次来郝堂村，北京绿十字执行主任孙晓阳又把日记中需要的内容发给我：

（1）新建房的村民需要与武汉市特型砖厂家联系制模——有郑世宏帮忙。

（2）村中佛像的刻制（唐三彩造型最佳）。

（3）茶瓷（唐、宋、元、明、清、现代艺术瓷器）。

（4）静观村民自治的变化、新旧房改造、人口与田地、乡村公益事业定位。

（5）村记、乡村办、村历史以及2011年大事记，9月26日要完成。

（6）网站：计划、规划、户口、村史、村介绍、项目进展、图片新闻、建筑与合作机构、文件等归档。

（7）有机茶筹备——紫云英、向日葵、有机水稻种植。

（8）机种茶农药防治研究——戴老师。

（9）学校茶文化培训（禹明善负责）。

（10）协作者中心贾建友在郝堂村近期工作：项目分类总结，包括方法、问题、解决、未来长效机制、垃圾、金融合作、新房建设与旧房改造制度、绿缘公司与金融互助关系、郝堂村民参与重大问题与希望、对郝堂村未来的设想、村干部在建设中的困惑、土地如何运作。

（11）荷莲（干的）20cm杆，保留下来。

（12）七孔桥：两边护坡，桥连接处由谁做？（交通局还是水利局）

（13）公路标准问题，漫水桥护坡，因为水位可能会提高。

（14）来人接待，由孙德华系统介绍村的规划与发展。

（15）关于村内的新区、征用土地、产业、品牌、招商由谁来系统考虑？每人要有自己的资料。

（16）村里的管理方法还是30年前的方法。文件、存档、资料、产业、人才、党员要分类清楚、系统化，大家要有责任考虑村的发展。

（17）对村里发展农家由旅游局赵副局长负责：青年旅店、茶馆服务培训，同时制定奖励性的管理方法（不能流于形式），要做到有效、制度化，目前只是一种形式，资源分类是发展农家乐的基础性工作。

（18）项目根据总规时间做进度表。

(19) 对施工队的要求，村组尽量提供方便，让施工队能安心施工。

(20) 民间有机论证试验——马德记。

(21) 所有讨论结果，以文字集中到乡村中心禹明善处和村委会。

(22) 村干部最关心的桥：龙鼻桥、放生桥、如意桥、村口双桥、长桩桥B座。

乡村建设有多少事要一件一件地盯着、看着、问着？这个过程很多人是看不见的，以为做一个漂亮的规划与设计就可以建成新农村了，那是做梦。北京绿十字为什么这么多年只做了几个项目？就是因为每一个项目都是这样走过来的，政府在购买我们的服务时，只买结果，而对于中间的过程是不愿购买的。现在所有的设计院都不愿意落地规划，这与西方是不一样的。西方的很多设计院是要负责落地的，他们在购买设计图纸时，是购买中间的过程，自然价格就会很高。比如郝堂村，即使75万元的工作与设计费，也只是一个结果的费用，而对于过程政府是不会购买的。正是这种原因，导致今天豆腐渣工程越来越多。北京绿十字不愿多做，做得越多，支出就越大，资金就越来越不够，以致北京绿十字如今办公人员只有五六个人，人多了发不出工资啊！

2011年8月19日

我从景德镇回来，就十万火急地赶到郝堂村。郝堂村第一户房子地脚梁也下了，今天开始做墙。我来的时候，一号房子正南墙已经砌了一米高了，我看了感觉不行，清水墙正面砖头面完全没有选，工人都是随手而砌。我叫他们停工，不准再砌了，并要求拆掉重砌，结果请来的大师傅嚷嚷，说他们砌了这么些年还没有人说他们干不了。其实砌清水墙，大师傅1天要200元，而小师傅1天才100元，我建议不要大师傅了。

下午，4个大师傅就不干了，小师傅替上大师傅。

我过了一会儿再来看，小师傅砌的墙就是我需要的质量，清水墙并不难，难的是责任与心态。19日，二号彭校长家也奠基了，放炮了。这时我的心也放下了，因为这标志着郝堂村真正地进入一个难以想象的快速而又井喷式发展的时期，品质与美观就是未来的市场，一切是为了未来。我们不能拿信任当皮球。农民只要把房子的事交给你，就说明你得到他们的信任了。

这也标志着郝堂村最艰难的时候已经过去，我一个人走到村头的小河边，面对远处的树，悄悄地流下了眼泪。乡建在今天的大气候下能做成如此规模的郝堂村，并能步入正道，十年集一精品不是梦，我真的看到了希望。

经营乡村

2011 年 8 月 21 日

又要回郝堂村了,北京绿十字总部把近期郝堂村的工作任务清单发给我和颜平。工作越来越细,要求越来越高,任务越来越重,范围也越来越广。颜平总在问,又加了这么多活儿,是不是要与政府说一下价格?孙晓阳说,不用了,现在政府能按我们的目标做,就是给了我们最大的价值。平桥区政府支付给我们的费用已经是北京绿十字历年来最多的了,我们尽力而为。目前唯一要做的就是在两年内,在预算内把郝堂村项目做好、做漂亮,要像当年的五山模式一样。这就是北京绿十字最大的品牌。颜平把打印出来的任务清单交给我,我再把 19 项工作分给大家。我的工作就是派活儿。

(1)颜平与方工住宿问题(禹明善负责)。

(2)信阳烈士公墓问题,还需讨论,有点难。

(3)制砖!郑世宏近期来(禹明善负责)。

(4)成都效果图负责人明天下午来,安排住宿(禹明善负责)。

(5)李如道住在党校,按 57.00 元一天算,有偿消费。

(6)孙君给颜平 300 元,借颜平的(北京绿十字合影瓷画)。

(7)郝堂村计划用 7580 元,在景德镇做的瓷,要汇钱给厂家,其中 2440 元汇景德镇高文丰,柳会计与颜平联系。

(8)中国人民解放军 20 集团工兵营重建选址(张团长)。

(9)设计效果图费用(学校鸟瞰图 5 万元、新补茶馆 1.5 万元,4 套后现代茶体验中心 3 万元,合计 9.5 万元),近期汇出(孙晓阳负责)。

(10)施工队问题:从原有施工 1 号坝、七孔桥中引出两支,他们施工认真、了解要求,不然工期到 12 月底不可能完成。新房和重点房 18 家、旧房 30 家任务(胡静负责)。

(11)舒乙的《城阳城》文章给我(禹明善负责)。

(12)上午工作协调会议记录打印出来,逐条落实项目内容(陶良金负责)。

(13)关于郝堂村入户调查(个人),陶良金负责给我旧房改造的统计数据及旧房改造工作，新房建筑由孙德华负责。

（14）茶体验区要尽快动工，不然郝堂资金互助资金与绿缘公司就会出问题，政府贴息贷款是一年到期（胡静负责）。

（15）村民、村干部的改变及思想变化，村财务分拆等，需要贾建友来，过了这个动态的建设时间就太可惜了（胡静负责）。

（16）郝堂村的设计量太大，王继军书记说速度跟不上，学校、活动中心、水坝、公路，建议再招2个设计人员，或者外包设计。

近期北京绿十字要做山东方城、宜昌市问安镇二期、民政部成都市小鱼洞项目规划，等等。考虑到郝堂村事情太多，尽量留时间给平桥。其他细节由孙晓阳负责（设计是北京绿十字目前主要生活资金来源）。

（17）平桥工作室尽快添一台电脑（孙晓阳负责）。

（18）生活方式的改造是核心，否则是只有外形的新农村。要开列以下内容：①学生茶艺；②小学生环境小卫士；③大庙修复活动、建设活动和一事一议；④在村里开设一间茶馆，用于政府公费接待，让村民、村干部开始接受茶的环境、茶的文化和茶的市场（禹明善负责）。

20日，我第一次开车进城。21日，第一次开车进郝堂村。车掉到沟里去了，村民们一着急都说"孙老师掉到沟里去了"，哈哈！村民赶紧把我和车抬上路，从那以后我经常"掉沟里"。

郝堂村的过去

22日开始做红星组的调研。一个村谈产业、谈经济、谈发展，不能一开始就"一村一品"，就组织村民搞产业、招商，这是不懂乡村与乡村经济。乡村一定是先解决治理，发展集体经济，年轻人开始返乡，有人来村里参观学习，农民喜欢村庄。这时村庄就可以发展了。要发展经济，就要先对村里贫穷、中等富裕、富裕人群做个基本调查。调查这件事是我近一年中一直想做的事情，原因是我与农村这个社会走得越来越近，对村庄的家谱、祖坟、人文、生活、贫富、发展过程一直在进行各种形式的了解。我找到胡静，让她帮我在村里找3户人家，一户最贫困的，一户中等家庭，一户最富裕的人家。对3户人家的全部资产进行评估与定价，包括柴、米、油、盐和鸡、狗、猪、羊，还有针头线脑、田地房子等，只要有看得见的物品，都算价，我要看看郝堂村人的平均收入究竟是多少。

就五里店办事处（乡）的人均收入，我就按找的这3户不同收入的人家做了近十年的收入统计。这些统计一律由我们自己来完成，数据也是最原始的数据。这些工作让我对这个地区的收入与消费,还有农民的生活质量、人情往来、收入的增加与减少有了一个周期性的、规律性的、较为全面的了解。

贫困户调查

户主姓名:李长兵(全家共 4 口人)

品类	购置品种和时间	当时价格	现在估价
衣	春装 10 件	700 元	200 元
	夏装 14 件	700 元	150 元
	秋装 9 件	650 元	150 元
	冬装 8 件	750 元	200 元
	晾衣架 5 个	7 元	3 元
	皮鞋 3 双	240 元	80 元
	布鞋 5 双	50 元	30 元
	运动鞋 3 双	150 元	50 元
	棉鞋 4 双	100 元	30 元
食	无存粮		
住	1985 年建土房 3 间	300 元	10000 元
	1990 年建草房 2 间	500 元	1500 元
家具	1991 年购床 1 张	150 元	80 元
	1991 年购柜子 1 个	100 元	50 元
	1998 年购桌子 1 张	80 元	50 元
	1998 年购椅子 5 张	200 元	400 元
	1995 年购床 1 张	100 元	50 元
生活用品	1991 年买铁锅 2 口	45 元	90 元
	2009 年购煤炉 1 个	20 元	10 元
	2002 年购铝锅 1 口	18 元	15 元
	2003 年买碗 6 个	18 元	10 元
	2008 年买水瓢 1 个	5 元	2 元
	锅铲和勺子各 1 把	25 元	15 元
	2008 年买水桶 2 个	30 元	20 元
	菜刀与切菜板	35 元	20 元
家电	黑白电视机 1 台	80 元	20 元
农具	2003 年购木梯	120 元	200 元
	1998 年购粪桶 1 担	35 元	30 元
	铁锹 1 把	15 元	15 元
	锄头 1 把	25 元	25 元
	1998 年购铁犁把	30 元	30 元
家畜	2010 年购小鸡 8 只	10 元	500 元
	2000 年喂养小狗 1 只	30 元	20 元
合计		5318 元	14045 元
山林	15 亩		

品类	购置品种和时间	当时价格	现在估价
板栗	4亩	每年收入200元	
茶叶	0.3亩	每年收入300元	

中等收入户调查

户主姓名：周祥林（全家10口人）

品类	购置品种和时间	当时价格	现在估价
衣	春装35件	5500元	1500元
	夏装40件	2500元	800元
	秋装25件	3200元	800元
	冬装24件	6000元	1800元
	2009年购小孩帽2顶	65元	20元
	2006年购围巾2条	45元	25元
	皮鞋15双	3500元	1500元
	运动鞋15双	4000元	1200元
	布鞋8双	80元	30元
	棉鞋13双	1000元	500元
	童鞋8双	500元	200元
	2010年购雨靴2双	25元	10元
食	无存粮		
住	1996年建4间平房	15000元	80000元
	2001年建厨房卫生间	4000元	20000元
	1983年建3间土房	350元	15000元
	1996年建厕所2间	300元	600元
	2011年建沼气池及厕所	还未使用	600元
行	2008年购豪爵摩托车1辆	6900元	3500元
	2012年购爱玛电动车1辆	3200元	2500元
生活用品品类	2012年元月购酒精炉2个	30元	20元
	2011年购煤炉1个	25元	18元
	2012年购餐具1套	120元	100元
	2007年购煤气灶瓶1套	320元	180元
	2007年购砂锅、铲、勺	70元	30元
	2008年购菜刀和切菜板	45元	20元
	2005年购炒茶锅2口	90元	60元
	2006年购炒茶把子2个	45元	25元
	2002年购高压锅1个	65元	25元
	2008年购电饭锅1个	120元	50元
	2005年购热水瓶4个	60元	30元
	2005年购茶杯12个	24元	15元

续表

品类	购置品种和时间	当时价格	现在估价
生活用品品类	2008年购热水瓶2个	36元	20元
	2008年购纸篓4个	40元	20元
	2008年购餐具1套	80元	30元
	被子20件	2500元	1500元
	垫被10件	800元	400元
	单子12件	700元	300元
	枕头6对	300元	120元
	2003年购水桶1担	35元	20元
	2002年购热水锅炉	500元	200元
生活用品	2002年购陶瓷面盆	120元	60元
家具	2005年购床1张	2300元	1000元
	2005年购组合柜	2100元	800元
	2005年购电视柜	2000元	1000元
	2005年购沙发1套	800元	400元
	1995年购椅子6张	180元	480元
	2012年购餐桌椅1套	1600元	1300元
	2008年购床	2500元	1200元
	2008年购组合柜	2600元	1200元
	2008年购电视柜	1500元	800元
	2008年购床、桌子、柜子	800元	300元
	2005年购茶几1件	180元	80元
家电	2005年购海尔电冰箱1台	2200元	1000元
	2005年购长虹电视机1台	2100元	600元
	2005年购海尔洗衣机1台	900元	300元
	1998年购美的吊扇2台	240元	100元
	2002年购电风扇1台	120元	40元
	2008年购创维电视机1台	2800元	1000元
	2008年购容声电冰箱1台	2600元	1200元
	2010年购惠普电脑1台	4200元	2000元
	2011年购音箱	200元	100元
	2000年购电吹风	150元	50元
	2005年购饮水机	220元	80元
	2005年购电子万年历	120元	50元
	2010年购电话机1部	100元	50元
	手机共5部	6000元	800元
	2008年购电暖器	240元	100元
	日光灯2盏	80元	30元
	白炽灯8盏及台灯1个	35元	20元

品类	购置品种和时间	当时价格	现在估价
农具	2000 年购铁锹 1 把	20 元	12 元
	1995 年购锄头 1 把	30 元	15 元
	1993 年购铁犁耙	65 元	28 元
	2002 年购潜水泵	230 元	150 元
	2002 年购架子车	250 元	100 元
	2000 年购梯子 1 架	120 元	60 元
合计		101870 元	150273 元
山林	70 亩		
茶叶	3 亩	每年收入 4000 元	
板栗	10 亩	每年收入 600 元	
鸡	喂养母鸡 4 只		320 元
	喂养猫 1 只		

富裕户调查

户主姓名：袁德宏（全家 5 口人）

品类	购置品种和时间	当时价格	现在估价
衣	春装 30 件	8000 元	3000 元
	夏装 40 件	7000 元	2000 元
	秋装 30 件	9000 元	3500 元
	羊毛衫 3 件	3000 元	800 元
	晾衣架 30 个	20 元	10 元
	冬装 17 件	8000 元	3000 元
	皮鞋 12 双	5000 元	2000 元
	运动鞋 7 双	2500 元	1000 元
	棉鞋 8 双	1000 元	500 元
	凉鞋 10 双	1000 元	400 元
	女式靴子 3 双	1000 元	500 元
	袜子 300 双	200 元	50 元
	毛线帽子 1 顶	40 元	10 元
	围巾 1 条	35 元	10 元
食	无存粮		
住	2004 年建楼房 2 层 130 平方米，平房 3 间 70 平方米	140000 元	350000 元
	2011 年建楼房 2 层	建造中	
行	2011 年购别克轿车 1 辆	150000 元	120000 元

续表

品类	购置品种和时间	当时价格	现在估价
家具	2011年购组合柜1套	1500元	800元
	2005年购床2张	1800元	800元
	2005年购木沙发1套	800元	400元
	2005年购椅子8把	320元	600元
	2005年购桌子1张	150元	100元
	1998年购床1张	800元	400元
	2005年购茶几1个	150元	80元
	1998年购电视柜1个	500元	200元
	2004年安装门和楼梯	3100元	2000元
生活用品	2005年购煤气灶瓶1套	300元	200元
	2005年购砂锅1口	45元	20元
	2005年购铁锅1口	30元	20元
	2003年购菜刀和切菜板	85元	45元
	2005年购酒精炉2个	25元	15元
	2005年购餐具1套	150元	100元
	2008年购锅铲与勺	25元	15元
	水瓢1个	3元	1元
	2010年购煤炉1个	25元	15元
	2008年购太阳能热水器和浴霸	3500元	2000元
	2008年购卫生间便池和脸盆	220元	100元
	织毛衣针1副	12元	5元
	针线包1个	3元	1元
生活用品	2003年购置热水瓶2只	25元	20元
	2011年购置热水瓶2只	30元	25元
	2013年购茶杯12只	30元	25元
	2008年购塑料盆2个	15元	10元
	2009年购麻将1副	90元	50元
	2010年购电吹风1个	120元	80元
	2008年购十字绣2个	230元	1200元
	棉被12件	2000元	1200元
	垫被8件	600元	300元
	床单6件	600元	300元
	枕头6对	500元	200元
家电	1999年购康佳彩电1台	1800元	400元
	2003年购卫星接收器	320元	150元
	2005年购海尔冰箱、洗衣机	3700元	1500元
	2000年购电风扇1台	150元	60元
	2005年购日光灯5盏	200元	80元
	2009年购抽油烟机	2300元	1000元
	2011年安装海尔空调1台	3800元	3000元

续表

品类	购置品种和时间	当时价格	现在估价
农具	2000 年购铁锹 1 把	25 元	15 元
	2003 年购锄头	30 元	16 元
	2008 年购耙子	18 元	10 元
	2001 年购水泵 1 个	350 元	150 元
	2005 年购储水罐 1 个	220 元	150 元
	1999 年购水桶 1 对	60 元	50 元
	1999 年购扁担 1 个	12 元	10 元
	2003 年购粪桶 1 对	40 元	20 元
	1980 年购水缸 1 个	8 元	80 元
合计		366611 元	504798 元
山林	35 亩		
茶叶	2 亩	每年收入 2000 元	
板栗	5 亩	每年收入 500 元	
鸡	母鸡 2 只	150 元	
	小狗 1 只		

通过红星组 3 户人家的详细调查，我们可以看到，最贫困的李长兵家庭全部资产为 14595 元，最富裕的袁德宏家庭全部资产为 507490 元，普通人家周祥林家庭全部资产为 155193 元。这样的贫富差距基本上与绝大多数的乡村差不多。贫穷的比例占 8%～12%，富裕的比例占 6%～8%，在郝堂村，更多的是像周祥林家那样，全部资产在 15.5 万元左右，这个比例占 78%。

所谓贫富是看谁与谁比，我们不能用北京和上海的收入与郝堂村比，我们也不能只拿钱来比，这种对比本身就是很"弱智"的方法。在我看来，郝堂村的收入水平只能与四周的村庄相比。我在做郝堂村项目时，我们的愿望就是郝堂村的收入比周边地区村庄高一些，这就是进步，就是我们的期望，也是郝堂村人的希望。

做完郝堂村的贫富差别对比后，我们又对整个五里店办事处的村庄做了十年的人均收入调研。我们惊奇地发现，五里店乡村社会的人均收入是一个非常稳定的社会结构。贫富差距并没有像城市那样很大。这个比例中，78% 的普通人群在社会中起到了最重要的稳定剂的作用。这也是目前发达国家贫富差别的理想社会结构。我之所以做这样一个调研，就是想找到能起稳定作用人群做的项目服务的对象，这就是我调研的目的。

晚上曹纪良书记与胡静找禹明善，说以后王继军书记和其他干部不能在村里随便说给钱、给政策，这样说他们会很被动。村民一听王继军书记给钱了，消息很快就在村里传开了，结果村民都来找他们。其实王继军书记说的钱也是要一步步办手续的，不是一下就能下来的。禹明善笑笑说：'我知道了。'然后摸了摸没有"毛"的头。我也笑笑，心里想，禹明善那会儿对王继军书记说，只是说给村干部听听而已，可能村干部也知道。

22 日下午，王继军书记提出廊桥溢水坝要前移，这个想法极好，我也感觉原来的溢水口影响廊桥造型，坝与桥的距离只有 1.5 米，前移后，廊型完整，坝又有叠水，所谓两全其美。

24 日，村长胡静很生气，进村的路又被村民堵上了。昨天土房拆掉的围墙又砌上了，原说好河边房子 8 万元，后来改为 12 万元，说好今天签办议，今天又改为 15 万元。昨天为了保持道路通畅，派出所的人来了，可是村民又不讲理，破坏公共设施。

曹纪良说："我是不行了，他们也不听我们的，怎么办？"一会儿曹纪良又说，"孙老师你去讲讲，弄不好他们会听你的，你是专家。"我一听就生气，说："曹纪良又在骂我了，我是谁啊，村民能听我的？"我在想，就是我能说，也不要去说，那不是添乱吗？

一会儿曹会计回来了，说在荷塘采莲发现了白鹭的蛋，捡了回来。我听后批评他并让他转告村干部，千万不能捡鸟蛋，鸟能回来是大事，这叫筑巢引凤。鸟是有记忆的，鸟要是发现自己的孩子被人吃了，下回就会重新找新的家，所以尽快告诉大家，要保护鸟类，保护小鸟。胡静说："这要不得，鸟蛋不能捡，否则鸟以后就不回来了。孙老师不是说了吗？新农村建设只要做到年轻人回来，鸟回来，民俗与文化回来，新农村就建好了。现在有鸟蛋了，就说明鸟开始回来了。郝堂村真的快有希望了！"我转过头对曹纪良说："我曾经对你和村长说过，新农村建设，要想做全国标准得脱几层皮啊？"曹纪良一听就笑了，说："要脱三层皮，你看我都快脱两层了，实在太麻烦了，工作难做啊！"过了一会儿我就离开了。今天的事已经发生了，不用去考虑村干部的情绪，这是正常的，只是发发脾气，明天他们又开始工作了。

2011 年 8 月 25 日

新农村建设也在呼唤可持续发展教育。我举办讲座，邀请联合国可持续发展（中国）执行主任史根东举办讲课，请平桥区所有学校的校长和分管教育的副区长等参加听课。

之所以请史根东，是因为我们项目全称为"平桥区郝堂村可持续发展实验区"，什么是可持续发展？可持续发展中，中国与西方的差距，尤其是教育的差距在哪里？说得再具体一点就是，郝堂村的小学将来应该是什么样子？我想区教委领导、分管教育的副区长等官员在参加讲座后应该会对郝堂村小学的建设更为重视。

很多人不了解，中国的农民为什么那么关注教育。很多村庄只有几个孩子，但是村里依然坚持办学。"再穷不能穷孩子",这话是农民说的,他们也是这么做的。农村只要学校没有了,村庄就开始败落,只要学校孩子多了,这个村很快就发展起来。我在心里暗暗发誓,一定要把郝堂村小学建成最美的乡村小学。学校在,村就在。中国何时小学好、老师好,中国文明复兴就到来了。若乡村不能复兴,则中国不可能复兴。只要学校充满琅琅书声,这个村就如同早晨七八点钟的太阳,才有了真正意义上的"风水"。

2011年8月26日

郝堂村的新农村建设,首先要保护好原始旧村,旧村虽然破烂,可是却充满浓浓乡愁,特有"一看肠一断,好去莫回头"之感。全力做到不拆一户农民的房子,也不许村民违规乱建一处房子,不能让村民改我设计的图纸。不挖山,不砍树,不填河。这不仅是我想说的,也是王继军书记要求的。

其中最难的就是旧村改造。郝堂村的建筑分为3部分:一是旧村的保护。这个保护是村的外形保护,尽量不动,修旧如旧,只改厕所、猪栏、厨房、围墙,以及门窗维修、局部艺术的处理。二是村内有一些新房建设,设计、新建3~4家房子作为商业用途,关键是这些房子要有自己的风格。信阳地区是典型的豫南建筑,是中国建筑文化中比较有代表性的,可惜没有人去认真研究,我和设计团队用了3个多月的时间研究与设计,最后在郝堂村开始建设。新设计的房子给村民焕然一新的感觉,让他们感到熟悉而又陌生,并逐步信任我们,同时也得到社会多方的认同。三是余下的房子尽量与村里原来的房子保持时代的本来风格。这里包括为有特殊要求的、非常贫穷的、思想落后的、衣锦回乡的人家设计的房子,总之这部分房子与环境是最有代表性的。这种做法是为了让村庄保持历史与现代的融合,让艺术与旧村在同一个平台上把"真"发挥到极致,这种极致的价值就是为了能在"不真"的社会中留下"真"的郝堂,留下具有经营的空间。我这里说的"经营"不仅仅是做生意,而是指一种和谐的日子,正如老百姓常说"好好把家庭经营好"。

旧村是郝堂村建筑的基础,没有旧村就没有新村。旧村的建设以环境整理为主,以村民生活和生产为轴线,这对目前红星组来说是主要工作。

改变人的生活方式,这对我们来说是很难的。为什么要改呢?比如村民说的我们家一直都有高墙大门,我们这里的房子就是没有风格等,是这样吗?不!要如何引导,如何进行呢?目前郝堂村尤其是红星组矛盾极多,村干部心力交瘁,我感觉这个时候我们做的工作应该从另一个角度,也就是时间来考虑。换句时髦的话说,就是以时间换空间。将这些问题暂时先搁置,不要去做工作,等待他们自己醒悟就是最好的方法。这一点我还是很信任村干部的水平。中国乡村文化中，有一种正能量的文化，但是需要时间来渐化和引导。

一句话就是，旧房改造是以方便村民生活为主，转变村民对自己家旧房子的审美观，把一个农民自己看来都很难看的旧房子建得如诗如画，就能使他们内心世界得到转变。这不同于某些政府行为，做的是外在的美，而艺术家的行为是希望产生由内而外的美，尤其是旧建筑的美。五山模式中就一直提出先生活后生产，郝堂村就是要让村民在熟悉的环境中改变自己，并懂得生活。旧村要体现时代性、记忆性，一定要体现出旧村的美，要把旧变为特点。这种美往往是通过外界的认同传递到村里的，村民才感觉到旧村之美。这是村民思想转变的重要途径。

近期在村里有一些计划开始实施了。一是在小学开设茶文化课。我特意到景德镇为小学订了十套学生茶具。二是由村委会开设经营性茶馆，其中茶文化的环境，尤其是村民生活中熟悉的生活用具，如何转换成艺术品，这是非常重要的。地点选在大银杏树下，这也是对村民内心的一种凝聚，我们会全力推动这个工作。由喝茶转为看茶、品茶，茶生活中茶文化的建筑设计尤为重要。因为事太多，大银杏树下一直是乱哄哄的，而对于茶文化的普及村干部一直没有做。

我一直强调，新农村建设中，如何保护旧农村，远远比新农村重要得多，也难得多。这里难的是政府的观念，我们政府要快速看到变化，要快速看到行动，要快速看到新的东西。因为太求快，社会反而慢下来。因为太求外表美，人的内心反而不美了。

茶文化体验区是全新的、艺术的、超越建筑本身的建筑群，这批建筑是"优生优育"的豫南建筑后代，是茶文化体验区中吸引人们眼球的重要组成部分。规划是因地、因史、因环境而生，建筑形态由功能决定，风格由地域文化决定，语言由设计者思想决定，这是郝堂乡村建设的理论依据。

我一直要做的就是还权于村两委，提升村两委地位。自治与法制兼容是未来的发展之路，农民的小农经济与市场良性对接，尊重旧村、尊重民俗、尊重生态、尊重资源，这是我们郝堂村项目的基本原则。

有很多人问我，郝堂村明年会变成什么样？3年后是什么样？很多人不知道，包括村干部也不太清楚，可我是大致清楚的。很多人都不看好，说王继军书记一走，这个项目就不行了。我哈哈一笑，说："生命的意义就是要找可能性，而不是去找不可能性，不然你还活得有价值吗？因为你终要死的，你明明早晚要死，现在还活着有意义吗？"

一年半以后，郝堂村将完成路、桥、水、电、网的建设工作，这些是由政府支持的。

这些基础性的工作，又经过艺术设计，将以最佳的艺术形式展示给大家一个全新的旧农村。

一年半时间，因为200亩土地在第一轮村集体经济下的开发之后，有了近500万元优质的固定资产，这为村的持续发展打下了良好的基础，关键是村夕阳红老年互助基金，进入了与绿缘公司的互助合作的经营。

一年半之后，村里有六七家农家乐、两家左右的客栈茶庄，村里回来创业的青年约有十名，从城市又重返家乡创业，这些人会激励更多的人回到郝堂。

村里的茶叶、莲子、板栗、水稻渐渐有了自己的品牌，村集体经济一年半中收入可以达到40万元左右。

一年半之后，村民每人建村、种田、养殖，开办农家乐，卖农产品，平均每户收入增加600~900元，最主要的是村里有很多小孩上学（估计有120名），老人有儿孙相伴，年轻人也回到村里，村里有了生机，有了烟火气。

一年半之后，"郝堂·茶人家"项目将成为信阳代表性的旅游景点，也成为信阳文化的典型代表。最先成为郝堂村游客的是各地政府部门工作人员，他们在这里考察与学习，而且游客会像滚雪球一样越滚越多。

两年后，郝堂不再是今天的郝堂，郝堂应该是信阳的郝堂，也会成为河南的郝堂。我心里很明白，能像我们这样以理念和行动做乡村建设的，在960万平方公里的中国，应该少之又少。

2012年6月之后，郝堂项目由建设期进入深度优化调整期。

此时以北京绿十字为代表的乡村建设团队，渐渐地被社会关注。中国乡村规划设计院也通过"郝堂·茶人家"被越来越多的媒体关注。这期间我与区和市里的矛盾也越来越多。因为关注度越高，指手画脚的领导和专家就越来越多。这个社会有一种现象，就是无论你做得怎样，最终有话语权的依然是少数专家。所以对每一个项目我为什么只做两年，就是因为我不想与毫无意义的专家和领导讨论，我只做我的事，研究和讨论不是我的事。这是正常的社会结构，我不想去破坏，也没有能力。我特别想做的是"郝堂·茶人家"项目，并为此构建了一套全新的乡村建设与规划设计理论。

项目做到今天，我开始关注郝堂村未来的发展前景。此时郝堂村开始由红星组向另外几个组拓展，区域性的茶区文化、农业生态修复和观景农业在第二轮（2014—2016年）建设的计划中。这种拓展不是我的行为，而是村民自己在学，这就是示范作用。美丽乡村建设的最佳形式就是让农民回来、能动起来，这样才会看到希望。不过我不会去做这轮规划与建设，因为这时的郝堂应该是万众瞩目，问题与矛盾也会伴随而来。

孙晓阳一直想编写乡村建设培训教材，而此时郝堂村基本形成了一个完善的、以村庄为模式的现实版的"教材"。可能由李昌平主持郝堂乡村农校。2012年6月以后，郝堂村会成为向外界展示典型的中国乡村建设的绝好窗口。北京绿十字这时应该开始考虑要退出，因为村与镇领导已经对北京绿十字的这套理念很了解，北京绿十字的下一个目标应该是去帮助更多需要我们的地方。

我很想在郝堂村有一座自己的房子，我住在自己设计的房子里，在梦里的郝堂，静静地享受着自己的成果，晒着太阳，画着画，与来自全国各地的朋友品茶、吹牛，过着陶渊明式的"采菊东篱下"的平静生活，展望着郝堂未来的日子。因为郝堂对我来说，太重要了，这里的一砖一瓦是我一笔一笔画出来的，这种状态我以后可能很难再做到。毕竟我已经50多岁了，精力真的有限啊！

居住在郝堂村是我的一时设想，等到了2014年春天，远离郝堂是我一贯的习惯。放不下是为了重来，离开是为了再次走近乡村。

对红星组的调查一直是我们专家组感兴趣的事，但这件事真的做起来很麻烦。目前红星组留下的户数很少，绝大多数人外出打工去了，不少年轻人带着孩子到城里去读书，很多人家搬到城市去了，村里基本上就剩下一些老人。要在红星组做调研只能由村干部来帮忙。我做这些工作，主要是考察郝堂村与红星组是怎么发展起来的，他们是怎么从2户变成今天32户的，这种群落是以家族形式还是以自然形式形成的，或者是因为当年人民公社才发展起来的，等等。还有村里的婚姻情况，是同村婚姻，还是与外村的婚姻，等等，这些都是我想知道的，做这些工作大约用了近一个月的时间，我感觉很累。

（1）红星组人口从2户到32户，年代统计（年代增长表）。

（2）红星组之间结婚的统计（年代统计表）。

（3）为第一代人、第二代人拍家门前照片（王佛全、姜佳圭）。

（4）郝堂村生命大树图表已基本完成（村里人一眼可以看明白）。

2011年8月25日晚，信阳市市长郭瑞民、平桥区委书记王继军来党校陪史根东博士吃饭，封宁老师、郭瑞民市长和我谈到目前郝堂项目的进展与所遇到的困难。我说目前基本上没有什么大的问题，只是在软件和文字总结上还有不足，这一点与问安镇、方城镇的问题是一样的。我一直强调项目无论做得好与不好，都要有严格的文字记录，为以后做项目评估做准备。这件事我说了很多次，每一个地方的领导都表态讲没有问题，可是最后我敢肯定，郝堂项目如果不是我来记录，未来在文字上郝堂将又是一片空白。

郭瑞民市长走后，我与王继军书记、禹明善一起在党校门口散步，其中谈到一点，就是郝堂村尽量保持旧村原貌，一棵树、一根枝都不能砍，坚决不能砍。房子不宜大拆大改。王继军书记越来越清楚郝堂村的方向与未来，这也让我很高兴，郝堂村保持旧村的建设在我看来比新区茶文化体验区更有生命力。

现在我要考虑的是如何在郝堂旧村中找到20世纪60年代到70年代的感觉，这几日我会进村再找。

当天下午郑世宏来了，他从宜城开车来，为的是郝堂新旧房建设的特型砖。

次日上午陪郑世宏进村。郑世宏2011年5月来过郝堂，那时村里只有几台挖掘机在河道里清淤，现在村里已经有一些改变，给人的感觉是在平静中发展。郑世宏惊讶于村里变化很大，相反我们感觉还是有点慢。

11时，我与郑世宏又去了另一个村子，看一个原来大地主的房子。房子在河塘边，房子前面又挤了一家，房子左右也各建了房，大地主的房子已经是"四面楚歌"了（四面全是瓷砖火柴盒房子）。这个房子是土房，一层深大约6.2米，房子宽为3米，南有窗，北无窗、北靠山，依竹林，面对塘池。这样的房子很有价值，可惜不在郝堂。我们拍了很多照片，留作传统民居的资料。

28日上午，李昌平、贾建友一起到郝堂。后来市教委主任一行人来郝堂参观，并召开筹建郝堂小学的会议。他们之所以有热情是因为史根东的"联合国中国可持续发展"的教育理论深深地影响了他们，加上目前郝堂的理论感染了他们，于是教委全力支持，建百年小学，与我们一起实现梦想。

教委表示全力投资郝堂小学。分管建设的是教委孙老师，下午3点如约来到我的办公室，我把新的郝堂小学设计交给他。

28日晚上与曹纪良谈话，讨论关于茶体验区的开发问题。

我、李昌平、贾建友和禹明善还是反对开发商，支持由村集体经济开发，因此这样一是解决了土地的性质问题，如果是房地产公司就不可以了；二是能使村集体经济逐步壮大；三是能保持建筑风格的完整性。

郝堂村绿缘公司持有中国乡村规划设计院10%的股份，中国乡村规划设计院持有绿缘公司10%的股份，这种合作模式也是一种探索。我搞不懂这样加来加去的目的。就我自己来说，就不愿与村委会一起做生意，主要是怕村干部的稳定性不够，另一点就是村民与村外人做生意，契约精神不够，最后一点是项目做完了，我们就离开了，尤其是区领导一换，我们来的可能性就更加小了。

乡建中的民约

目前村里的工程进入实质性的施工期，村里有七八支施工队在同时施工，设计、施工、现场管理、质量验收等，郝堂村的建设如火如荼啊！下面的内容也是参观者需要知道的，介绍起来尽量有现场感。

一号水坝：此项目由水利局负责，我们设计成现代版的赵州桥。此项目也称为一号项目。

从5月到9月，不停地调整规划、抓质量，目前项目在一步一步地走向合理。近几天主要是确定水位，水位不确定，项目将全部受到影响，于是我多次与中国乡建院设计师李如道、颜平、张继基商议，要求原水位应该提高75厘米，才能保证茶体验区的水流。

水坝今天完成绿化种植，昨天我听市园林局工程师说，草坪是美国草坪，已经拉来了，而且质量很好。天很热，副局长汗流浃背地把草坪送到施工现场，我实在不好意思说什么，只好说"好好好"。外来物种在本地种植会产生危害，好在只有一小片，危害不大。

重点项目准备落地

郝堂小学：新学校搬到东南角，我是用指南针定位的，可是禹明善说是西南角，曹纪良也说是西南角，我实在弄不清是我错了，还是他们错了。为此我还与胡静吵了一架。胡静的臭脾气很大，还一扭身就上楼不理我了，我真想脱下鞋子扔过去，想想一会儿要吃中午饭，怕她不给我吃就算了。

郝堂小学搬迁，我举双手赞成，因为在我的规划中，村委会对面应该是一个乡村客栈，是一个游客接待区，可是我又不好直接说，因为农民一直把乡村教育看得很重。正好他们都来问我小学地址是否要换，我赶紧说："要尽快换。"哈哈，这个本来很难的问题一下子就解决了。

在设计学校的时候在钟楼高处做了很多鸟巢，有筑巢引凤之意。春季提前种下荷花，目前不少鸟开始在荷花池筑巢，这些工作在一步一步地实施。新设计的学校、幼儿园、品茶楼、茶园、弟子苑、百鸟楼等是一个"未来之家",让孩子们喜欢,并可能成为典范。我在设计时加上一个时钟,灵感来自唐朝诗人张继的诗:"月落乌啼霜满天,江枫渔火对愁眠。姑苏城外寒山寺,夜半钟声到客船。"郝堂小学的设计就是运用了"夜半钟声到郝堂"的诗境。

学校建设有区委的支持,他们热情极高,希望与我们共同打造一个百年学校。

村庄环境建设包括4个部分。

一是旧村(红星村)建设。以旧村旧建,保持村庄面貌,只是局部改造,垃圾进行分类,不能采用填埋和焚烧的方法,污水一部分进沼气池,另一部分通过地埋式家庭花池处理后向村庄四周自流。之前已经在村的四周种下了近100亩的荷花池,主要也是为未来的生活污水净化之用,这是中国乡村最传统,也是生态守衡的方法。

二是新区(茶体验区)建设。这部分建设设计,经过张继基、颜平和成都宜宾小云公司的半年努力,已基本完成。

这些建筑应该代表北京绿十字与中国乡建院在建建筑的最高水准,如果能建成,将是国内乡村建设中难得的一个精品。

建筑本身在郝堂已经成为一种文化,是传统与现代的对话,同时将后现代文化与艺术融为一体。这些建筑文化与周围的荷、竹、水、溪、旧村、茶园等形成特有的信阳茶乡文化,是郝堂文化的核心。

三是茶体验区应该更好地为郝堂村服务,而不是一锤子买卖给买了,要长久地为农民服务,更持续地与村庄形成亲密关系,更好地养活这个村的人,这是最重要的指标。8月在农业局讨论,种2800亩紫云英,因为村庄土地长期受农药、化肥侵害,需要修复土壤,然后准备发展有机农业。预防茶叶病虫害的方法目前是使用黄板和荧光灯。这两种方法目前用量较大,可是这两种杀虫方法是将益虫、害虫一起杀死,这对生态平衡和有机茶种植来说很不科学。目前我一直在催政府请苏永华州戴教授夫妇来,研制专门针对茶叶病虫害的药品,不伤害益虫。禹明善说这是全国性课题,应该用科研项目来攻破,这一步非常重要。

进村的砂石道路弯弯曲曲,高高低低。这种路对乡村环境没有破坏,有利于地下物种生活,又方便山区水系的流动。路保持了原来的形状,依山、依旧、依河而修。

四是水系建设。全力保护原来水系形态,不护坡、不修直、不破坏水系两岸的野生植物群落,对村庄100年以上的古树进行登记,对已被洪水冲坏的大树进行景观性修缮。

完善村规民约

　　乡村在步入新农村的同时，村规民约倒退已经成为一种事实。现在的村干部做工作只能凭着感情与品德，能做多少是多少。政府如果想做某个项目，唯一的方法就是用钱与项目来说服村干部。

　　在这样的环境下，郝堂村的建设是艰难的。比如村庄以前乱搭乱建的房子需要拆迁。河边有两户人家很配合，可另外一户就硬是拆不了，还有两户受这一户的影响，也不配合，要求政府给拆迁费40万元。这3户突破了政府的拆迁底线。但是政府依然想拆，费用高也拆，可是村干部不愿意，因为满足了这3户，就得罪了前面两户，占田修路的户又怎么办？那样会把整个村弄乱的。禹明善认为拆不了就不拆了，不能让拆迁坏了村规，那样会很麻烦。

　　如何建立一个新时期下的村规民约，这是我们眼前的工作之一。所谓村规民约，如果仅仅是凭着想象制定出来的，那是不管用的。如果是在混乱中、在矛盾中、在建设中磨合出来的，才会有约束性，才会形成大家认可、接受的村规民约。

　　在这期间，北京绿十字的孙晓阳建议镇与村起草了建房、改房、户口、村规民约等工作程序与相关要求。在新建房与旧房改造过程中，逐步让村民学会按照程序完成申报、审核、批准、交北京绿十字等整套完整手续，包括各局在村里做项目，要尽量尊重村干部、力挺村干部，让村民渐渐地形成以村干部为中心。

　　在这些工作中李昌平、禹明善和北京绿十字的目标是一致的，大家知道乡村的社会结构，更知道村规民约在村里的价值，开始一点一点地培育用来凝聚村民共同体的基础。没有这样的意识，"郝堂·茶人家"项目就不可能实现。新农村建设中，软件建设是政府工作中做得最不够的。"从群众中来，到群众中去""实事求是""理论联系实际"，等等这些都是我们党的宝贵财富。

　　"30年前看小岗，30年后看郝堂。"这句话李昌平一直在说，这也是我希望看到的。郝堂的价值是什么？郝堂项目能否帮助中国农民走上另一条改革之路？能否有这么大的作用？这也是我们一直在努力的目标。

　　土地政策的优势在30多年中已经基本用尽，目前各地说的农村本地市场化流转，显然不会那么简单就能解决"三农"问题。资本下乡风险更大，企业下乡，农民是绝对的弱势，破坏大国小农的优势。农民自我发展，摆脱中间商、批发商，这条路似乎更加难走。郝堂应该怎么走？我想李昌平心里应该有一本账。

　　1959—1979年，人民公社是集体，那时的村庄状态是"合"。1979年至今，集体又改为以家庭为单位，那是"分"。30多年前的"分"是为了吃饱，而现在的"合"是为了吃好。2011年，我们在郝堂村做的是分中有合。我在2004年的"五山模式"中，与闵洪艳摸索过一种"联产联股"的乡村模式，应该是一种非常实用的模式。今天我们又在郝堂想做"30年后看郝堂"的新模式。

尽管我们带领众多的学者及专家在全力以赴地进行郝堂建设，可我还是没有想得那么远，站得那么高，但有一点我可以肯定，郝堂一定会在一定时间内，对中国乡村产生一定的影响。

我们不是做典型，是做试点，试点的特点就是具有复制与推广的价值。郝堂的价值首先是在建设中找到复制与推广的共同性的东西，这也是北京绿十字这些年来一直强调的只做案例、只做不同案例的原因。案例有成功也有失败，对我而言，就是找到乡村建设中的一切可行性。所以在"郝堂·茶人家"项目中，从项目一开始就考虑做郝堂村乡村建设培训教材。这套教材以实践案例为主，又要便于向村民传授，所以我会在2016年正式编辑这套教案。郝堂村项目的计划是2011年开始，2013年结束，2016年出书。从结束到出书前后又是3年（按计划进行）。也就是说，一个项目能否构成，一般需要3年才能看出来，能否成功需要9年，9年成功了才算成功。

目前北京绿十字的12年时间线路图已经绘制完毕，"成功与失败案例"也已完成，PPT素材基本编辑了60%，再有一个月的时间就可以完成教材工作。贾建友给我们的教案目录感觉不太好用，看了几遍也找不到感觉，我还是按照原先的目录先编辑好再说。

年轻人回家了

如何让年轻人回来，这是一个非常大的课题，也是我们从项目一开始就确定的课题。

对我而言，廖星臣先生准备写的《郝堂·茶人家》泫定是北京绿十字出版中最重要的一本。这本书将从规划建筑、理论总结、乡村茶文化、乡村就业、乡村绿色经济等多个方面进行实践案例介绍。

我们只有做到这些，才有可能做到"30年后看郝堂"。可见我们工作差得还很远，基础性工作还做得很不够。

9月7日晚上，我与龚益、翁永凯、茅教授一同前往信阳，赵乃思（赵立平之女）从上海奔往信阳。9月8日早上5点10分，我们一起在信阳火车站见面，禹明善派车来接。

龚益此行，主要是了解我们的工作，并开始参加有关《郝堂村谱》的系统性工作，希望从中找到了解郝堂村真实村情之路。这个工作是为了让我们能熟悉乡村，能了解村庄人与人、家与家的关系。不要希望能用城市社区的方法来解决乡村问题，更不可能用城市社区管理的方法来做农民的工作。乡村社会学对于今天的中国学者来说，还是一个陌生的课题，是一个能激活当下中国乡村的课题，是着力于让年轻人回来的乡村社会课题。

翁永凯博士一行的主要工作是乡村健康与乡村教育，赵乃思在美国长大，受西方教育熏陶，她可能是项目的执行官。系统研究科学的方法是当前乡村健康教育的最大缺失。

9日翁永凯一行返回。10日我与龚益返回。"郝堂·茶人家"项目开始由宏观进入微观研究。这次之行，我们都发现板栗的保鲜是一个大问题。生板栗只要放上3天，就会全部从栗子内部长虫，也就是说虫子是寄生在栗子内部的，只要温度升高就会生长，有点像冬虫夏草，很奇怪。这时我又想到了戴教授，他可以从基因的角度来解决这个问题。

2011年初春，村里还没有人想建房，我们与村干部商议，如何动员一两户农民建房？时间到了9月11日，我一直都不敢进村，因为只要进村，就不停地有村民来找我，要建房，要修房，要改造房。在城里打工的袁德宏也听说郝堂村在建新农村，将会有大变化，于是他赶回来与他哥哥袁德兵商议要建两层楼，一层全部是空的，准备做超市。

农民建房很多并不是必需，也不是有钱了，也不是原来的房子不能住人了，更不是因为建新农村。农民建房很多时候是跟风，是看到别人家都修房了，我家也要修，别人家建两层了，我家就不能建一层。这不，村里（红星组）不少青年人回来了，现在红星组有7户建新房，5户旧房改造，一共12户参与这次建设，占三分之一。

袁德宏家已经盖过房子，房子是两层，瓷砖还没有贴完，看到村里有人开始建房，他们又准备新建。

郝堂村红星组的房子从1949年至1980年基本建了两次，1980年至今，又建了两次，60年来共建4次房，平均20年建设一次房。南方地区建房频率相对要比北方高，大约15年就会建一次房，从这一点来看，郝堂村红星组属于北方经济比较差的地区。

袁德宏的父亲于1968年迁入红星组，目前筹建的房子就是他们的老宅，后来因为兄弟两个人要娶媳妇，又在对面建了4间两层。建这个房子以后，原来的老房子就没有人住了，大约2002年老房塌了。现在兄弟俩都在外打工，他们看到村里变化了，有希望了，就准备回来工作，哪怕有一点点希望，他们都会回来。现在准备回来的人已经比较多了。2011年之前红星组没有一家农家乐，目前村里已经有两家，也就是说3年后郝堂村有百分之五十的年轻人会回村工作，他们的回潮才是郝堂村真正发展的开始。

袁德宏是第一批。为什么他会回来？这与他的父亲有关。目前他们家就是村里的豆腐坊，我们称郝堂豆腐，村委会的干部喜欢得不得了。颜平与张继基一听豆腐就垂涎欲滴，一到吃饭时间马上就回郝堂吃豆腐。我很奇怪，再好吃的东西，吃上3个月也受不了啊，他们怎么百吃不厌呢？

袁德宏见到我的第一句话就是要建4间房，下面4间打通开超市。我们的车正好停在他家老宅基地前，于是我与李如道下车后就来看现场。

这个房子坐北朝南，房宽16米，深7.5米，7.5米之后的50厘米有一棵大树，树龄约25年。

过了一会儿，我就约袁德宏来村办公室听他谈谈具体想法。村民的想法是随意的，是凭兴趣的，他们认为的房子的好与不好是一个很模糊的概念。至于什么叫好看他们也说不上来，房子为什么要建了拆、拆了再建，他们也不愿意多纠结。这就是农村的现状。

这种现象在城市表现得也是一样，农民有钱就买地建房，城市人有钱就买房租房。袁德宏一进门就说："孙教授，你帮我设计房子吧！"我问："建什么样的房子啊？"他说："你设计什么样就什么样。"我笑了，说："不是我设计什么样，而是你建房子要做什么用。"

这个年轻人说做超市，是为了做生意，我说不行，做生意不妥。我开玩笑说他说话不靠谱，一是现在宅基地是兄弟两个人的，每人只有两间，两间只有52.4平方米，加上楼梯、大门、卫生间，能利用的空间实在太小，我觉得用另一种办法就是把他哥哥的房子租过来，就可以了。他摇摇头没有说话。还有一种办法就是把现在住的房子做超市，门朝南，屋后有院。

这期间我有很多机会与回村的年轻人交流，听他们说为什么要到城市，为什么会回来，回来准备做些什么。我问他们对新农村有什么想法，问他们怎么看我们这些专家，还问他们如果郝堂建设的项目失败了怎么办。我还引导他们不要盖太大的房子，房子外墙不要贴瓷砖，厨房一定要贴瓷砖，等等。

这期间我开始与村里的年轻人大量地沟通，开始从村民的内心世界了解农村与农民的真实状态。我向他们了解得越多，就越发现农民内心世界的淳朴，越能感受到农民才是我们这个民族的脊梁，越能理解毛泽东为什么把农民作为解放中国的主力军。

袁德宏又问房子后面的那棵树是不是离房子太近了，要不要砍掉。曹纪良也说似乎是太近了一点。我笑了，对年轻人说："你真不懂啊！"建房一般用木料，要3年前砍伐树，而建房的时候是不能伐树的，那是杀生，不好的，从古到今都是这样。尤其是30年以上树龄的树是不能砍伐的，50年以上树龄的树已有灵性，90年以上树龄的树就是树神了，有生命了，已经与村庄的人与生物融为一体。

人是活的，树与房子如何利用好，可以设法解决。比如，房子可以退一点，房子不要砌得太高，做一层、两层加上阳台，阳台上方正好是大树，大树成了挡太阳的大伞，多好啊！

袁德宏说："我们能不能把卫生间放到外面啊？我们农村不习惯放家里。"我说不行，以后大冬天的上厕所，还不冻死了啊，都什么年代了，对于这一点我是没有商量的余地。

"那行"袁德宏站起来继续说，"就这么定了，孙教授您帮我设计吧！"我也站起来对他说："你先不要着急，回家想一想，商量好了，再向村委会写申请，村里批准了，你拿着批条给我，我再来设计。"

"好！"袁德宏递了一支烟就走了。他刚走，随即又陪一个小伙子拿了一块蓝瓦进屋来。那个小伙子说："我们准备用这个瓦，想请您看看，2元一块，瓦面喷蓝釉的感觉比较好。"

我接过看了一会儿，说不能用。小伙子说："我都买回家了，不用哪行啊？"我叹了一口气说："蓝瓦在中国建筑传统中，是给死人用的，比如十三陵、中山陵、明孝陵，你们是住活人的，还要用什么蓝瓦？胡闹！"这下，两个人都不说话了，我知道他们是无论如何都会换掉这瓦的。

再说这种瓦表面喷釉，其实质量很差，两三年的时间，表面上的颜色与釉彩就会消失，这是某些人做形象工程的时候最喜欢用的瓦。村民还是老老实实地用那些简单、便宜的瓦吧。

两人听了不说话，转身就走了。我听见出了门的袁德宏对拿瓦的人说："盖房子还真有些学问啊。"拿着瓦的年轻人说："孙老师不仅懂'风水'，还懂用瓦，真是专家啊！"

这几天我欣喜若狂啊，年轻人回流迹象明显，这是郝堂的希望也是解决"三农"问题根本所在。这种迹象竟然在不到一年的时间内就出现了！我异常地激动，让年轻人回家，这是一件多么难以做到的事啊！

此时我流泪了，是这些年第一次。郝堂村从一个让人绝望的乡村，到年轻人开始返回，这个过程我从幻想、梦想，再到现实，终于等到了。百年乡建从晏阳初到梁漱溟、杜润生、温铁军等一直在探索，郝堂村终于看到曙光，大有"待从头，收拾旧山河，朝天阙"之感。

发力的日子

2011 年 11 月 12 日

　　第一次听说"照拐"这个词，意思是说，某人在别人面前说自己的坏话。这个词我以前从来没有听说过。在村里做景观的郑州人鲍国志（他在村里做乡村景观，做的水平一流的，我很欣赏），前几天突然离开了。王继军问："鲍国志怎么离开了？"村干部都说不知道，后来王继军书记就打电话问了鲍国志。鲍国志说村干部做事不认真，村里的垃圾到处都是，说了也不管用，他一气之下就走了。结果王继军书记狠狠地批评村里的两个干部，同时也把苏永华主任批评了。村干部说："以后有什么事就直接告诉我们，我们一定听，千万不要再对王继军书记说。"我听后笑笑说："谁叫你们不认真，说了也不认真对待，你们只听领导的，以后我也直接告诉王继军书记了，哈哈！鲍国志没有当面数落你们算是给你们面子，你们知道不？"大家都笑了。对于郝堂村的项目，我与鲍国志真是"恨铁不成钢"，村里的环境、质量、垃圾等，三天不管就一塌糊涂，天天让我们操心啊！虽说现在村民扔垃圾的少了，但是来村里的城里人却扔垃圾扔得更多了。他们到处乱扔，村民跟在他们后面说，都不管用。村民们也弄不清楚，总说我们不认真，还经常向领导汇报，也让我经常被"照拐"。

　　后来我经常问人家，什么叫"照拐"？很多人不知道，我笑着解释说："就是见面不说，拐了一个弯说。"

2011 年 11 月 15 日

　　叶榄是我 20 多年的环保朋友，近几年到周边 7 个国家做环保宣传，还是西安世博园的公益形象大使。他今天来郝堂看看，见面前，他给我做了一首诗：

震雷山上树森森，

景明湖里水层层，

今宵谁与汇车客，

红袖添香弄大事。

　　我连夜用书法写好，盖上印，并附带将《林散之谈书法》和《新农村建设方法与实施》送给叶榄。

叶榄一激动，又抱出他的看家圣物——释迦摩尼成佛的普陀树的树枝，他说全世界成千上万的人想得到此圣树的叶枝，可是树只有一棵。

我无比激动，接过这根长3厘米、火柴棍3倍的小木棒。叶榄说："这次异国之行，这个圣物可是让我避免了几次交通事故呢！"

我们是同道人，江湖人，又称为艺人，可谓是环保事业中的铮铮盟友。

约在上午10：05见面，我开着那辆到处都轰轰响的别克车，直冲郝堂，一路上叶榄说得最多的就是："我真的完整地见证了老兄的项目，看到了这个村的变化！"

晚上区委王继军书记请大家喝茶，在座的有禹明善、我、叶榄等。王继军书记说："有困难的时候一定要想到我。"我与禹明善都补充了一句，目前的困难就是给叶榄找媳妇。王继军说："找媳妇这事儿，我管不着。"我们都笑了。

细说郝堂项目的参与性

陪叶榄到饭店吃饭的路上，禹明善说："郝堂项目资金支持太大，群众参与不够，这样项目复制性就不够了。"

叶榄说："我也有这个感觉。"我笑了，但并不认同他们的观点。

郝堂村的设计与规划定位应该说在国内很难找出第二个可以与其媲美和抗衡的，如果有的话，可能只有80年前，晏阳初的定县翟村乡村实验可与之匹敌。

这两个项目的共同点就是系统性强、尊重主体性，从生活与生产层面全面介入。不同点就是，如叶榄与禹明善所言，群众参与程度不同，后者参与度目前来看要比前者强。但是，这种不同也源于历史年代的不同和社会背景的不同，两者虽说有一些差距，不过也不会太大。我想，方法不同，结果就会不一样。

我的目标是让年轻人回来创业，而不是让村里的老人与妇女来守业，那是没有希望的。我从来不做村干部做的事，那是徒劳。我奉行村民自治，我所做的工作着力于还权于村两委，村里的工作全是村里的事，这与晏阳初、梁漱溟、陶行知和温铁军也有不同之处，他们是思想者、理论者，偏学术思维；与乐施会、壹基金会、福特基金会更不一样，他们的方法很多是从西方学来的，行不通。政府做示范，示范就是要做精品，出样板，有典型价值。政府要投入的是公共基础性建设，路、桥、学校、养老中心、水利、环境保护等，这些本来就是政府该做的事，是这些年政府欠农村的账，只是集中在一起做了。这是应该的，这些总不能让农民出钱做吧。政府做示范和试点，这是最好的方式。试点就是要集中一定的资金与物力，让农民看到漂亮的房子和美丽的村庄，让农民主动跟着学、跟着模仿、学着建设、学着保护，这才是乡村建设的正道。

今天的群众不太愿意参与政府支持的项目，往往是，政府无偿资助的，农民会接受，但一旦要农民做一点义务与奉献，却难上加难。我经常看到某领导到村里参观，乡镇干部、中小学生在村里帮助村民门前门后弄卫生，更多的农民却背着手看着，还有的干脆在家打麻将，一副"事不关己，高高挂起"的局外人样子。这个问题就是有的政府部门过度代替了村干部的作用，政府要信任村干部，项目资金交给村里，由村干部替政府执行项目，而不是"绕开"村干部，这叫帮忙又添乱。

郝堂项目基本上是在这个背景下进行的，好在主管项目的书记与主任威信较好，人品不错，加上这个村的民情村风在五里店地区也算是好的，才得以顺利推进。

一个村的风气好与不好，首先看村干部。干部无为无品，村民就无理取闹；干部无知无畏，村民文盲、无赖就更多。

民风跟着村风走，村风随着政风转。

在参与这个问题上，我赞成王继军说的，公共设施，如路、桥、渠、活动中心等就应该由政府投入。这是我们的政府在30多年改革开放期间里要还给农村、农民的债，这部分资金不能叫农民来出，农民只该出他们建房的钱。

这次项目资金过多地投在郝堂，目的有三个：一是在工程上做示范，告诉今天的政府官员，路应该怎么建设，桥如何架，树怎么种，等等，我希望这里将来是一个政府项目的工程教科书；二是政府、社会力量（NGO）、农民三者之间如何合作，如何建立未来乡村的公民社会体系；三是2011年8月平桥区招聘了30名社会工作者，列入公务员乡村公民社会管理范畴。目前这个村的建设是政府政策支持，NGO技术与理念引入，村支两委全力实施项目，全村基本是在平静、有序中逐步实现新农村建设的，这也是我设想的结果。平桥政府在真正的搭建一个未来中国乡村的公民社会，这种超前意识极少人拥有，王维军厉害，高我一筹。

在我看来，郝堂村红星组农民参与项目的积极性已经发生了很大的变化，目前村里卫生状况已经有了很大程度的改观。村里原来说没有人想再建房，可是现在已经有14户在建或主动提出待建，他们建（改）的目的都是做生意。更关键的是，这些人基本上是村里的年轻人，是准备回来创业的，村里只补助3万元左右，而每户农民自己负担少则十几万元，多则二三十万元，全村撬动至少3000万的投入。这非常不易，这不是村民参与吗？我们不要总看问题，而不看希望，问题看多了，就看不到希望。喜欢研究问题并纠结在问题中出不来的人，他们的心灵总生活在黑暗中。

村里有两家农家乐，村里养猪、养牛的农户已经基本迁移到村外，这个过程，我们不问，交给村干部办就行了。过程属于村（家）里的事情，外人不要问，知道就行了。无论用什么方法，我们一定要信任村干部，他们在处理这些事情的时候，是多管齐下，方法是千变万化的，连骂带唬，连哄带诱，等等，事儿就成了。这就是熟人社会的特点。

村里的项目，我每一件事都尊重村干部，他们认可了，我才去执行。我对各局、委也这样要求，因为我们的建设是让村民更主动、更规矩地参与村庄建设，只有村干部树立了权威，村民才有参与的动力和积极性。

参与的程度是不易把握的。在村里，我一般只与村干部交流。对于其他村民，我只是了解情况，而不介入任何事情，不做任何决定，这是对村干部工作的支持与信任。只要我们的工作超出村干部职责范围或管理视线，乡建工作十有八九不能成功。这就像我们到一个家庭去开展工作，如果父母不支持，孩子根本不会信任我们，那么工作自然做不好。

与市、区各局的合作，我们只是把握技术与质量，工程进度这个工作极为具体，需要从政府找到专业的人。政府队伍中，专业人员很多不在专业的位置上，这是不正常的现状。

与市、区领导交流，不讲技术方法，只讲理念与思想。主要领导都是知识分子，又善于做意识形态工作，只要理念一致了，工作就好做了。领导们都没有时间看长篇论文与策划书，他们一是看效果图，效果图最能推动他们；二是看已经建好的案例，这是领导参与和支持项目的动力依据。

主要领导的决心比我们大，要求比我们高，目标也比我们远，力度就更不用说，关键是他们不能犯方向性的错误，并认可项目的可操作性。

郝堂项目的定位是后现代新农村，是跨越了十年的后现代乡村。今天的很多人看不明白，这个目标其实是城市文明中的稀缺资源，是未来中国人生活中的奢侈品，只是很少人能意识到乡村的价值。

后现代乡村，是传统文明与现代艺术的对接，是农耕文化与城市文化联姻，更是把原有的个人化乡村与城市的价值观进行的一次脱胎换骨，是对今天城乡规划法和当下乡村不中不西的中国文化的反思，是一次打破常规的乡村建设探索。

至于脱什么胎，换什么骨，我在"五山模式"中就一直有想法，遗憾的是村书记不予理解。宜城"穆罕默德·王台"项目，是一次精神层面的新农村建设，那次倒是有一些后现代文化的感觉，只是村干部与村经济等条件有限，实施起来有较大的困难。襄阳尹集"田园城市"项目是一次标准的后现代田园城市实施规划，可惜也没有完成实施。经过这几次的失败，我又回到了现实之中。后现代是还原真实的乡村，把艺术演变为生活与文化形式，艺术不再是个人所为，而是由村里的人和城市人参与。艺术最难的是理念与创新，在创新中又要不失原始的基因，真实是艺术的主题。

所谓艺术，这与我们的身份有关。比如王继军书记请来的郑州园林设计师鲍国志，大家说他有乡村人的模样，很少有人说他是艺术家。再比如，李开良的房子建得非常美，其实那就是艺术，但人们依然不会说他建的房子是艺术品。而我做得好，人家自然会联想到我是画家；如果做得不好，人家还是会说："你看不懂，人家那是艺术。"所以，不管怎么说，艺术是一种缘由、一个标志、一种身份。

后现代开启了人们对艺术真谛的追溯，拉近了视角艺术和梦幻艺术与农民的距离，更是把艺术交还给村民。艺术是什么呢？对郝堂村民来说，就是更美地吃饭和走路，是更好地吃饱肚子，过上更有品质的生活。

"郝堂·茶人家"项目是一幅艺术作品，我与我的团队全心倾入，这里的每一件作品，都是由我们与农民、与专家、与政府官员一起完成的。在我看来，整个村里的人都参与了绘画，都动手，一起画了一幅巨大的画。今天的郝堂人忽然觉得村子漂亮了、干净了、有希望了，正是他们把村庄画得漂亮了、干净了、有希望了。同时，村民从躁动期逐渐回归到平静期，这正是艺术所需要的创作状态。

把艺术还给农民，请农民与我们一起画画，让阳春白雪与下里巴人巧妙融合，这就是我心中的后现代。

2011年11月27日，平桥区"健康服务进家庭"项目启动仪式，我与美食家丁华中，香港中文大学的吴逢时，叶榄及信阳手机电视台吕台长下午4点多在信阳瑞龙酒店会合，下午6点多又等到来自香港地区的王奔、来自美国的吴军华，以及北京的翁永凯、上海的赵立平、国家计生委专家等见面。

这是北京绿十字项目中，启动正规、范围最大、规格最高的子项目。

翁永凯博士的运作与调整能力是不可低估的。这次台上坐的是上海交通大学生命科学院的赵立平，还有美国爱心基金会的工作者赵乃思，赵立平与赵乃思为父女俩，同在台上，有点意思。

28日，王佛全带着一名志愿者——北京非星级标准联盟主席姜海星，于上午9点参加会议。

近期我一直身体不适，元旦我家人赶来陪我。郝堂项目在建设方面已经没有大问题了，目前只有昭庆禅院还没有动工，现在不动工，估计在今年茶叶节就很难用上了。

这个时候，王继军找到了马德记，正好马德记又特别认同我的观念，我也一直看好马德记。2011 年，我到景德镇，特意为马德记与梁燕各烧了一套瓷器，可见我对他是很在意的。

近期我很想回家休息，可是又希望马德记的茶社明年茶叶节能用上，所以时间就很紧张。马德记的茶厂原来是生产车间，马德记的决心很大，原来准备对厂房进行改建，后来我建议将两个近 1000 平方米的房子扒了重建。当时我还担心投入太多，但马说，要做就做好，扒！

拿茶来说，喝茶、品茶一定要有特定的乡村好环境。来了人喝了茶，就一定会吃饭，那么人怎么来？回城里时有可以带回家的东西吗？如果住，有没有类似于快捷酒店甚至超过这个标准的住宿条件？乡村的卫生是最致命的弱点，农民习惯了多年以来自己的生活习惯，卫生与服务条件都很糟糕。饭菜第一次吃还行，第二次吃马马虎虎，第三次就不行了，游客十年、二十年后再来可能还是这样。农民在发展过程中，心态的把握很重要，不能一见钱就抢生意，就一哄而上拉人，等等。乡村环境就是在这样一个明知有问题而又不能提出有效变革方式的状态下进行的。

郝堂村也一定会面临这些问题，服务、管理、茶文化体验等这几大问题，我在郝堂与工作人员提过多次，大家都热情不高，可能是眼前的事情太多、太杂，他们根本顾不过来吧，不过我想这些事真的很重要。

那么怎么办？于是马德记就出现了。马德记的厂房一扒，就意味着他明年 3 月 20 日之前必须完成重建，不然他们的茶、烤茶、炒茶等就用不了了。马德记做企业、做市场，对我说的软件很认可，并全部接受，于是我在吃、喝、茶、管理、茶环境等软件方面轮番推动并开始执行，以弥补郝堂村的不足。只要做好了，郝堂村就有将来，这也是一个过程。

马德记的茶厂与郝堂村相邻，车程只有 3 公里。郝堂村做大众旅游，马那里就做小众（茶文化）消费，这样"郝堂·茶人家"项目就有了完整性。

小村故事多

胡静"半仙"

污水处理池占了一户人家的老坟，施工被村民阻止。因影响第二天早上8点开工，施工队人员就叫胡静村长来。胡静来看了一圈，又转了一圈，对村民说："你们家祖坟不好，你看看你们家，个个生病，年年住院，就从来没有顺当的时候，我建议你们抓紧把祖坟换一个地方，调调'风水'。"这家人听了直挠头。确实，他们家这几十年来就没有平静过。主人很苦恼地说："祖坟不能轻易乱动啊！"胡静说："'风水'不好，就是你们葬的地方不好，现在政府工程有2000万元补助，赶快搬迁，不然等没有了，想移也没有补助了。"主人一听也是，说："谢谢村长，不过我还是要找一个'风水'先生。"胡静说："好，要找一个我们都认识的。"胡静说了名字，主人一听也认识对方，说马上就找他问问。

转身，胡静给这个"风水"先生打电话，说："我是村长胡静，谁谁要请你来看'风水'，你一定要把黄道吉日定在明天早上7点之前，因为我们8点要施工了。"

"风水"先生立刻会意。果然，晚上主人回来就对胡静说："问了，'风水'先生说必须在明天早上7点以前。见鬼了，黄道吉日与施工队赶到一起了，看样子这祖宗也不想待在这里了。"胡静接过话头就说："这就叫黄道吉日啊！"

主人说："真是，我们胡村长比'风水'先生还厉害。"

郁闷的苏永华主任

苏永华主任是教师出身，原来在区组织部工作，后来到乡镇做镇长，在乡镇已经有七八年，也快接近农民的思维方式了，有很多好的工作方法。一个人与土地交往多了，语言与生活方式就会受农民影响。

我对此深有感触，近13年的乡村生活，让我已经远离北京与马鞍山。回到城市以后，我与身边人的语言有明显的差异，我开口闭口就是粮食、养猪、赶集、盖房，想改也改不了，以至我的朋友给我起了一个"农民孙"的名字。弄得很多朋友与我已经没有共同语言，我想苏永华主任就是这样吧。

2011年，北京绿十字进入五里店，在郝堂做项目。郝堂是茶乡，有信阳毛尖，自然我在此项目中，无论是生活还是工作都带有一种浓浓的茶意。每次与苏永华主任到北京绿十字设计工作室，我总是以茶待客，分、冲、泡、饮这个过程也在一点点地影响他。尤其是梁燕系统地给苏永华主任进行了多次培训，充实了他的生活情怀，唤醒了他大学时代曾经拥有的小资情调。时间久了，终于有一天他购买了一套茶具抱回家，一个人也分、冲、泡、饮，自我感觉极为悠哉。

孙老师吃豆腐

现在每次路过郝堂村卖豆腐的那家，我就快速走过。2011年8月，那会儿郝堂村的人大多认识我了，也开始信任我，于是对我非常热情。每路过一户人家，他们都会请我到他们家坐坐，到了吃饭时间还要请我喝酒。村里有一家卖豆腐的小店，豆腐摊就临街而放，我们只要从街上走过就会路过小店。有一次，有很多人陪同我在村里参观，当我们一起走过卖豆腐的小摊时，看摊的女村民（我叫不上名，但是她认识我）一见我就说："孙老师，来坐坐吧！中午到我家来吃豆腐！"我回答说："好好好！"谁知我话音刚落，陪同我的官员啊、学者啊、男人女人啊一个个都捂着嘴在笑。他们一笑我就明白什么意思了，敢情"吃豆腐"这词儿还不能乱接话。我不敢笑，赶紧向前走，这时那位女村民又大声赶着说："孙老师，一会儿要来啊，我家的豆腐非常好吃，一定要来吃啊！"她一说完，陪同我的人全都哄堂大笑，笑翻了。从那以后，很多人总说吃豆腐的事，我一听就烦，不过也很开心。生活中就是这样，一边工作，一边开心。但是，一朝被豆腐扰，十年怕豆腐。我每次经过这家豆腐店的时候心里就莫名紧张，特别是有人陪我一起走的时候，最怕女村民高声大喊："孙老师，快来吃我的豆腐！"

贾建友老婆是"坏人"

"近朱者赤，近墨者黑"是有道理的。第一次与贾建友到信阳，贾建友的妻子就多次严重警告他说，什么人都能交，比如禹明善，虽然光头，人生会一片光明，人是可信的；李昌平长得不好，可是人放心；就是孙君这个人不靠谱，艺术家不是"流氓"就是"神经病"。

老天！我从来没有得罪过贾建友的妻子，以前根本就不认识她，怎么平白无故就给我扣一顶大帽子，冤枉啊！可能与襄阳胡晓芹有关，此话说来就长，我冤啊！在此省略300个字……

禹明善快变成"神经病"

第一次来信阳,大伙儿一起到楚王城考察。因为是王城,除了地下埋了很多文物外,地上也几乎到处是文物。一路上我给他们说文物的故事,说文物与文化的关系,说文物与发财的故事。

结果禹明善、贾建友、叶楂一路上就没有抬过头,眼睛一眨也不眨,没有离开地面一秒,手里、车里捡了不少破砖烂瓦。

从那以后,禹明善的办公室、卫生间、寝室里堆的破烂也越来越多。

某一天,工地上的一个工头(应该是李开良)在建房的时候不知道从哪里弄了两把旧椅子,如获至宝,一大早就送到禹明善楼下。禹明善狂喜,在楼下高声喊:"老婆子下来!老婆子下来!"老婆不知发生何事,赶紧下楼。一见是两把又破又烂的椅子,气不打一处来,开口就说:"你成天跟孙君混在一起,艺术家没有当成,我看都快变成'神经病'了!"我从来就没有得罪过禹明善的老婆董老师啊,怎么说我是"神经病"呢?太郁闷了!

老婆不允许禹明善把椅子搬回家,只准放在存车的仓库。仓库小,放了车就放不下椅子,老婆决计要把椅子扔掉。禹明善实在舍不得,只好求爷爷告奶奶,最终得以暂时存放在车库。

从此,禹明善再也不提收藏与古董的事儿了,可怜的他在老婆面前都不敢再提我的名字了。

我们又被批评了

郝堂项目,区委王继军书记最操心,他刚从韩国考察回来就到平桥,直奔郝堂村。每一次王继军书记的到来,总让大家心惊胆战,因为王继军书记的眼光高,总对我们做的项目不满意。

当晚6点多,禹明善发短信说,下午王继军书记到郝堂,对河边景观路不满意,他认为路面处理效果不好,已经安排停工,要求再设计。我回短信:"好好好,要停,我也一直认为路面不合适,路面过细太像公园,颜色太亮,还有路口、路叉、桥等,给了两次图纸,陶局长不认真听意见啊。"

我再回信息:"把第一稿给书记看吧,他应该会同意。"禹明善回信息说:"还有污水处理湿地,把原来的小树林砍了。书记批评了我和苏永华。"

我回信息:"污水池太大了,不适合,茶体验区入口也没有了,唉。"

然后我又补充了一条信息,"我有责任,要检讨,我还是原则性不够"。

其实对于路边景观路，我一直很担心，担心的是陶局长做事的态度。第一稿给他，他认为王继军书记讲的高档一些就是青石板。青石板也行，可是路面石纹太细了，颜色也与环境不符。我对陶局长说石面太细，他总是说，不是平面，有火烧石（有粗糙感的）。过几天我回来后，他已经安排铺上了。我与禹明善看了，都说感觉不对，可是村干部与村民都非常满意。有时村干部的眼光也确实太差了。我经常吃亏就吃在太听村干部的话，结果王继军书记经常很婉转地批评我。

无奈只好给了陶局长第二稿图纸，又通过禹明善和苏永华再去找陶局长，想告诉他路不行，有问题，并绘了第二稿图纸。陶局长没有来，派工程师来，我又一一交代。工程师说："不行，这个由局里最后敲定，我也没有办法。"不过我感觉王继军书记对第二稿可能会满意。陶局长的工程修得也是让大家都不怎么满意，那个石砂子路修修补补，勉强通过。

对于污水池，我是反对修那么大。我与苏永华和禹明善反复说过多次面积过大，他们说"小了处理效果就不好了"。1月3日我与苏永华和村主任胡静看现场，苏永华也操心，把污水池移了又移，尽量少占一些地，少砍树，结果还是被领导批评了，冤啊！

千头万绪无小事

2012年1月11日，郝堂进村的栈桥道路要奠基，放了开工鞭炮。14日，王继军书记找我，突然说"不要建了"。

为什么不建？村干部反映说有3座桥等着建设资金，而栈桥是一条路，只是为了好看而建。我们的工作尤其是目前乡村建设工作，重要的不是锦上添花，而是雪中送炭。

我与禹明善感觉此事建也有理，不建也有理，既然说不建，我也没有大问题，再说王继军书记说得也有道理，于是禹明善马上通知交通局停工。

2012年2月14日，震雷山到郝堂的路开始修了。村干部一见我就说，"那里的路修得不行啊，山上的路不行，水泥路修得更不行，质量也不行"，于是我带着李如道赶紧来到现场。

这条路要求路面厚度要有20厘米，现在达不到，水泥强度等级严重不足，完全是豆腐渣工程，于是马上叫他们停工，同时通知交通局苏永华副局长。苏永华副局长中饭都没吃，马上赶到郝堂，要求施工方重做。

2月15日，我们再次来到工地，看到的是所有的石头表面水泥强度等级不够，石缝里面还是不行，再次对他们说，"这回要求全部返工"。

我和禹明善都说："区农办做不好路情有可原，交通局做不好可就说不过去了。"我还是认为，农村争取修一条路实在不易，如果路做不好就太可惜了。

某日，通知水利局，廊桥东桥柱又渗水了。我们就是再严格要求，问题还是不停地出现。想想看，要是没有人盯着现场看，那会是什么样的质量啊！

今天考察了震雷山到郝堂这条路，发现这条路不能做砂石路，山的坡度太高，有8度以上两处、16度两处、35度两处，严重不具备砂石路的标准，可是大家都不敢对王继军书记说，只能由我去说服王继军书记。

听说王继军书记已经决定做砂石路，这事还是有点麻烦。我决定以书面形式写给李杰副区长，由李杰报王继军书记。

我想王继军书记不会接受我的建议。

头一天在车上，王继军书记说："昨天李昌平给村民开会，大家说了不少事都很对，都重要。那么在这么多的事情中，就一定有一件最重要，又最具备操作性，还让村民能够马上就做的事情，我认为农家乐最可行，农民又喜欢。这件事能创造就业，上海陶康华教授一再强调，只要年轻人能回来，很多"三农"问题就可以解决。陶教授的话我记在心里，现在我看就是这一件事是最重要的。"

我觉得王继军书记说得有理。昨天大家说经营、金融、养老、经营土地、人才、管理等，看起来都要去做，都做是不可能的，只能选其一。

节前，村里办实事终于把李开良的工人的工资付清了，谈到这件事胡静眼泪汪汪。

年前二十七（阴历），胡静支付了李开良17万元工资，因为李开良还有一个工人因工伤住院，要多付1万元，胡静的钱从村里支不出来，曹纪良不愿意，胡静又向苏永华借了5万元。曹纪良让会计主动配合，才将李开良的工资在年前付完。另外，让彭老师家付了1万元，袁氏兄弟又支付4000元，其实年底共支付19.4万元。

后来李开良又向禹明善借了3000元，可还是没有钱。新年一开工，李开良就没有钱了，一分钱也没有存下来。李开良太不会过日子，胡静太生气了。

村里是曹纪良当家，曹是过日子的书记，以村为家，没有钱就睡不着、吃不下。村里在资金运作方面，还是有很大的问题。胡静在经营上也有一些限制。村里不是没有钱，胡静一直主张只有做事才会有钱，村干部反对胡静的说法，说禹明善怎么说，胡静就怎么说。胡静说："政府没有亏待我们村，明明白白的钱都一一到位了，旧房改造区里给了20万元，我们只有3户，拆迁5户，只拆了2户，王继军书记朋友又捐了50万元建学校，政府没有亏我们。"

是的，我在全国做了不少新农村试点，像平桥区这样的资源整合力度，我是第一次遇见，何况平桥的财政收入一年不到3个亿。我反复对村干部说，一般的村多少年也修不了一条路，近大半年中，郝堂修了几十公里的路，那真是天上掉下来的福分啊。

我说："村干部知足吧"。

郝堂村的路

郝堂村干部都说砂石路不好，我坚持说好，禹明善坚持说好，关键是王继军书记也说好，王继军书记说好，胡静与曹纪良就不说话了。

一条从土桥村到郝堂村的路，村干部从年初说到年底，还在说。这条路还没有说完，又要从震雷山修一条到郝堂村的路。村干部就怕再修石子路，偏偏王继军书记说还要修石子路，村干部不开心，交通局苏永华副局长更不开心，他们又不敢对王继军书记说，只能对我说。我问禹明善，禹明善说："王继军书记说了，该修水泥修水泥，该修石子修石子。"我心中了松了一口气，胡静没有听清楚，是"胡说的"，哈哈。

这个话题还没有说完，郝堂河边要修路，由农办负责修。我第一次与禹明善走在这条路上的时候，我说就这个砂石路稍加马路牙子就很好，可是我心中总有阴影，就是村干部的声音。

果然，禹明善发短信说，王继军书记不让村边修像公园一样的路，要重新设计。村干部对我说："这条路好啊，平平展展，不是很好吗？"这是春节后我回到郝堂村后，村干部对我说的第一句话。

其实，我与禹明善都认为这条路做得像园林，不像乡村了。当时因为石板已经进村，再改更浪费，于是我也就没说什么。可是一听王继军书记说要扒掉的时候，我虽然觉得可惜，村民也会认为政府做事不靠谱，才铺好的路又扒，可我心里还是暗自窃喜了好一阵子。

怎么改？我还是在原石板路上改，怎么改也不愿意浪费石板，另一点就是考虑村长胡静说的，"为什么农村就不能做石板路？"我一直对村长胡静说，不是农村不能铺漂亮的石板，而是要用适宜乡村的石板，关键是像农村，城市能建30层高楼，农村能建吗？胡静点点头。

其实，很多时候，我也在反思。我对禹明善说，在河边石板路问题上我是有责任的，要求不严，当然他们也不是没有听清楚我们的要求。河边的路，我们第一稿设计的就是以砂石路为主，嵌入了局部本地石材，可是陶世忠局长不知道为何一下子进了那么多表面很光滑的石板？

我与郑州鲍国志看着这些石板，都觉得这个表面太光，有点城市化、园林化了，有点过了。

其间，王继军书记与我讨论过如何解决这些问题，禹明善受到王的严厉批评，最后王继军书记在我修改过的图纸上再次否定，还是回到砂石路。我与村干部商量把石板用到村昭庆祥寺。

郝堂河边景观路绕了一匝还是回到砂石路，我笑了，又觉得费劲。郝堂村作为新农村建设的试点，未来有很多人来参观（我们基层干部与农民，本身不喜欢砂石路），他们一看豪华的砂石路，估计回去后，各地政府都会流行。这条路，村干部不开心，村民不满意，王继军书记左思右想，我设计了4次图纸，禹明善不停地协调与沟通，最后这条路还是回到砂石路。

对乡村而言，最适合的是砂石路，其次是柏油路，最差的是水泥路。我到过很多国外的乡村与旅游地，给我印象最深的是泥土路、杂草路和山石路。

前些日子，南阳淅川的部分村干部与村民来郝堂参观，对砂石路就比较反感，对保留的土坯房和旧房改造更是不喜欢，他们明确表示要建新房，要修水泥路。

砂石路，最适应在坡度6度以下、车速为每小时20公里，尤其是在农田距村庄居民近的山区，优点是便于维护、透水性强、视觉上很乡村。来乡村的旅游者特别喜欢，汽车经过时觉得很有行驶感。缺点是大水易冲坏，要时常维护。砂石路在农民眼里档次很低，对城市人来说档次很高，这就是两者的差异。

农民一辈子走在泥土路上，水泥路对很多农民来说是梦想。佛山村有一条新水泥路，有几位农民用双手在水泥路上不停地摸，说"终于有水泥路了"。有时我看到这种场面，心里有一种说不出来的感觉。我们说水泥路不好，可农民对水泥路是盼星星盼月亮，这可能就是那句老话所说的"饱汉不知饿汉饥"啊。

我们在做乡村工作的时候，往往情感很是复杂，有时不知道感情的天平应该往哪边倾斜。仅仅这条路就让我左右为难，城里来的专家、记者、旅游者一看到弯弯曲曲、高低不平的砂石路就尤为喜欢、点头称道，而村民们在这一年中，却不停地抱怨砂石路灰尘太大。因为听多了，心里还是很在意他们的抱怨，所以在河边路的设计上，我其实还是多多少少受到村民们观念的影响。

同时，郝堂村人又想发展经济，做茶文化，做乡村旅游，做生态与有机、乡村养老等事情，这些项目做得再好，农民不会来，外村的和本村的村民不会来，来消费的大多是城里人。所以在考虑郝堂建设的时候，这两者之间，我很多时候会舍去村民的感觉，确保城市人希望看得到的乡愁。因为农村发展自然经济，保持乡村文化，守望乡土生态，把新农村建设引入有历史感的农村，占据着我的理念。

乡村建设，每一件事都要经历这样的过程，七孔桥、三号院改造、昭庆茶庄、彭校长旧房改造，张队长的农家乐、学校的选址、村庄垃圾分类，等等，每件事都让我左思右想、左右为难。

郝堂项目难在设计冬天的景观。冬天是景观最不好看的季节，如何让郝堂冬季也美，这是我研究最多的。冬天的景观一定要从大山水、大流线、大的黑白投影来打造乡村感。如宋朝诗人秦观笔下"斜阳外，寒鸦万点，流水绕孤村，"王维的"田夫荷锄至，相见语依依"，尤其是李清照"秋已尽，日犹长。仲宣怀远更凄凉"的秋冬景致，一直萦绕在我心中。冬天的景致与空间道路是我在设计时最下功夫的地方。所以用大量水面，是为了在冬季留下白山黑水的投影。弯曲的小路是冬天特有的景致，因为行人的脚步会打破寂静的冬天。郝堂的菜园是鲍国志的功劳，给缺少颜色的冬天增加了几分青色，这些青色与白墙黑瓦形成了乡村模式，这是我一直想表现的"像农村"。特别是枯树杂树只有在冬天才能体现出别致的景象和特有的价值！冬天的景观在设计时要有枯竭与空虚之感，视觉空间要处处有空隙，在中国画中就是"计白当黑"。这方面贝聿铭先生设计的苏州博物馆就是杰作。建筑的边缘要增加线，有刀迹之影，有柔水之面，进而增加冬季赋予的愁绪与时间的等待。这是设计师最难把控的节点。今年冬天，我特意在大雪中赶往郝堂，就是为了"计白"，为了"当黑"。我在几个山头静静地看着郝堂，像下围棋一样慢慢移子，为以后的建筑一点一点地勾画和设想。今天的郝堂如我所愿，白山黑水，冬季柔美！

在这个过程中，我站在自己的角度去审视郝堂，一会儿看着村干部，一会儿看着政府，一会儿看着市场。在这三方面上的把握很有点意思，在三者之间的讨论、争执、反思就是"郝堂·茶人家"项目走向合理、合作、协调的乡村自治的过程。

有些事情在争执以后并不会马上有结果，有些事情争到一半就不争了，很多时候争论以后各自又放到心里，等候时间来证明。大多数时候，大领导与小领导之间，小领导绝对服从大领导，大家都在尽量保持着与王继军书记高度一致的状态。我虽说是请来的专家，但我们毕竟是乙方，王继军书记是甲方，才是真正意义上的东家。如果我们的目标是一致的，都在努力推动着"郝堂·茶人家"项目的进展，那么任何事都是可以商量议定的。

生活中，这些感受，这些说过的话以及做过的事，我再累也要一点点地记下来。我在想，这些内容会对未来的乡村建设有重要的参考意义，这些一点一滴的矛盾与心理感受就是我们经验的累积和成功路上的必然。

2012年2月29日凌晨4点20分，于前往临沂的列车上

春天之前，我、谢英俊、薛亮从淅川同行至信阳，18点40分到达平桥新风酒店，吴本玉副局长宴请我们，翁永凯女士、方洪军、李如道、李开良、福利院的冯院长等都来了。

28日早晨7点50分吃过早饭，8点半与李开良看了村委会改造、医生家和老年活动中心，主要是看质量与结构。交通局苏永华副局长赶来，一起看龙鼻子桥、七孔桥改造、曹湾1号、2号桥。紧接着水利局张副局长、小王也来了，一起看水泵房的青花瓷怎么贴，又看了进村的平桥。

11点赶到马德记茶厂与康总会合，研究"信阳茶坛"，康总太厉害了，施工图做得极为认真。后来看旧楼改造。这次来是为了确定茶坛仪式。

下午2点半回郝堂，与苏永华先看曹湾处的老房子改造，后来看农业局的培训中心，然后回到村委，再后来整理垃圾池的一户房子改造，又与李开良商议旧楼顶问题。

村委会的改造应彰显历史、古朴和庄重。村委会对村民的影响很大，在农民心中，村为官，又称"父母官"，这与西方文化完全不一样。从这一点来看，在东方文化中情与法、官与民是分不开的，当官做事，对党忠诚毋庸置疑，可是要得到村民认可，权威、威信和品德是连在一起的，这些都要与村委会的建筑风格融为一体。村委会这次改造的目的就是既有地域文化，又要让村民感觉到有一种庄严感，要有分量。一般村民建房时最爱效仿村委会，村委会的建筑式样或多或少会对村民产生一定的影响。这如同一个家庭的孩子，言行举止中总是能看到父母的影子。

村委会门楼横批上写着"为人民服务"五个大字，上联是"听毛主席的话"，下联是"跟共产党走"。乡村人比较单纯，有很强的感恩意识，即使我们城里人说扶贫，说城市在剥夺他们的血汗，他们依然不会改变感恩党和毛主席的思想和观念，这一点让我们看到了农民身上的单纯与固化，他们有自己的价值观。

我们要做的工作可能就是默默地打开他们的心智，开启他们对社会的一种责任感。

郝堂村项目，不能用语言去表达那些空洞的理想和低俗的欲望，而是用生活之美、自然之美，一点点地解读一个村庄的真、善、美。我们一直坚持设计师不要用理论来证明自己的专业，而是应该用作品来证明自己是专业的、是专家。

29日上午，要全力绘制郝堂沿途农家乐改造图，约有7家，这7家有贫困的，有经济一般的，有条件好的，有特别想做农家乐的，这些需要村、镇干部一户户去做工作。

工作之难、工作之急可想而知，可谓迫在眉睫，因为过了春天又得再等一年。

下午3点零5分赶到村里，我带着乡建院的方洪军和李如道与村领导一起讨论7户房改、茶体验区缓冲水堰，以及水泵房的青花瓷装饰等。每一次讨论尽量让村干部和村里的年轻人参与。目前村委会的一帮年轻人渐渐开始参与建筑、监理、审图纸，李如道带着村里的年轻人在村里放砖，方洪军让村里的年轻人一起了解茶体验区的定位、放线，了解未来茶体验区的建筑容量、街道、巷子等。带好年轻人，让他们参与村里的建设，年轻的村民有了信心，农村才会有真正的希望。

今天茶体验区正式放线，晚上村里一伙人请我们这些人吃饭，在老张家。这是我们一手改造的农家乐，旧房与景观做得美极了。这个房子建完了，内部装饰还没有做完。我建议装饰由这家主人来做，我强调一定要自然简单、量力而行，要有乡土格调，让客人体验一个立体的乡村文化。

翁永凯对我说，胡静的女儿准备到北京参加农家女培训班，要我帮忙让她女儿更多地接触社会，为她自己创业增加自信。目前她女儿有轻微忧郁症，为此很分散胡静的精力。29日我与苏永华交代，今天又向禹明善交代，要他们全力帮忙，北京农家女实训基地有规定，超过25岁就不收了。

胡静实在不容易，家里女儿的事让她操心，可我每次到村里，看到她总是一心扑到工作上，让我感动。我有很多在北京和上海的朋友，他们每次在农村走过一趟之后就对我说，只有来到乡村，真实地看到这么多村干部在尽心竭力地工作，才开始怀疑我们的媒体成天在攻击村长与村书记是多么的可恶，多么的不真实啊！现在他们知道我写的《农道》为什么那么受欢迎，就是因为我描述的是真实的乡村生活，真实地刻画了这个时代中的一个最小缩影，而且是用最简单的语言，用说话的方式，朴素真实地交流，真实地勾勒出了乡村的发展与痛苦。

2012年小年前后，村干部请我吃饭。其间，我不免总会提到"郝堂·茶人家"项目的事情，可能是年前胡静做事不顺，语言中总是有一些哀叹，曹会计也说工作难做，尤其说到现在群众工作太难做，去年一年工作进展不大，心很累。

他们确实很累，这种累我在项目一开始就与他们说了，做好一个具有全国性的示范点要脱三层皮。我对他们说："现在还不是最累的时候。"其实我心里知道，他们也充满信心，他们在努力，只是遇到不顺的事，大家倾诉一下，顺顺气而已，我的工作就是听，不能说，点头就好了，不能摇头。

每一个项目总体时间是两年，两年又分为4个半年。这4个半年对我来说，要学会分段运行。这4个阶段只要把握好了，项目就基本成功。

第一个半年，政府与村干部不能有思想，不过一定要有想法。村干部的想法就是我设计的基本元素。所以我会要求不能举行专家评审，因为一评就错；不能改我的设计图，因为一改就不像农村。第一个半年政府与村干部只能执行，不要有太多的思想。

第二个半年，就是所有项目要村干部先说说想法，我也谈一些想法，大家商量。我一半想法，他们一半想法。这个过程就是"授人以鱼，不如授人以渔"。

第三个半年，就是他们有思想，我只是参谋与顾问。这个时期我会很少去郝堂村，让他们自己开始规划自己的家，解决遇到的问题，即使错一点也没关系，可以马上修正。到了第三个阶段，郝堂村项目大局已定，村里哪怕就是再建一个欧式的建筑也对大局无妨。

第四个半年最重要，问题最大，就是有可能主要领导调离，或者大领导与各路专家、学者来得很多。此时如果村、镇干部能坚持的话，这个项目就算基本完成了。项目能走多远，取决于第四个半年。在现在的环境下，项目常常会死在此时。这时我基本不会去，会很少说话，也说不上话了。专家、领导去得太多了，此时应去得越少越好。项目不成功时可常去，成功了就不能去了。

目前郝堂所处的阶段就是第二个阶段——第二个半年。这个时间是村干部操心的时候，我退到与他们讨论的位置，他们自然会有点激情，哈哈！

项目两年做完，一般会完成政府交给我的任务，郝堂村没有特殊情况会基本完成甲方的合同。这两年不是我的目的，我的目的是两年之后的7年，那7年我称为郝堂村项目的"临床期"。只有那7年能够顺利走过来，"郝堂·茶人家"项目才算真正成功。9年之后的发展只有就要靠的经验与方法。

北京绿十字在与平桥区政府的合同中注明，2015年年底会出版《郝堂·中国式乡建》《郝堂·茶人家》《郝堂·回家》三本书。为何2013年结束要到2020年年底才出书？就是想看看6~7年后郝堂村项目是否经得住考验。

生活中，很多人只看表不看里，做事又是只做表不做里，这可能是我与一般人的差异。

新年的开始，能与村干部在一起喝茶聊天，是难得的机遇，人与人之间没有对立感，一切都很放松。

我对村干部说："你们不能只看问题，如果你们都义气昂扬，一个集体就能够整体跟进。"在我看来，郝堂的变化是显著的，"郝堂·茶人家"项目已经启动了80%以上，唯一缺憾就是民间生态论证标准目前还没有做（之前与禹明善商议，因条件不成熟取消了此项目）。除此之外，我们已经做了很多事情，下面一一列举。

一、郝堂实验区

2011年，郝堂村还是一个普通的小山村，2012年引起了区、市领导的高度重视。郝堂村的规划（系统性目标规划）从产业、土地、环保、生态、资源分类、桥、路、坝、旧桥、新房、金融互助等平行铺开，村民从一度反对到现在的平静，计划生育与可持续教育，村大水系的调整，第一家农家乐筹备，新学校、养老活动中心、昭庆禅院建设等，这些都在一年中完成或者启动，这些工作应该从如下两点来说明问题。

一是平桥区政府的资源整合，社会参与的力量，村干部班子团结的成效，村民从开始的茫然到理解并参与，这是2011年最重要的成就，也是大家与社会各界人士有目共睹的成就。

二是郝堂村在大规模地建设，换作任何一个其他的村，都会出现乱搭乱建等各种乱象，可是郝堂村没有一户乱建，无论是改房、扩房还是建房，村民没有接到村干部的通知，是不能加一砖一瓦的，整个项目在平静与常态中推进。新农村建设最怕的就是经济水平没有提高，欲望与民主意识却急速增长，这一点我们在项目意识形态上做得最成功。无论是在五山、问安、穆罕默德·王台、5·12地震灾害重建，还是山东方城等项目，都与周边新农村出现了明显的差异，这些差异总结为如下三点。

（1）尊重村干部，还权于村两委，一切以村民生活生产方便为前提。这个工作涉及对农民、对群众的尊重与理解，近距离的交心与沟通是核心。

（2）2011年，我和我的团队与他们相处120天，对于所有的项目我们都在落地第一时间与他们沟通，解决他们工作中出现的每一个小问题。

（3）禹明善、李昌平、苏永华等成了村干部的工作助手，2011年基本实现还权于村两委，为信阳市实验区进入河南省实验区做好充分的筹备。

二、茶文化的环境

因为郝堂村的独特性，加上信阳市（红星组）特有的历史与地域，以及文化、民俗，成就了信阳毛尖。我们来做什么？做茶文化、茶经济、茶文明、茶的郝堂。这一切一定是从文化开始。中国乡村可能什么都没有了，唯一剩下的就是文化。对于这些文化我们不太了解，我们以为城市才有文化，错了，郝堂在告诉大家，文化是什么。

（1）说到茶，人们就会想到清与雅。郝堂做的第一件事就是资源分类，就是把村庄的垃圾先弄干净，没有这个基本环境，茶不可能成为文化。

（2）旧房改造。今天的农村的房子只是一个建筑框架，只是一个避风遮雨的建筑，还只是些破破烂烂的房子，文化、品位、家训、中堂一无所出。郝堂第一户旧房改造的是张队长家，我很清楚只要有第一家开工，以后就收不住，这是农民的从众生活习惯。

（3）2800多亩土地的改良，80亩荷花田的改造，2011年初见成效。品质与文化已经把郝堂与其他乡村一下拉开距离，各种鸟儿开始聚于荷塘，茶的环境与文化渐渐彰显。

（4）信阳茶坛。由郝堂邻村佛山村马德记出资160万元修建茶坛，建立信阳毛尖的文化核心与茶人的信仰，这属于精神层面的建设。

茶坛是形式，建立茶坛的过程才是价值所在，也是文化与信仰的构建过程，更是"郝堂·茶人家"精髓所在。

历史不可改变，文化可以再造，五里店追溯历史，又有文化创造。

这是我们项目中定位的第一个以建设茶文化为核心的有历史感的现代新农村。

三、项目定位条件

目前郝堂村的建设比较稳定地从一产向三产转移，乡村景观调整，内置金融的提升，200多亩土地收购，原种与有机的培育，传统文化与现代文化的修复，计划与健康的推进，教育与群众思想的适应，等等，从一产到三产转接前的工作在艰难而有信心地展开。

四、郝堂项目有可能会成为全国性的示范区

从2011年项目开始实施就很明确此项目朝着全国新农村试点方向发展，经过一年的努力，2012年进行文化、经济、产业、自治等几个方面的完善，在制度化与体制方面进行改良。2012年可能会有2～3个省、市性的会议在郝堂召开，我感觉不出意外的话，2013年郝堂会成为全国新农村建设的示范区。

中国有句老话，"出水才见两腿泥"，我们用自己的办法，用特有的中国式乡建工作程序，在一年的工作中，顺利地推动了此项目，从"五山模式"到穆罕默德·王台村，再到问安镇建设，从文化重建方城镇颜真卿故里，到今天的"郝堂·茶人家"，北京绿十字走过了9年，郝堂成为其最后一站，也是最重要的一站。

每一个项目做得好与不好，能不能落地，不是在理论中完成的，也不取决于专家队伍有多大、工作人员有多少，而是靠工作方法，靠有思想理念与工作程序、系统性建设方向，这些方面是对项目运作中核心节点的把握。郝堂是我们项目制定的结果，是北京绿十字开始成熟的标志。

五、项目中的不足与问题

"郝堂·茶人家"项目也出现了一些问题，严重的是老年活动中心方位弄错了，这是

设计规划上所犯的严重错误，北京绿十字第一次非常严肃地批评了两名工作人员。这种失误是我们第一次出现，也是最不应该出现的事情，为此我很郁闷，还不敢对别人说。

还有一个问题是，施工的技术与质量保障不够，这与我们之前没有重视项目在落地时的责任监督管理有关系，问安镇做得就比五里店好一些。

郝堂项目第一年抓建设，第二年抓管理与服务，目前对于这个工作村与政府力度还远远不够，因为软件不行，硬件就不硬。今年北京绿十字要大量做培训，推动村民软件意识的提高。

我这样一一道来，村干部们一听，都说"是啊，我们做了很多事，也很成功啊！"自信心陡然增加。我在郝堂村做了很多次这样的交流，这种交流就是一种不同形式的培训，是一种自然而然的观念调整、沟通，也是全力以赴地认同他们的价值与成就。这些工作看上去很简单，可是要做到及时发现问题、及时沟通，甚至在田间地头与他们交流，并不那么容易。中国的新农村建设要好好地向韩国新村运动学习，干，才能成功，理论一定来自实践。后者重要的一点就是把专家与学者全部赶到农村，与农民同吃同住，只有这样，新农村建设才有希望。郝堂村就是受这种思想的影响，也是深受晏阳初先生的影响。我想，我们今天所做的一切，未来一定是有价值的。

动态乡村，营造生活

郝堂村规划

郝堂村最初有过规划，就是我们常看到的像战士排队那样，道路、供水、电源、污水、草坪灯——具备，整齐划一。我第一眼看到还以为是养猪场呢，村干部说"不是，是我们村的新农村"，我不好意思地说"对不起，实在没有看出来"。这以后我就再没有说过这件事了。

按照郝堂村的这个规划，只有两种结果：一是永远不可能落地，二是建立一个不伦不类的郝堂。相反，我们今天要做的是村民喜欢、村干部感觉像乡村、乡村在延续农民生活方式的规划。可是我担心评审的时候不容易通过。所以，我从一开始就说明，对我们的设计与规划，不准开专家评审会，不准任何人改我的图纸，主要是怕专业的规划设计师来评审我这个非专业化的设计师，我担心我在会场上会骂他们。我这个人是俗人，缺点是不喜欢别人批判我，更容不得别人随意评价我的艺术作品。

我在努力地学习古人、学习农民。中国以前就没有规划设计师，那些今天看来仍然非常漂亮的村落又是谁来设计的呢？那就是"风水"先生与乡员自己设计的。很多人不知道，清朝之前的中国谁是设计师？举世闻名的圆明园是谁设计的？从康熙、雍正到乾隆年间，召集了中国最好的300名画匠设计了圆明园这座让世界震惊的世界之园。

"请您用大理石、汉白玉、青铜和瓷器建造一个梦，用雪松做屋架，披满绸缎。哪儿盖神殿，哪儿盖后宫，放上神像，放上异兽。饰以黄金，饰以脂粉，请诗人出身的建筑师建造一千零一夜的一千零一个梦，添上一座座花园、一方方水池、一眼眼喷泉，请您想象一个人类幻想中的仙境，其外貌是宫殿，是神庙。"——维克多·雨果，1861年1月25日。

改革开放以后，中国开始学习西方，开始有了规划与设计。也不知道怎么回事，好好的一个专业怎么在国外设计与规划出来的就是很漂亮的建筑，一到中国就变味儿了呢？从此设计师不会设计中国农民的房子，画家也不再设计乡村。郝堂村则给了我很大的空间。

郝堂村用的就是大清帝国的方法，画家设计，乡村工匠建房，结果对于我们设计与规划的村庄社会还给了很高的评价。如果将来有机会在众多国家间进行一场比赛，我想郝堂村一定会很优秀，因为这是用的大清帝国的方法，老祖宗（农民）的思路，那还会错？

新农村建设并不像城里人想的那样，中央将大把大把的资金投入乡村，对绝大多数村庄来说是可望而不可即的事情，类似郝堂村实验区的建设，区委要下很大决心，整合政策资源，利用项目资源，甚至利用个人的社会关系找到社会与企业支持，调动农民自己的资金，修房建屋，逼着村支两委自己尽力想办法。

一切做得很是艰难，正是因为如此，乡村规划与建设具有极大的不可控性。乡村规划与建设的资金不稳定，项目资金不确定，施工质量严重不稳定，村庄用地一分一厘都归个人，建设过程中，不可强拆，不可强占，一切都要商议，然而恰恰最重要的地方总会出问题。因为不可控，郝堂村的建设与规划不计其数地不停修改，这样的工作量与无规律性的规划与设计，在城市是不可能做到的，就像银行不愿意到乡村来一样，一定有他们的道理。所以，要是想一想就能做出一个完整无缺的乡村规划来，是绝对不可能的，做了也是行不通的。

从 2011 年 5 月到 2012 年 1 月，我们为郝堂村总计出设计图（手绘）约 700 张，修改图纸 1800 多张，画完未建的图纸 630 张，红星组的大规划就改了无数次，连我自己都不知道何时是个头。两名专职设计师投入 8 个月的时间，现场还要有工程师指导与监督，如果没有这个环节，那么建出来的房子就见不得人，这个人是一步不离地陪着施工队。

这样的工作量、时间与经费，有很多不对等的地方，同时也可以看出乡村规划与建设的不确定性。类似这样的规划，在城市就不会出现。我做过的城市规划与建设也不少，比较而言就极为省心，规划与建筑也明确，一般 2～3 个月就彻底完成。

所以城市规划与建设赢得的是时间与利润，而乡村规划与建设浪费的是时间与金钱，关键还有交通的不便，乡村文化与城市文化有太大的差距。

话又说回来了，正是有 1800 多张图纸的反复修改，才有可能看到今天的郝堂。投入一定是有回报的。

规划能否保质保量地落地非常重要。这么多年来，找我们做项目的各地政府与企业越来越多，我慢慢地也找到了一些能够合作做规划的机构，制订了我们自己的规划与设计原则。比如不符合政策的规划不做；项目不能落地的不做；同一个地区不做两个项目；做过的项目类型不做；不是一把手点头并支持的项目不做；项目资金不能保证的不做；

对农民和环境不利的不做；要资质和评估的不做（我没有）；设计费开价不能还价，还价的不做等。大伙儿称为"孙六条"。

我做事很简单，就是想落地，想做好作品，想对甲方的项目负责任，更多的是对自己的职业负责任。如果这些基本的条件都不能保证，还要做热脸贴冷屁股的事情就毫无意义，特别是做没有结果的事情，更是零可能。

作为规划与设计人员，最大的痛苦就是自己的作品永远都飘在纸上，或者出来的房子与自己的图纸风马牛不相及，或者自己满意的设计，天天被别人改来改去，甚至改图的人还不专业，最后修改得连自己都不认识，这是很令人痛苦的一件事。我坚决不会让这种事发生在我身上。

中国很多有影响的设计师很羡慕我这个非专业的设计师，羡慕我能把理想如同画一样落在中国的很多地方。

当然，我的规划与设计同样有很多问题，一是不计成本，二是过于追求完美，三是收费价格也是中国规划与设计行业中比较高的，四是很多要求是超越国家规定的，五是坚决坚持自己的"中国式乡建"。我不愿与这个社会的歪风邪气为伍。如果有一天，我实在做不下去了，也无所谓，大不了就不做，就回家画画去。其实我知道，只要我们不做农村项目，上述五条就不存在了。

问题是我们已经走上了这条"不归路"，并且越陷越深，因为北京绿十字本身就是一个非营利的公益性组织，中国乡村规划设计院也是一个有情怀的设计院，如果哪一天我自己的机构（单位）也远离方向，那我同样也不做了，回家种红薯去。

乡村（建设）法与规划法是两回事

农村的规划是依据一个地区长期以来形成的约定俗成的法，这些法则中有天、地、人之间的关系，有"风水"朝向，有血缘与亲戚关系，有每个村的村规民约，还有一些与自然环境政策有关的内容，这些关联很复杂，我在另一本著作《落地——乡村规划随笔》中有专门的描述。

乡村规划远比城市规划复杂，乡村规划涉及社会学、人类学、生态学、建筑学等多个学科。

乡村规划与城市规划的特征不同，乡村规划要体现人文精神，体现人与自然的融合，以及家与社会的关系。郝堂村的规划与建设正是在体现乡村规划的价值所在。比如把农民家的围墙给扒了，是为了乡村更加安全；比如把农民的菜园扩大，是为了农民与市民能吃上更多的有机菜；比如养猪的话，村里就没有垃圾，农作物绝对是有机的；比如在河边建了河堰,是为了让农民少用洗衣粉,洗衣粉是对环境与人体有害的。我们把村里的外来树种慢慢地清理掉,就是希望这里未来能有一个适应生态与人体的环境,这种环境对于中国的一、二线城市来说是梦寐以求的慢生活,也是其不可能拥有的。这些看上去是一些小事,也不是规划中的事,但是,这才是真正有价值的规划,规划就是要有前瞻性,规划就是要把梦想一点一点地落地,这就是专业。

2012年2月4日

上午9点多赶到郝堂,李开良已经早早地在等我看昭庆茶院(现在的龙潭人家)的基础了。这个建筑在今年4月28日茶叶文化节就要使用,所以时间比较紧。后来又看了看村委会改造等。一会儿水利局的张副局长来了,我们一起看了廊桥施工质量,其中本地石头有一些质量问题,主要是颜色(一种红色)问题,天冷后有严重脱落的现象,故要求他们回暖后尽快拆掉修复。另外看了一个水泵房的环境。在我们看时,村干部提到两件事(村干部不好意思说,因为水利局做事很认真,也卖力,不好总向他们提要求)——一是供水要有两套系统,防止一旦停水就用不了;二是目前水源与水池太小,仅够村内勉强使用,希望能在上游再建一个大型的水库,以保障未来郝堂村对游客的供给。张副局长说:"两套供水系统可以考虑,另外建一个大一些水库的事,我们已经在考虑,争取资金,尽快推动。"

三号院改造的老板一会儿来了。三号院是村里的土房子,这个项目花了20多万元,成本比建一个新房子还要高,主要高在人工费上。2011年人工费涨得吓人。我是极力支持,并全力推动,现在听说鲍国志园林公司负责的二号土房院要租赁,四号院还是农民住着,三号院由村里租下作为以后的接待中心。

郝堂三号土房

我为什么会全力推动土房改造呢?为什么会把土房看作郝堂所有房屋建设中的最重点工程呢?如果有人提出这样的疑问,我想,那是因为这些人现在还没有认识到土房的价值与意义所在。

从2003年"五山模式"开始,一直到2011年,土房、旧房、文化大革命时期的房子几乎都在我眼前一一拆除。这8年来我一直深感遗憾,这8年其实是乡村文化建设的失败,也是我们文化的失败。为什么这么说呢?

每个城市人,每个"80后""90后",只要到了郝堂都会拿起照相机兴致盎然地拍这几栋很寒酸破落的房子,每个从城市来的人都会在土房门前合影留念。我常常想,既然房子这么让人流连忘返，这种土，为什么不能保留呢？为什么不能作为旅游之用呢？

现实中，不管我怎样去想，最终土房的命运还是会消失。

郝堂项目给我带来好运，二号院、三号院保留了，并开始进行高品质的装修，这两个土房也会在未来的10年之内，在千千万万旧村、老村、老建筑被推倒之后，留下无数的乡愁和无限的回味。

榜样的力量是无穷的，政府的力量是无限的，只要政府认识到旧房的意义与价值，旧房很快就会停止被拆除，并会得到有效的保护。

问题就是谁来告诉政府，谁来先跨出这一步？

郝堂又跨出了这一步，这一步要谢谢王继军和郑州的鲍国志，还有本地装修公司的苏永华老板。

我经常对基层的领导和朋友说，30年前农民家拆掉的东西，就是今天北京潘家园古玩市场的宝贝，60年前被扔掉的破烂，今天会有五星级酒店拿来作为镇店之宝，如今我们拆掉了村庄，最多在10年之后，后人就会指着鼻梁骂我们这代人没文化、败家子。就像今天的北京人都在怀念梁思成与林徽因，尤其是中国人看到法国和英国的建筑之后，更是拍着大腿骂为什么要把老北京拆掉，老北京成了北京人心中的长痛。历史也会记住，是谁拆除了京味儿的老北京。

一个人没有文化不要紧，可是必须尊重文化。新农村建设应该怎么建设，不懂也没关系，我们可以看韩国、我国台湾地区、荷兰、意大利，人家是现存的榜样。不会创新，难道还不会临摹吗？

三号院在改造的时候，原则是外表以旧修旧、保持原状，结构为加固性功能改造，这些房子年代久远（60～80年），又是土结构，所以在防震、防火、防风、防雨、防潮等方面或大或小存在些问题。

老房子没有卫生间、洗浴间、书房、茶厅、卧室等，改造以后会一应俱全，具有中原地区特色的标准会客厅、乡村院落、水井、书房、厨房等。

土房还是原来的土房，面积还是原来的面积，材料还是原来的材料，可是土房已经从"丫鬟"变成"大小姐"，已经变成陶渊明笔下的"采菊东篱下，悠然见南山"的世外桃源，这里有菊花、兰花、蜡梅、青竹、芭蕉，房子紧邻着溪流，一片古树与土房融为一体，土房、草顶、菊花、南山，在晨曦下又焕发了生机。原来已经接近消失的土房子当是倍感欣慰的吧，我们也欣慰不已。

三号房景观做得很到位，这主要是鲍国志的手艺。鲍国志这几天总带领工人上对面的山去挖掘花花草草，看样子有一种不把对面山上的野花野草薅干净就不罢休的架势。远道而来的北京绿十字项目官员王玲沿着弯弯曲曲的小道进入三号院。推开一扇破旧的小木门，看到门右边一口破缸子装了满满一缸泥土，上面栽种了一株不知道名字的野草，极细的叶子，向缸子的四面散开去。左边一个弧形用石头低低砌成的花园，栽种了几株低矮的树木，下面是工人从对面山上一筐一筐挑回来的低矮野草。鲍国志正大声地说："把所有见土的地方都铺上一层。"

王玲来到一院子里。一个50岁左右的工人正在重新用灰砖铺地，王玲看他认认真真地铺沙、盖砖然后敲打，走上前去问道："你这是重新铺一次吗？"他说："是啊，上次铺的有很多不平整，要重新铺一次。"王玲说："这工作做得好细致哦。"工人说："嗯，是啊。"院子里左右均是花园，大缸子、小罐子摆放的样子看似横七竖八，其实错落有致。竹子栽种在窗前，张弛之间，院子自然而然呈现出艺术气息。房子是土坯墙，用木头和苇秆一点一点拼凑出不一样的屋顶，麻绳结挂在之间，大厅的屋顶还能看见草席，灯挂得恰到好处，深咖啡色的房梁显得有点新，厨房和卫生间与城市的一样干净、整洁。老板喜欢挂在土墙上的那面镜子，土墙下的洗手台，装得干干净净，视觉感极其妙哉，新旧之间的冲突给人全新的感觉。

王玲正在看右边的一间长形的房子，鲍国志走过来说："小王，这就是你们孙老师的画室。"王玲说："这房子还真透着孙老师的味道呢！"这间房子窗户极小，屋顶有光线斜着照射进来。王玲问："鲍国志，这房子功能都分了吗？"鲍国志回答说："大概听孙老师说过。"正说着屋子，苏永华走进院子，问王玲："小王，你感觉这房子改得如何？"王玲赶紧说："改得好啊！"苏永华又说："我们刚进来的时候，一个人都不敢往这个房子里面走，看着就像是要出女鬼一样。"

一会儿王玲又问："这房子这样装修出来估计不便宜吧？"苏永华和鲍国志同时开口说："真不便宜啊。"鲍国志说："不过这房子是第一个，以后再做就有经验了，就不用再花费那么多钱与时间了。"没聊几句，进来一个人把鲍国志和苏永华叫过去说事情去了。王玲走出三号院，往房子的后面走，发现房子的外墙更加费事，土坯和灰砖加固，新建的烟囱，正在用挖掘机挖坑和填充花园低洼处，房子外面的花园用一块一块石头砌成，花园里的花花草草都来自对面山上，三号院在这些点缀下就与周围其他土坯房大不一样了，怎么形容都不为过。王玲拍了好几张照片记录下来。三号院前面有几棵大树，其形状把三号院更加衬托、点缀得与其他房屋格外不一样。

一个简单的普通三号院，我们投入了多少人力、物力啊！目的是尽快让大家看到土房的价值，能阻挡拆除文化遗产的脚步，这就是我们如此不吝投入的原因。

年难过，年年过

大胡子李说年底了，村里差工人的钱，怎么办？到年底了，头疼了。

禹明善为乡建院的房子与李开良较劲，禹明善说不能超过1500平方米，李开良说："低于1800平方米不签字。现在不给钱，我也做，要做就做好"。村里闹得不可开交，胡静从中调解也不成，李开良生气到郧县去了。

投资人夏敏承包的学校已经开工（1月18日）。夏敏自己没有钱，是她同学的资金，我看这事有点玄啊！龙潭茶馆已经开始装修，已经完成房子外装修，准备做最后的油漆。二号院也装修完成，谢老师设计茶馆，由禹明善和苏永华建议改为书吧，我建议加入"郝堂·茶人家"内容。我催村里尽快把进入村口的两个村标完成，等等。

郝堂在快速推动，在计划与变化中提速，这些多亏了王继军书记自始至终地实验着乡村是有价值的设想。最近虽然政府领导来村里少了，可是他一点都没有放松，通过各局与我的联系，就知道是王继军书记在给他们加压。

这一年半来，在郝堂所做的事情中最难的就是王继军书记为郝堂调了200亩土地指标，200亩地就是钱啊。这真要感谢柳区长，虽然柳区长很少来郝堂村，可是200亩对平桥区来说也不是小数，实在不易。

这一年半中，平桥区发生了很多事件，但平桥区政府在如内交外困中没有放弃郝堂，没有断了与我的合作，着实让我感动、让我欣慰，用一句话形容就是"王继军是一条汉子"。

元月18日上午，我约了孙德华、曹纪良、胡静在办公室聊天，聊明年春天我们准备做什么。

明年春天，住与吃的问题基本解决，市场的问题是村民在自我完善。明年春天停车是大问题，交通是大问题，游客咨询与指导中心很重要，要抓紧啊。17日，王亚林副区长带着人在修柏油马路，带自行车道。吃、住、行三大难题渐渐落地，我也踏实了一点。接下来是游、购、娱三项，这三项实际是村里的产业，也是问题，是近期我与李昌平一直在操心的事情。

郝堂村的事务是他们的内务，外人很难把握，我与村这一级合作多年，交流的机会很多，可我还是选择了远离，关键就是我实在搞不定村干部与村民。我所操心的，又必须让村民执行的任务，如垃圾分类、按图施工、建新房改旧房、河道修理、封山育林、村规民约、农民的培训等，这些在别人看来很难办的事情，我与村干部在不经意中就能一一落地。在郝堂，我同样不愿意与村委会合在一起做生意。中国人可以同贫不可以同富，尤其是农民更是如此。现在有点麻烦的是，李昌平与村绿缘公司合股，参股村里的土地10%的股份。对此我不知道如何是好。李昌平是想通过合作推动村里的产业，增加村与乡建院的资产，想法很好，关键是村干部会不会做地产、养老、资本增值，包括开发、旅游。所以我想的就是，以村干部的能力，能做好这些事吗？我怕给村干部提出超出他们能力范围的事。目前担心的就是李昌平弄的事，只怕会超出他的美好预想。中国人是一代人做一代人的事情。父辈做货币交易，我们做股票；上辈打铁，下辈炼钢；上辈闯关东，下辈当兵；上辈拉板车，下辈开汽车。

村干部的特点就是做村范围内的事情，一旦跨界就有问题，这就是村长的意义。"长"是多音字，除了长官的意思以外，还有一个意思就是长度，这个长度就是指村的"长度"，不然怎么叫一村之长呢？就像父母的权利，只限于家庭，出了家庭就不是父母了，这是同样的道理。

我想的另一个问题，就是春天离我们只有两个月了，北京绿十字与平桥区政府合作的事情马上就要结束。这两个月能做些什么呢？我想，应该做省心的事情，不操心的事情，村长能做的事情。

明年春天之前，也就是3月底之前，要做8件小事，是村干部与镇干部要做的，我们一一交代。

（1）郝堂品牌。我现在用手绘了一个标志，不要过于强调设计，事做好了，品牌就有了；事做不好，谁来设计也不管用。

（2）组织以村为中心的农副产品汇集。茶、鸡蛋、猪蹄、咸蛋、老母鸡、莲蓬等，抓紧印包装盒，只做村里的土产，作为纪念品，先尝试，做做看，一边做一边完善。

（3）垃圾处理。门前、卫生间、菜地、公共厕所、客厅要检查，弄干净。这是明年春天前最重要的工作。

（4）尽快完善养老中心日常生活用品。目前被子很差，做得粗糙，要用心。这个可以赚钱，可以马上获得收入，要有人来管，服务就是生产力。

（5）每户农家乐要挂村里的照片，要挂书画，每户有门头，村里要有文化，切忌农家乐只有一张桌子、四个凳子、四壁空白。

（6）制作一张让游客能看懂的导游图，让游客知道吃饭在哪里，卫生间在哪里，村里的路怎么走，卫生室在哪儿，有急事找谁。

（7）请北京绿十字的丁老师给农家乐培训，让每户都有自己的特色茶，要做得有文化味,要干净。

(8)让村里的年轻人承担工作,培训年轻人,学会管理与市场经营。目前两个村干部临近60岁,明显意识到接班人的事。

目前,村里很多问题还在不确定的过程中,村干部与年轻人应该在过程中成长起来。明年的春天对郝堂是一次考验,也是村庄从无头绪回到常态的过程。我认为2014年10月以后,郝堂人就会基本找到自己的方向。

年轻人回来,回来种田,安居乐业,说的就是农民只要住下来,就能解决工作了。农民只要做他们熟悉的事,做城市人不会做的事,这就是最好的岗位,就是最好的产业。

永远让人操心的乡建

在乡村做事要么是甲方,要么是乙方,怕的是连甲方与乙方都分不清。在郝堂村建设中,就有一批这样的人。

23日,鲍国志给我打电话说:"出大事了,龙潭公司把村委会边上4个红砖房糊上水泥了,要贴瓷砖了,你知道吗?"我一听差一点栽倒在地,赶紧说:"不会吧!我天天在村里说,这4个房子的价值就在于它的旧红砖,在于它的年代!"我长叹一口气,"马上找龙潭公司!"我挂断了鲍国志的电话,正想拨打龙潭公司吕经理的手机号,吕经理的电话就打进来了。我告诉他:"赶紧把已经砌好的红砖洗干净,切记切记!这4个旧红砖房的价值就是在旧,只要把瓦、窗和门修一修就可以了!"吕说:"好好好,马上修复!"我才定下心来,立刻给鲍国志发了短信:鲍国志啊,你挽救了"革命"!唉,俺就是这样一个操心的命!

郝堂项目,我有幸认识了和我同样操心的鲍国志,我们共同在修复郝堂的乡村感,什么叫乡村感?就是像农村,是记忆中的村庄。什么是像呢?就是男人要像男人,女人要像女人。

鲍国志认同我对乡村规划的看法,可是也经常干预我的设计。很多时候他说得对,我不是圣人,也会犯错误。有时鲍国志说得不对,如果不严重的话我就不去计较。在我心中,对好朋友,除了接受他们的优点,同样也要能接受他们的缺点。朋友合作不可能尽善尽美,只要不是原则性的问题就无伤大雅。今天的郝堂大局已定,局部的一点小问题已经不是问题。我、鲍国志、大胡子均属于艺术家的性格,仅从外表来说,就看得出几分。

生活中我不修边幅,胡子拉碴,穿衣服是拿到什么就穿什么,做事情超级盲目自信,不是一个适应时代的人。很多人说我是最不靠谱的人,所以我刻了一方印"俗视",送给自己，自以为乐。正是因为我的不适应潮流，恰恰让大家看到了一个另类同时也很有价值的画家。

鲍国志，就更有个性了，我行我素，说话只对事情不对人，经常把村干部弄得吹胡子跺脚。可是人家这么认真图的是什么呢？不就是为了郝堂吗？所以，村干部最终还是笑脸相迎。鲍国志老师尊重物质本身，重点做好活，做自己喜欢的事情，不喜欢的事情给他再多的钱也不做。鲍国志头型极特别，头发不多，前额有一小撮，像荒野上的一棵宝塔松，看上去像是内蒙古人。他做出来的景观与他的一撮毛一样，充满野性之美，让我开颜。

大胡子李开良，农民。2011年我与禹明善在光山县山沟里考察时与他相遇，那时他正在山沟里认真擦洗高脚玻璃杯。一个山沟里的农民独自一人在擦高脚玻璃杯，这个人一定不是等闲之辈。后来我邀请他出山，从此他就成了郝堂建筑作品的操刀人。李开良建房的流程是，我先设计，画一个样子，交给乡建院现场技术工程师李如道，图纸深化由乡建院方洪军来完成。做完了结构与钢筋配量后交给李如道，李如道再给李开良。图交给他，就由不得我，他想的不是赚钱，他做的不是生意，而是纯艺术。他是一个单纯的乡村建造师。他常说的一句话就是，"不给钱也要做好看的，不给钱也要做一流的"。结果在村里留下了大量的欠款的房子，是村民欠大胡子的钱。李开良也越来越没有笑容，大胡子越来越乱了。

李如道，北京绿十字设计师，农民。2007年我们于谷城堰河村相识，2011年7月进入中国乡建院。他是一个地道的农民建筑师，这几年我的几个精品项目都由他全程监理、全程现场管理。从五山堰河村、枝江问安镇到"郝堂·茶人家"，都与李如道分不开。

方洪军，北京绿十字设计师，农民，谷城堰河村人，2011年7月进入中国乡建院。2008年随我赴5·12汶川地震灾后现场，2012年负责南水北调渠首的陶岔村项目，2014年负责中国乡建院孙君工作室。

郝堂村项目是一群"臭味相投"的人在推动，慢慢地几个性格差异的人最终转到同一个平台，做了郝堂村项目。后来我们又做了另一份私活（要瞒着王继军书记）——十堰市郧县樱桃沟村项目，这一次的合作更是放得开了。

关于郝堂村项目，从2011年10月之后，我们与鲍国志轮流到郝堂村，照看着郝堂的项目，怕我们一不注意又被区、镇、村弄出什么幺蛾子。施工队、村、镇三个单位像与我们有仇，只要我们一不留神，村里的建筑、景观就弄得不能见人。我和鲍国志两个人又不能总待在村里，可是区委王继军书记、办事处的苏永华书记还有村干部，巴不得我们天天待在村里，防止活儿做得见不得人。于是我们就轮流坐镇郝堂，这不，这次我走了，鲍国志来了，结果鲍国志就发现4个红砖房差点被弄得见不得人。

这几日，区委要在年前搞一次万名干部进万家活动，区委王继军书记担心出什么差错，又让我与鲍国志同驻，把这万家活动做得干净漂亮。

我经常和村里的曹纪良开玩笑，对于像我们这样操心的人，也不给个名誉村长当当，娶个媳妇不敢要，奖励一个宅基地可以啊，哈哈。

曹不说话，只喝茶。曹纪良是个老江湖。

乡村工作 吃吃喝喝

上午鲍国志赶到信阳，之前我们有约，同往信阳。中午有区委王继军书记为我们接风，禹明善（调到工会任主席）、林业局局长、信阳科技局局长等一行人在新风酒店吃饭，与其说是吃饭，还不如说是王继军交代郝堂新年计划。

席间王继军赠送我与鲍国志各一套由人民出版社出版、王继军主编的《启蒙》系列丛书，书中也有我和李昌平的文章。

下午约苏永华等先到郝堂，沿途交代景观修复，后来又赶到佛山村马德记茶场，主要对茶的选址进行讨论，最后还是决定放到佛灵茶庄的厂场。

晚上村委会请客。无论是中午还是晚上，我始终强调今年的三件事：茶文化培训、餐饮的培训、服务管理的培训。

我之所以强调软件，就是因为五山、问安、临沂、什邡等地无一例外都出现了这方面的问题，而且是很难回避的问题。这些问题我常与陈长春沟通，试图说服他参与乡村运营，可是政府只关心建设，唉！郝堂项目起点高、投入多、专家多、项目资金也适合，亮点也多，定位也明确，今年与明年的参观者、游览者一定会很多。

可是一旦人来了，食、住、行如果依然还是农民自己的那一套，完全没有一点服务的理念和想法，没有管理经验，那么来的人很快就会走掉。村民们没有住过宾馆，没有去过大酒店，没有喝过时尚的咖啡，没有参加过文化沙龙，没有体验过服务与管理是市场机制中的最大商机，所以他们只能按自己的一贯做法来搞，根本谈不上服务。一旦软件跟不上，就会面临失败。这种经验与教训，我遇到的太多太多，常令我扼腕感叹，真的不愿意这种情况再在郝堂出现。

2012年，软件的推动，必须作为第一要务，王继军书记也认同这个道理，并专门派旅游局的一名副局长与陈长春联系。我终于松了一口气，希望郝堂能跨过这一步，虽然这件事很难。不过我对两位村干部——禹明善和苏永华还是不放心。运营比美丽乡村建设难多了，能做好的几乎很少。

于是晚上我们又喝酒、高谈阔论，大有"烹羊宰牛且为乐，会须一饮三百杯"的气势，在年关到来之际开开心心地工作和生活。

生活中，我一般与政府官员、老板离得比较远，我与王继军书记也很少交流，我们只谈工作，除了工作我是不喜欢来往的。对我而言只要把事情做好就可以了。不管官与商之间有多复杂，我一概远离。通常我基本上不与王继军书记打电话，王继军书记打我电话我也很少接。我不仅在郝堂，在任何地方都是这样。文化人要像文化人，有清高与独立的人文情怀。陈寅恪的"独立之精神，自由之思想"感觉是为我写的。我很不喜欢把自己弄得文不文、官不官。

（2012 年 2 月 7 日 信阳）

郝堂村干部检查

年前村书记与主任写检查了，原因是村干部把村小学旧址处的一棵径围为 33 厘米的树给砍了。

2 月 14 日晚上，我、李昌平、禹明善、王莹、封宁以及镇与村干部开会的时候，王继军书记说，如果再看见郝堂砍一棵树，项目就停下来，不做了。

《农民日报》的李海涛私下对我说，"王继军书记是不是太偏执了？"我说："不是太偏执，而是要更偏执。"

五里店这里的几个村，树差不多都砍伐得秃头了，目前七桥、佛山等村禁止烧炭，郝堂好一些。前些日子我们路过罗山董寨鸟类保护区，这里与佛山村一山之隔，很多参天大树，如同原始森林。胡静说："原来郝堂七桥、佛山也有很多大树，那时村里的树木归集体所有，后来把林权归个人了，树就砍完了，真是没有办法。我们怕什么，农村土改就出什么文件。"

现在就是王继军书记拼命保护树木，其实作用也不大。山是个人的，树是自家的，镇与村没有执法权，结果树还是会越来越少。

贫穷不是美德

这是一个近几十年来我一直绕不开的话题。一般人认为，做公益就是做慈善，一定要帮助穷人才为公益。我们一般认为，所谓帮助穷人就是直接把钱与物给他们，这才是最有效的，这也是捐款中大家的共识。这一点，我坚决反对，村干部也反对，镇干部更反对，因为这不是帮助，这是害穷人，他们会一直穷下去，同时也破坏了勤俭致富这种美好的传统。2006 年，我在北京的一个公益活动中提出这个观点，结果被批得"鼻青脸肿"的，从此我再也不敢提了，我只按自己的想法做。

"郝堂·茶人家"项目设定的时候，我们来村里调查，这个村原本经济就较弱，村里（红星组）有 3～4 户（9%～12%）特别穷，用家徒四壁来形容一点也不为过。乡建院的李如道说，这地方太穷了，我们家乡（襄阳谷城县）都根本不会有这样的人家。我们进入村庄，看到老房、土房很美，同时也觉得，这户人家思想保守或者不勤奋（不是绝对，有智障或者天灾人祸）；凡是房子较好的，一般是勤奋人家，同时也比较干净。

邓小平说过，"贫穷不是美德"。乡村干部同样会贫穷，贫穷大多与懒惰有关。贫困人群要得到帮助，前提是自己要勤奋。扶贫不是送钱、送温暖，而是送机会、送方法。当然，这里不针对智障人群和遭遇天灾人祸的人们。

今天的乡村，留下来的有一些懒惰和不勤奋的人，但是乡村的精英与核心人群同样也留在村庄，他们不仅仅是守望，更多的是在播种和等待希望。

以郝堂村为例，村里的干部、生产队长、前任领导大多留在村中，其中优秀的青年和留任的一般村干部，都愿意留在村中工作。这种现象在山东方城镇诸满村、湖北五山镇堰河村都出现过。

乡村建设时期的主要力量，先是核心人物，即村干部，后来是精英人群，再后来是头脑好使的、见过世面的，或者当过老师的这部分人。在郝堂村，明显看出最后随从的是贫穷人群。他们确实穷，希望能跟随进步的群众。这个时候，政府会出台一些政策补助，如学校南边的一家，进村养牛的一家，土墙带草的甘家，二号院，等等。即使是这样，村里沿河边的 3 家依然没有参加红星组的新农村建设。这 3 户人家，一户是外村民组的，一户是做过不好的事的（犯了法的），还有一户是很穷很穷的人家。

通过这几部分人群的状态，可是看出，知识、文化、阅历等与贫富是有一定的内在联系的。如果在乡村，懒惰的人可以得到帮助，不种田的人可以得到中央的粮食补贴，不做事的人可以获得公益资助，那么一个勤劳勇敢的乡村社会格局又怎么能维系呢？公益的精神与价值又在哪里体现呢？这些问题在新农村建设中，我们不能回避，要正视它们的存在与意义。对贫困的人可以政策性帮助，只要公平公正就可以，最好不要直接发钱发物。

我一直坚持，乡村真正应该帮助的人是 70% 的大多数人群，只有这个人群致富了，上能影响到极少数的富裕人群，下能推动最贫困的人群。这就是我一直倡导的"以中间拉两头"的乡村建设理论。

郝堂通过近一年的建设，开始由中层村民推动贫困村民，这些贫穷人群，开始参与村集体建设，打工有收入。我在村做调研，如徐大国家，每月有 1600～2500 元的收入，全年就有近两万元收入，这对贫困户来说就是重要的，这就是通过劳动创造收入，这才叫扶贫。

村民生意

2010 年我们进郝堂村时，只有郝长荣一家小店，现在有 3 家小店，又加了 3 家农家乐，目前还有几家民宿、超市、农家乐在筹备。今天的村民无论建新房或者修旧房，都在想能做点什么。这就非常好，一定要村民动起来，忙起来，不能天天围着麻将桌。

做点什么呢？这是我们面临的问题。全部做生意不可行，种植、养殖、体验、加工、茶社等，乡村只有种田才叫正业。副业代替正业，这叫"歪门斜道"。这些都需要村干部与我们引导和规范，没有正业就不成方圆。

乡村均富、共谋发展是重要的方向。我希望郝堂人不是为做生意而做生意，更不要做成一个为"东亚病夫"提供打麻将环境的新农村，否则那将是我的悲哀。郝堂应该建设成有一种健康的生活状态的乡村。这种状态具有人情味，而不是今天城市中太浓的铜臭味，那是"有钱便是娘"，不好。

村庄色彩

乡村的色彩远远比城市丰富，无论是画家还是摄影师都喜欢把画笔与镜头对准乡村。乡村色彩是自然地经过历史与时间洗刷的，是四季分明的，是人与景物丝丝相扣的。王维"春草年年绿，王孙归不归"，杨万里"接天莲叶无穷碧，映日荷花别样红"，这些是充满人文主义的，想想"停车坐爱枫叶晚，霜叶红于二月花"，这一切的色彩往往会令人心驰神往。

对于郝堂村的色彩我特别小心,因为平桥区政府的执行能力很强,我的色彩错了,执行就错了,这里项目执行速度太快,有时纠正都来不及。

郝堂红星组的建设分为旧村改造、旧房改造、新房建设和自然景观调整,包括对大田与水面色彩关系,公共建筑与功能色彩,环境与人的关系等的调整,以及对新与旧、直与曲、冷与暖、隐与展、动与静、人与景这6个方面的把握,这些都需要专业与经验,有时光用语言说不清。这需要把一个大郝堂当成一幅巨幅画来把握。这种把握又会随着不同的时期、不同的季节、不同的变化产生不同的情感。为什么大清帝国的皇帝前后请了300多位画家来设计圆明园呢?我想是因为他们了解艺术与自然,了解东方社会与人文情怀之间的关系。正是因为这样,圆明园才会让后人汗颜。

从宏观来说,在郝堂做茶,色彩需要宁静、干净、沉稳,所以80%的建筑用灰砖,保持原有旧房墙面;从自然环境来说,保全乡村四季分明的色彩,砍去城市名贵树种与外来树种。整个郝堂(红星组)的景观没有一棵树是外来树种,绝大多数取自附近山上和田间地头,这样的景观维护成本很低,四季变化常常会有出人意料之美。关键是鸟类与地下的微生物群种有了它们自己的家,只有它们"安居乐业"了,我们人类才可以安家立业。

所有房子屋顶,全部用小黑瓦,包括旧房改造。有一些村民要用蓝瓦、红瓦,还有的村民想用绿瓦,我一概不准,并努力说服他们。这个村由于村干部的领导力较强,村民一般会按照我们的设计图和要求建房。

我设计了一个廊桥,把水位提高,让水环绕红星组。现在看到的郝堂水源充沛。这里的水不用花钱买,水多的村庄,一般比较干净。北方人不太注意卫生,与缺水有直接关系。

我运用水系,种植荷花,花、水、灰色、黑瓦这些元素与环境,会让这里的村民慢慢灌洗心灵。环境可以改变人,就像我们回到家里,不会乱扔垃圾,到了漂亮商场不会随手丢东西,进了五星级酒店自然不能随地吐痰。一个村也是如此,好的环境、美的视角、和谐的四季,会让本村的人珍惜和爱护,村民在这样的环境中,因为得到外来的赞扬,再加上自己的亲身感受,会更加爱护自己的家园,从而引起村民生活方式的改变。我是希望这样的环境下,村民们不再砍树,用3~5年的时间,将五里店变成一片绿洲。

村庄里建了一所老年活动中心,这是唯一一座白色的建筑,老年人视力不好,晚年心情灰暗,故在色彩上尽量明亮一些。我们把位置选在村里景观最好的地方,三面环水,也是希望美丽的环境能让老人们晚年更美好一些。这也是尽我们心中的一份孝道。

学校的色彩在灰与白之间，体现典雅与人文。幼儿园的柱子是彩色的。学校新址选择在高台上，让孩子们能看到五彩的乡村，也寓意孩子们能看得更高、更远。我一直认为我是画家，我在画画，在画一个美丽的郝堂，希望把郝堂画得如痴如醉，如梦如诗，没有想到真的做到了。

茶坛与茶生活

文化人总喜欢做一些有价值的事情，尤其是画家，更是想捣鼓一点新鲜事。在茶乡做艺术，有一天终于做到茶的根源——信阳茶坛。

唐代：淮南茶，中国最北茶区。陆羽在《茶经》中记载："淮南茶，光州上，义阳郡、舒州次，寿州下，蕲州、黄州又下。"义阳，即信阳。

1915年，信阳县所生产的毛尖在巴拿马万国博览会获得金奖。1959年，信阳毛尖被评为中国十大名茶之一。

农历壬辰年二月初九，上午9时，信阳茶坛正式祭基，坛上刻志铭"信阳茶坛"，信阳茶厂马德记出资，孙君设计，康颜为筑，选址佛山村，以祭茶圣，2012年记。

这次撰文，我可小心了，字要少，不要有政府官员名字，要考虑到历史感。

记得湖北谷城田河村五山茶坛记事中，因为有2004年时任党委书记和镇长的名字，后任领导非议太多，终于在2010年被后任官员拆除换上茶坛两字，才得以安宁。

中国人说文化，一定要与历史对接，历史又要与建筑相连，两者之间还要有人辅佐，让历史明正。"郝堂·茶人家"走的就是这条路，一边做郝堂的辅佐，一边做茶与陆羽的名正，还要做茶坛血统之正。

历史不可篡改，文化可以塑造，信阳茶历史悠久，品质上乘。可是当我来到信阳，看到这里的环境与文化还是禁不住有些失望。

所谓茶都，唯一的评判标准就是老百姓和官员的生活中有喝茶、品茶的儒雅的习惯。

不好的话还是少说，不然信阳人会骂我。

信阳平桥区的马德记，是信阳的茶人，喜茶、爱茶，更爱他的家乡。我来信阳近一年，与其论茶道艺，终于在2012年捣鼓出一件信阳大事，即成立信阳茶坛。

让信阳茶有根有据，还有形有名，乐哉！

郝堂在变，是各个生活层面在变，也是审美在变，在一点点地变得更美更好。历经近一年时间，着实不易。当一个人的行为与审美形成一定的生活模式之后，是很难改造的。面对今天的农民与某些政府官员陈旧落后的观念，我们需要从很多细节处渐渐渗透，潜移默化。

  一是政府官员负责的工程，在质量上，渐渐得到村民（包括村干部）认同；二是在村里修建公共服务的机构（学校、养老中心、垃圾分类场地、大银杏树环境）；三是村庄整体在适度中进行建造，如改造旧房，建造新房，帮助贫困村民等，这些举措已经明显发生作用；四是政府、村干部观念转变，村民一定会变，这就是我常说的还权于村两委的意义。

  2011年8月，当时村民认为我设计的房子施工费太贵，工程质量要求太高，觉得修不起，于是很多村民不愿意修建。大半年之后，变成了很多村民自觉要建，一直在等李开良的工程队干活儿，一般工程队建房报价为每平方米750～850元，而李开良报价1200元（含政府每平方米补助130元，指旧房改造）。李开良的价格高，可是大家都愿意选李开良的工程队，居然不愿意要750元的工程队。

  终于，郝堂村的建筑从火柴盒、瓷砖房转入具有新型设计的豫南民居的房子。目前七桥村、佛山村也开始学习郝堂村的房子设计样式，包括对旧房的保护与改造。郝堂项目开始产生社会效用，五里店的乡村文化渐渐回归，看到这些变化我们最是欣慰。

  郝堂人醒了，关键是官员醒了。

  文明生活从垃圾分类开始，郝堂人开始认同对村里的垃圾进行分类，而不是将垃圾填埋或乱扔。这源于如下几个方面。

  一是村民荣誉感。近一年中，村民外来远亲的赞扬，在外打工回家的孩子的惊艳，还有自己生活舒适度的改观，等等，渐渐让村民们开始养成早上打扫门前院子，晚上收拾门前生活与生产工具的习惯，同时还习惯了把垃圾扔到垃圾桶里。这些方式的转变，看上去是很小的微不足道的事情，可是对于社会来说，就是天大的事。

  小小的垃圾，让北京、上海等全国所有的城市都极为头疼，垃圾包围城市，侵占良田，污染地下水，严重影响垃圾场周围农民的健康。农民与郊区社区坚决不再卖地给政府填埋垃圾了，政府只能选择燃烧垃圾，其实燃烧的都是资源。

  二是生活的改变。资源的分类，在近一年中影响了郝堂人，再加上新房建筑之美，旧房的历史伤残之美，景观的田园之美，还有政府工程的规范与严谨，这些美好的印象一点点地融入村民的生活中，这哪里还是小事呢？！

  是文化也是文明，文化与文明一定是通过生活方式来完成的，是通过绝大多数普通人来完成的，而不是用文件与口号。

  三是乡村营造的内涵。中国的乡村从来都是自然成长的，在这个过程中，营造伴随着村民的生活、生产和习惯。村庄有约定俗成的村规与民约，有上级政府的法规，还有宗教与家族的训言，这是一套具有中国式的自下而上对接的乡村文化。

在这种大环境下逐步形成的村庄，麻雀虽小五脏俱全。这也是有些传统的乡村很美，而新建的农村总是让人感觉不美的原因之一。新农村缺少了什么呢？我觉得，缺失的是对传统文化的继承，而多余的，却正是对乡村文明与传统文化的破坏。

社会在快速发展，人们的观念也受其影响。在什么都要快的时代，慢就变得有价值，慢也是城市文明快的前提，有慢才能快，慢变成今天都市人的追求，于是人们渐渐地感受到农耕文明中的文明所在。这就是乡村的价值。我们一直忽略了节奏比城市慢的乡村的意义，慢在中国是文明，是生态，更是农耕文明的根。

乡村规划自2006年新农村建设开始，大举进入乡村，这本是好事，但做的却是坏事。新农村建设，城乡一体化，现在又提出建设新型农村社区，快是问题之根。

建设一个新村只用2～3年就要完成，很多农民被安置到新房或者上楼，除了房子，家里一贫如洗。原有的菜园、家禽还能补贴生活，现在没有了，还面临着水、电、煤气、物业费等高昂的城市消费。这让农民压力越来越大。这种现象甚至让扶贫基金会都产生误解。前几日我与基金会领导到5·12地震灾区重建的社区找贫困人群，县领导把我们领到眼前的小区说："这个小区很贫穷。"基金会的领导说："他们都住上了这么豪华的小区与高楼，我们还扶什么贫啊？"

我们在规划新村的外表，却并没有营造一个真实的村庄。

在乡村营造或者新农村建设中，我们是为哪类人群服务？这是郝堂项目定位的关键。平桥区政府非常明确地提出了服务民生大众的目标，为中等及贫困人群营造一个适合居住的新农村。

我们要拒绝城市规划中的贵族化、景区化和城市化，乡村营造要吸取教训，明确为大众服务、为生活与生产服务、为农民服务的宗旨和方向。

郝堂村的乡村营造始终应遵循如下原则：一是村庄，二是茶文化，三是生态平衡，四是文化修复，五是常态下的经济发展模式。

3月28日，我与鲍国志商议，随着政府与村民的投入越大，村庄的旧房越来越少，乡村感越来越少，对于这一点我开始与村干部和区、镇干部交流，目前我感觉不是改造旧房子，而是怎么保护旧房子（包括瓷砖房）。同时景观开始向农民菜园过渡，向野性化过渡。农民不一定要会照顾景观，可是一定要会把菜园弄得很干净，一定要让菜园四季常绿。在便于农民生活与生产的前提下，这种绿可以营造一个有生命力的郝堂村，是村民的郝堂村而不是我们（专家和领导）的郝堂村。

"郝堂·茶人家"项目：重点在家、在茶、在菜园，用家与茶来演绎农民的茶文化，让这种文化成为常态下的生活，而不是表演。很多地方把表演、大型演出、博物馆、茶道称为文化，这不对，这只是一种文化表现形式，而不是生活的过程。没有过程（柴、米、油、盐、酱、醋、茶）的文化是流行文化，流行的是暂时的，是稍纵即逝的。

建设新的郝堂需要用心营造，更需要真实的生活。一个好的规划完全有可能激活一个好的产业。湖北五山镇堰河村、成都遵道镇秦家坎等都做到了。对郝堂的规划就是在营造一个鲜活的、有温度的、有规矩的，重要的是农民支持并积极参与的，同时又有一定责任与义务的郝堂村。

郝堂的佛

郝堂村在最早规划80亩荷花田时，就在荷花田中设计了一座观音像。今天村干部、苏永华在忙着布置观音像。村干部对佛像的事特别重视，不停地与我沟通。他们选了两尊佛像，一尊是观音，一尊是佛祖。

荷花池中有了观音像，就有了一种不一样的感觉，似乎有了主题，有了一种圣洁的感觉，有了一个更广阔的想象空间。在一片红花绿叶中，有一座洁白的观音像，若近若远，若即若离。这就是文化，这就是茶的感觉，这就是灵性。我曾借杨万里的一首诗进行创改，以表我对郝堂村荷与佛的感受："毕竟郝堂六月中，佛光不与四季同。接天莲叶无穷碧，映日荷花别样红"。

从第一次到郝堂村，我就在想何时能修复昭庆禅院，时间一晃过去了快一年，而真正建筑的时间也有10个月。我想一定要在村里留下一些与宗教相关的东西。因为文化与家教是人与动物的区别，为什么狮子老虎不修庙筑祠呢？

这是因为在没有文化、充满愚昧的地方或年代，最好的方法是用宗教来拯救文明。宗教会让那些又穷、又脏、又不讲理的人有所在意，满怀敬畏，让每一个人只要进入郝堂就如同进入佛的视角，让他们的心与佛同在。这种关系表面上看不到作用，可是时间长了，就会有一种意想不到的作用。

有人说要做一尊大佛，我说，佛不在于大，在于有灵。爱不在于多，在于用心。文化不在于贵，在于美。今天人们不管做什么都图高大上，喜欢争世界第一，上吉尼斯世界纪录，这有用吗？郝堂村要的就是农民最简单的生活美。

近期马德记的茶坛、陆习的圣堂，以及今天郝堂观音莲花像，已经一一进入施工阶段，我想昭庆禅院也很快就会复建了。

我在修建村委会的时候，也是按寺庙的感觉修复的。在新建的民宅中，我帮每一户村民都修复了佛龛。这个计划从一开始就很明确。我想，到2012年郝堂的茶文化与佛文化融为一体，那时的茶可能就有了真正的内涵。目前村干部渐渐地对精神层面的事情不反感了，不管他们是有意还是无意，总之，他们渐渐地接受了。

村干部无论谈什么都说没有钱，可是修观音像的时候他们从不说没有钱，还说要修大一点的、好一点的，看来乡村干部对民俗与神的事很重视，能力不可小觑。

关于乡村工作，我一直在想，农村中农民对什么有兴趣呢？我看，农民只对"天地君亲师"有兴趣。天是玉皇大帝；地是土地爷、地藏王；君是皇帝，亲是宗亲，是孝悌仁义；师是教育、文化。这是农民感兴趣的事。我们的工作就是要围绕着他们感兴趣的事，这样才能得到农民的支持，这样才叫顺势而为。

（2012年4月12日写于空中）

2012年4月20日，谷雨

郝堂小学是我设计的作品，也是我喜欢的作品之一。一是色彩好，灰白两色，厚重时尚；二是学校位置好，凭水临水，上风上水；三是建筑风格好，兼具传统和现代之雅美；四是功能性和实用性好，不仅仅是孩子们读书的地方，还是鸟儿的家园。

学校从2011年八九月份开始建设，目前大概已有框架了，近日关于学校大门开在哪里，很让我伤脑筋。

前些日子，区委王继军书记说，现在学校大门的位置不好，大门前有民房挡着，学校出口还要拐个弯，是否考虑让这户农民搬迁。我笑着说："您也信'风水'？"王书记愣了一会说："做农民工作，不信的话，农民怎么会信你呢？"后又补了一句："学校是大事，村民应该能理解。"

后来苏永华与村干部上门去做这户人家的工作，比较难，不过最后还是做通了，这户人家同意搬到学校操场下面东南角。我说这个地方不行，这个地方太显眼也太重要，会破坏规划的整体性。镇、村干部说："那怎么办？再选地方？"

沉默了几天，村干部找了3个本地"风水"先生看了地方，也请施工的李开良看了，大家都选择了同一个地方建大门。胡静村长给我打电话说，大门方向在幼儿园与教学楼之间，这时我在北京，她说的大致方向我是清楚的，我想了一下说："好。"

好在当时选的学校大门位置还不错。其实大门开在哪里都没有问题，只要方便顺眼就行。关键是顺民意，政府出钱就可以。

在郝堂村有不少很穷的人家，他们每一次建新房时，都请"风水"先生，可是他们还是穷，没有改变。只有勤劳、诚信，"风水"才有价值。在我看来，"风水"先生挽救不了贫穷的人。看"风水"只是出于人们惯性的心理因素，给需要的人一种心灵慰藉。所以我可以接受。

这次来郝堂，区教委局长、苏永华都在学校工地上，曹纪良和胡静紧随其后。我们一起来到建设中的学校，我问胡静："'风水'先生选这里（大门）的理由是什么？"

胡静说，学校选址不错，两条冲（山沟）如两条龙，山水汇集在中间，有靠山，左青龙右白虎。关键是"风水"先生问学校的大印（公章）在哪里。"风水"先生说，大印如同权力，大印在哪里，大门就应该在哪里。

啊？我一听就没有话讲了。郝堂小学的门修在哪里都行，只要年轻人回来，儿孙能陪伴老人，这个门就是幸福之门。

最后大门就修在这里，我可不敢改了。

2012 年 5 月 4 日

今晚叶榄在信阳参加团市委群英会，叶榄来电话说："晚上会餐剩下很多饭菜，我想给你留着明天早上吃，怎么样？"我一听差点晕倒，又假装镇定地问："那怎么拿到呢？"叶榄说："明天团市委书记要到郝堂来，我让他把剩下的饭菜给你带过去。"我勉强说："好吧。"他在电话里说："老兄你还为我的《绿色餐桌》这本书题了字，设计了封面，你也是倡导绿色环保理念的人啊！"他的意思是既然倡导环保，那就应该把剩饭剩菜给吃了。唉！等我反应过来，我暗暗地想："不想浪费你就自己吃啊，凭什么要我吃啊？"

第二天早上我匆匆忙忙赶到郝堂，先开完"郝堂·茶人家"项目 2012 年第一次协调会。会上主要对当前郝堂项目进行扫尾。

（1）沿河曲弓坝、琴桥（加宽）、七桥洗衣堰尚未开工，需要尽量协调。

（2）新修的震雷山路的护坝。

（3）学校会堂、图书馆、茶社、厕所等建筑要完善，尤其是施工管理要加强。

（4）进村口两处要有标识，我已设计得差不多。

（5）村里露土太多，施工现场太乱，绿植面积不够。

（6）茶馆工程因为没有钱，停下来了，要尽快解决。

（7）村里原定的秋千（增加孩子们嬉闹、玩耍的元素）。

（8）旅游管理、介绍、服务跟不上，需要系统培训，有整本概念，软件。

（9）进入马德记茶坛的沿途的景观、垃圾、民房改造要推进，红星组旧房改造太多了，感觉改造有点过。

(10) 张玉珩将军的旧居选址。

(11) 目前，不能再改造旧房，应该保留一些旧房，群众不愿意就不改了。这个村才生动，有层次和对比美。

(12) 中国乡建院换地址。

匆匆开完会，我问叶榄，"现在快十点了，绿色剩餐什么时候到啊？！"叶榄回复说，"快了，在路上"。

我又回到三号院。守着小院，望着南山，看着一群一群的人从小院前走过，唯独不见"剩餐"。唉！这时已经过了十一点，肚子饿得咕咕叫，叶榄啊叶榄，原以为这是"绿色圣餐"，这会儿快到了午饭时间，"圣餐"真的要变成"剩餐"了。

到了11：40，叶榄、涂建歌等来了。这时，村里已经准备好了午饭。我们一群人来到村里，桌子上两个大洗脸盆，一个盛着荤菜，一个盛着豆腐。我饿坏了，一顿风卷残云般狂吃，吃完拍着肚子满意地说："饱了！"

这时叶榄拎着昨晚会餐的剩饭菜对我说："饭菜还给你留着，不好意思，晚上吃吧！"啊！我算是服了叶榄了！盯着他高高举着的"绿色大餐"，我愤愤不平地想："哼！剩了你不吃，让我吃，什么兄弟啊！"

2012年5月6日　郝堂不能过度干预

目前，郝堂全力以赴进行旧房改造。因为推动速度过快，村里的几户穷困人家心态开始不正常了。原来说好贫困户改一户旧房，政府找到各局、各委争取帮扶资金，每户给予2万~3万元补助。这本是好事，可是这些村民见政府在强劲推动，就要挟村干部说："我们不修了，要修全部由你们出钱，我们没有钱"。这种不正常风气开始抬了头。

比如朱明刚、甘如生以及朱明刚紧邻的正在建的一户，还有医生对面的一户，以及进村小卖部那一户，等等。

这些情况既正常，又不正常。正常的是，这是人之常情，政府的钱不要白不要；不正常的是，老实人总是吃亏，渐渐地风气养坏了，人们心态就不平衡了。

这时项目就不能再快速推动，硬推就意味着要接受这些少数村民的无理要求。这时村干部感到有些为难，但又不敢直接与王继军书记说。我与苏永华、村干部一直在讨论这些事情，我跟王继军书记和禹明善说过，有时王继军书记也听不进去，这时候我们就让禹明善去做工作，以前王继军书记还是能听进禹明善的话的，现在也不易听进去。

郝堂村此时投入资金比较大，有政府项目资金，有社会捐助资金，还有郝堂村的内置金融、村庄自有资金等。村里的项目资金有4条腿，可村民使用最多的还是政府的贴息贷款，也就是农民贷款不用付利息。旧房改造还有政府对每户 3 万~4 万元的政策性补助，内置金融此时就显得微不足道了。农民也自然会要无利息的贷款。我相信内置金融的价值应该体现在政府支持项目结束以后，到时候就能发挥作用了。

有时我并不坚持，也称赞王继军书记的强劲推进，比如养牛户朱明刚家、郝长华家（旧房改造）、最穷户李长兵家等，这些房子是危房，他们也实在没有能力建房，这就需要政府帮忙。他们穷，没有钱。有的村民还精神不太正常，可是总不能让他们一直穷下去，一直住危房吧。所以，我的思想有时又站在王继军书记这边。其实，乡村的问题有时是方法的问题，政府不要过度干预，如果顺势而为，就能呈现出一个好的乡村。

能力有限　不做郝堂

老孙：

昨天电话想必与王继军让叶榄给你捎话有关。王对你有意见，他希望你把精力集中在郝堂，他说他已经给你表达过三次了。在他看来，他认的是你和北京绿十字的合作，去年为了让你集中精力在郝堂，你也知道按照你的要求给了北京绿十字三个项目的资金，平桥之所以到今天迟迟不跟你签协议，还是因为他们认为你在这里待的时间太短，一是他不便给下面的人安排，二是从行动上认为你今年不愿意在郝堂搞了，三是没有协议上规定的成果，如村庄规划等，至今没有提交甲方。

我知道你的难处，但你得单独跟王继军沟通，把从北京绿十字到乡建院的原委说清楚，让王尽可能地理解你，但无论如何，得保证在郝堂的时间，这一点老王很坚持。我们在一个地方做项目，各路精通，开始说很好，人家非常相信，尤其是老孙，你非常具备这方面的感召力。但是实际上，我们未必能很轻松地实现我们承诺的美轮美奂的目标。

往往到项目实施后，项目离不开你老孙，甚至演化到后期双方的抱怨，或者拔不掉腿，淅川项目是否要注意这点？

郝堂不同于其他地方之处是王只认你老孙，不认其他人。你得尽快跟王继军沟通，这样对乡建院也好。

以上是 2012 年 5 月 10 日 13：54 禹明善发给我的短信，我看了，没有回复。其实在合作过程中是有一些问题，近期南水北调淅川项目的全域规划设计，牵涉了我不少时间，我与李昌平筹建乡建院，以规避以前我项目中的不足。目前我的时间与精力要百分之百地投入郝堂村，我做不到。这种事很简单，做不到就可以不合作，我们可能还是盟友。但再这样下去，大家盟友都做不成。不满意就不合作了。

郝堂项目做到今天，无论过程还是结果，都谈不上美轮美奂，可是已经超出了我们合作项目书的内容，郝堂已经成为信阳新农村的重要标杆，同时一定会成为河南省的重要示范点。仅仅凭这一点，北京绿十字就没有食言。重要的是看结果。每一个项目到了后期，负责人都必须离开。无论是北京绿十字还是我孙君，离不开是错误的。地球村（北京延庆县碓臼石村）项目没离开就失败了。我们在问安镇、五山镇、5·12地震旧址等地同样确定了北京绿十字合作定位的3个阶段。第一个阶段6~8个月，为深度参与；第二阶段3~5个月，为若即若离；第三个阶段6~9个月，为离开项目点，自己成长，自己思考自己的未来。这个过程很痛苦，项目点痛苦，我也痛苦。我们与平桥政府的协议是两年，已经过去了一年3个月，正处在若即若离的过程，在未来的日子参与时间会更少。未来一段时间是北京绿十字最忙的日子，忙什么？忙一年多的工作总结，成功与失误，经验与方法，评估与结束成果，这部分内容是北京绿十字极为重视的。

政府要的是示范与政绩，村民要的是致富与实惠，而非政府组织（北京绿十字）要的是什么呢？就是经验与方法。

郝堂村本身就很美，本身就不需要过度规划，对于这种具有城市商业性又具有破坏性的规划我是痛恨的。乡村只需要修复，即使说的规划，也是按村干部说的做规划，半年前就完成了，不愿示众，因为我真的怕专家与我吵架啊。在我心中今天真正能懂中国乡村规划的人几乎就没有，坐在台下的人都是外行，凭什么我们设计让他们评审？所以我们不做，做也不给他们看，他们没有资格。

谈到规划成果的时候，政府一直不了解规划的目的和规划的目标究竟是什么。把目标变成现实，算不算规划？难道那些不能落地的规划书（成果）才叫规划？我现在所做的规划与设计的任务是原计划规划内容的十倍还要多，怎么就没有人说要追加一点设计费呢？难道支付一年75万元的设计费让政府感觉吃亏？

原协议中有很多内容并没有提到，比如新学校，养老中心，一、二、三号院，十几个桥与坝，村委会，昭庆茶社，进村景观，30亩茶体验区，污水处理池等。北京绿十字因为是公益组织，就没有去计较这些。郝堂项目内容已经超出了合作的目标与范围，我一直没有计较，平桥区不能把我当傻子，生活中谁比谁傻？只是我不说而已。郝堂能做成今天的这个样子，难道还不是成果吗？难道规划书比事实更有意义吗？在这之前我就说过，我不做规划，我做的是郝堂村。

对郝堂项目，我是倾心倾力而为，这个项目也是我案例中的最后一个项目，我会亲自记录（原说好由合作单位或者政府负责记录），我会亲自把握每一个细节，每一张图纸，包括郝堂的建筑与村庄定位，等等。我目前开始对曹湾等另几个村民组的建筑进行定位，同时也开始对佛山村的茶文化建筑进行定位，这些工作我已经开始着手。"郝堂·茶人家"不是小项目，是我一生中的大项目，也是我的一个梦想。

再说北京绿十字面对的是全国各地的乡村建设，不可能为郝堂一个项目所专用。现在在郝堂的时间已经远远超过我们所签订的合同上写道的。我收到禹明善的短信后，有一些失落，我如此执着，如此付出，竟然得到的是政府对我们的不满，或者说是我孙君食言。

这真让我寒心。

后来，我给禹明善回短信：

麻烦转告王继军书记，我不做郝堂项目了，这半年项目资金也不要了，对不起了。从春节到今天，一个月去两次，多到三次，更多的时间（要求）我做不到，因为我有我的工作方法与原则。我一直想把郝堂作为精品之作，我是全力以赴，可惜我能力有限，你们要的规划已经完成，近日给你，虽不做专家评审，我把村都做成这个样子了，规划书还有意义吗？再次向老三表示歉意，我不做了！

北京绿十字孙君，2012年5月10日

5月12日上午，平桥区委党校校长涂为群来电话请我给王继军书记回电话，我没回。后来王继军书记又来电话，我没接，我回短信说："一会儿再回，因为我在襄阳南漳山（漫云村）里，信号不好，等晚上出山后，再给你电话。"

后来我给王继军回了短信："我生气了，禹明善的短信让我很生气，我到山里散散心。已关机。"

我不愿意做了，不开心又不赚钱的事，还让我生气，太不值了。再说不做与王继军和禹明善还是朋友，再做下去，大家连朋友都做不成了。

晚上，我在与湖北鄂西旅游度假生态园徐主任、钟祥市潘选清副市长、客店镇书记及镇长等人聊天的时候，王继军来电话了。

王继军问我："为什么总不给我来电？"我说："生气了，我能力有限，好像做得不好，你不满意，所以我也就不做了。"王继军说："我哪有不满意，我只是有点着急，总希望你多待在郝堂。我认可你的理念，我认同北京绿十字，我们一定合作下去！"

我们又沟通了一会儿，后来挂了电话。

其实，我是真的不想做了，一是郝堂已经大概成型，北京绿十字已经基本完成了目标，不做是可以的；二是项目到了这个时候，北京绿十字也该退出了；三是不少朋友提醒我，河南信阳人的项目最好早点结束，因为信阳人容易变（对于这一点我不信，全国哪儿的人都一样，好与坏只是相对而言。主要是时间有限，郝堂太占用我的时间）。

在这个过程中，让我最珍惜的就是王继军的思想与务实，我在全国做了十几年的乡村工作，遇到王继军这样的政府官员，是第一次，也可能是最后一次。

关于郝堂项目，因为我与王继军思想与理念的相同，我还是坚持再做吧。

晚上与湖北省发改委的徐新桥主任吃饭，他们谈到可能要去郝堂参观，我就给村主任胡静、镇长苏永华发了短信："近日参观人多，一定要把垃圾池弄一下。"胡静回复说，"好"，又问我近日在哪里，怎么不来了。我停了一下，有意回答，近日与王继军书记吵架了，近期可能不去了。

一般来说，我在乡村做项目，与基层的矛盾是不会与别人说的，这也是原则。这次我感觉到村干部对我与王继军书记好像有些看法，因为近期王继军书记抓得太紧，村干部压力大，也有一些怨言，只是不敢说而已，毕竟王继军书记是为了村的发展。

我不知道胡静看了短信后是什么反应，我在静静地等着，我不仅在等胡静，同时还在等另外一个人的短信，禹明善。我给禹明善回复不再做郝堂项目了，禹明善没有反应，按照常理禹明善会说，"为什么不做啊，有意见可以再交流啊"，类似这样的话或者客气话。4天过去了，禹明善一直都没有回应。

约5分钟后胡静回了短信："王继军书记太固执了，没办法，可能是他太急了，上次来村也发火了，说我们不操心，可他是个为人民办事的好书记，不然我也不会拼命地干，从没有休息过。您不要生气，我们一起再努力吧！"

读完这个短信，我从心里笑了，不仅仅是我，王继军书记也会笑，有问题是正常的，用禹明善的话说，"多沟通吧"。

2012年5月16日 贵州草海

2012年6月11日

9日至11日，两天半的时间内我与王继军书记见了三次面。主要工作是有关郝堂村房屋改造设计、茶体验区定位、村委会的改造，以及沈战国先生要建的昭庆禅院等。

这期间设计的图纸和工作内容如下：

(1) 村委会大门改造，含三边房子。

(2) 村民（甘）柴门设计（原稿丢了）。

(3) 学校礼堂由区教育局建设，修改图纸，原内两层150cm，现在改为260cm一层。

(4) 村里旧红砖房（7016客栈）修改（常年无人居住）。

（5）财政局徐局长负责乡村银行定位，功能修改，原民定现在改为办公，门向由风水先生定位，11日凌晨4点多为吉日放炮。

（6）原停车场占水稻田太多，极为可惜，现在调到一块林地，很好。王继军书记希望由马德记负责，统一配一些建设用地做补偿，约25亩，可停60~80辆车。

（7）文化局二号院的设计，已经交给三号院负责人苏永华。

（8）审核原小学改造方案，梁军为夏敏设计的方案很好，只对围墙调低了一点，建设增加一些住宿，车道改为后门过院。

（9）学校内大路、承重路的设计，水泥路要求有一些变化，要随坡随地而修。

（10）与村民讨论郝堂村品牌问题、经济问题，与孙晓阳讨论2012年郝堂工作计划。

（11）接受廖星臣4小时专访，为《把农村建设得更像农村》做素材。

（12）关于平桥政府与北京绿十字签协议不是签新协议，而是合同时间内的延续。另外，我与禹明善不可能左右王继军。关键是现在北京绿十字孙晓阳又不愿再做，感觉2012年以后郝堂村会很复杂。主要是领导与专家"指点汇山"的越来越多了。

（13）修改成都设计公司小云发淅川乡村精品图，西（豫北）建设。

（14）12日上午，招商集团基金会黄奕电话会议，讨论毕节市威宁县菓海项目，这是国家级扶贫县，也是胡锦涛总书记关注的扶贫项目。12日下午，完善南水北调九重镇陶岔村的设计。

（15）2012年北京绿十字工作（孙晓阳提议工作计划——郝堂）如下：

① 出版《郝堂·茶人家》（文字篇）：王佛全。

② 旧农村与新农村魅力：孙晓阳。

③ 《手绘郝堂——把艺术还给农民》：中国轻工业出版社出版。

④ 《乡村营造——郝堂村》（摄影片）：王佛全。

⑤ 评估2011年到2012年郝堂：北师大。

⑥ 规划的编辑与整理：孙晓阳、荣老师。

⑦ 把农村建设得更像农村：廖星臣。

⑧ 郝堂记事——历史资料：王佛全、孙君。

⑨ 2012年南都NGO培训计划：荣老师、王玲。

⑩ 郝堂饮食培训：美食家丁华忠。

⑪ 郝堂茶文化培训：马德记、梁燕。

⑫ 中国轻工业出版社对郝堂考察，制订2012年出版计划。

⑬ 2012年10月，北京绿十字专家+媒体+志愿者之行项目做结束前准备。

⑭ 2013年1月20日，举办项目座谈。

⑮ 北京绿十字十年理论与思想：孙晓阳、孙君。

北京绿十字近期的工作越来越多，规划与设计也越来越多：茶区计划第一个落地的是佛山村（马德记），第二个建筑是乡村图书馆，第三个建筑是3个村民的房子。这个区域的开工标志着郝堂的产业将正式进入实质性的阶段。这里还有另一个项目，就是老学校的改造，这是一个百分之百的市场化，又是标准化的青年国际性酒店。这一步对郝堂也是实质性的提升。

郝堂的另两个项目也渐渐地形成，一是马德记的茶坛，这是"郝堂·茶人家"标志性的建筑文化；二是目前民政局邹局长、吴局长正在筹建的村养老活动中心。这两个区域非村范围的经营，所有在管理与运营上的工作可以弥补村干部的不足，也推动了李昌平一直在说的乡村养老。

郝堂另一件事就是关于"庙"的改建，这件事依然不知道何时落地。

谢英俊的旱厕

我与台湾著名设计师谢英俊早在2004年就认识了，那时他也刚刚踏入内地，与"三农"专家温铁军合作，在河北定县翟城村晏阳初乡建学院建旱厕与生态屋。

旱厕也称尿便分离（以下称旱厕），最重要的特点就是尿、便分离，是根据人体的生理特点设计的，小便向前，大便垂直。

旱厕的另一个特点就是房子的设计采用本地的建筑材料：土、石头、树枝、芦苇、旧材料等。因为有了设计，就显得不同凡响，有品位。

粪便之所以臭，有苍蝇，关键是便与尿混在一起，如果尿、便分离开，那就好多了。

我也是第一次接触这样的概念。正巧我到翟城讲课，就参与了中国第一次旱厕的建设，也详细地记录了旱厕的图纸与设计原理，并参与了设计。

旱厕，顾名思义，就是在没有水或者缺水的地点所需要的厕所。河北定县翟城村就是非常缺少雨水的地方。

旱厕方便简单，环保省钱，用当下的语言来说，就是非常低碳生态。旱厕是生态与环保的代名词，使用时不用水冲，而是便后用粉土撒一下后盖上便口。因为是本地建筑材料，通透性极好，没有味道。旱厕不一定在缺少雨水的地方修建，在中国环保组织（NGO）的推动下，旱厕很快在中国延伸，尤其是2008年5·12汶川地震后，旱厕以最快捷的速度在5·12地震灾民区普及，功不可没。

任何一件新鲜事物要为人们所接受都有一个极为艰难的过程，即便是近9年过去了，谢老师的旱厕也还是遭到了众多人的质疑。

郝堂小学的旱厕（尿便分离）

"郝堂·茶人家"是我亲自规划设计的项目，并得到李昌平、孙晓阳、谢英俊、翁永凯、陶良金、李开良等人的鼎力支持。2005年，我在河北定县与谢英俊相遇，我喜欢他身体力行的作风，更喜欢这种带有乡土味的台湾设计师。那次相逢之后，我就下决心，一定要与谢老师合作一次。这次郝堂项目的实施，我不会放过与其合作的机会。

修建旱厕就是在李昌平的力邀下，又在区委书记王继军与禹明善的支持下开始了。但是受到村民建筑队、村、镇干部和学校、教委的怀疑，幸好有区领导的支持，项目很快实施。

到了后期收尾阶段，9月1日孩子们开学，旱厕就投入使用。因为是建在学校，所以就显得更重要了。开学后，孩子们就要用啊，那可不是小事，今天就是8月12日了，话说着就到了开学的日子。

对于这样的旱厕，更为重要的问题就是长期的维护与保洁，这也是制约旱厕推广的原因之一。我说："这不是问题，不就是维护吗？"

40年前，中国绝大多数城市的厕所是粪坑式的公共厕所。改革开放以后，厕所逐步进入每一户，又逐步改为卫生间，后来又改为洗手间，近十几年又改为化妆间。我们可以设想，40年前，在厕所里化妆该是什么样的情形，简直不可思议。这就是人的观念发生了改变。

今天的乡村，如同40年前的城市一样，也面临着一次理念的变革。农民依然感觉在房间里上厕所不干净，有一些农民家里有卫生间，只用来小便，大便依然在室外的粪坑。

我比较认同谢老师的尿便分离，反对城市里把粪便当污水处理，粪便是土地的肥料，自古粪便是还田的。

郝堂小学旱厕项目，就是对当下的"三农"问题进行反思的试验，绝大多数子项目不为常人所接受，比如我们提出的口号，"把农村建设得更像农村""建设新农村先建设新金融""财力有限，民力无限"，等等。

郝堂旱厕就是在这样一个背景下引入的。可是目前所面临的问题还真的是大问题，这些问题从5月份建设的初期到现在一直在被议论着。

近几日听到村干部与村民在议论，说的是污水池边上的茶楼。村书记与胡静议论道："开工到现在没有预算，也不知道要花多少钱。原说每平方米600元就可以建农民生态屋，现在每平方米2000～3500元还挡不住。"说完他们两个人看看我说："你们乡建院的生态屋怎么预算的啊？"我还真的不知道，这是由禹明善在协调的。

以上说的那些事，我知道是有问题的。一是600元每平方米是指大面积的价格，不含室内。来这里的建筑材料全部要外运，还有就是只建一个70平方米大小的房子，这样成本就会很高。如果是大批量的、同一规格的屋子，又是村民自己动手建房，是可以将价格控制在600元左右的。还必须是乡里乡亲协力造屋。而茶楼是特殊尺寸，又没有农民协力，请的是外地劳工，故价格自然要高出很多。

我所说的问题，是开工前谢老师根据本地造价做的一个基本预算，这是必需的，也让对方心里有一个价格定位。

另一个问题，作为规划或者建筑师，不仅要设计好房子，还应该在价格上控制一下房子本身的合理性，不然建好的屋子，用不了多久就是文物了。

23日，我和苏永华、党校涂校长到郝堂小学巡视，正好看到彭校长与薛亮（谢英俊助手）也在，他们看到我们就立刻走过来了。

彭校长开口说："这个厕所建得有问题，听说大便要隔几天，还要有人提走，大便上要撒上土灰，这哪成啊？我的小孩连纸都不会用（幼儿园），再说我们村小学都穷啊，哪有钱为了一个厕所还请专人打理。"

苏永华没有说话，转身就离开了。彭校长又说："这个厕所到现在没有预算，花了多少钱也不知道，现在教委让我们每位老师出2000元，给建生态厕所，这是什么事啊？"

我问薛亮，"这个厕所预算是多少钱？"薛亮说"没有预算"。我眉头一皱："为什么不做预算？"薛说是先开工的，来不及做。我回头问彭校长："这个学校还有公共厕所吗？"彭校长说"没有"。啊？那怎么成啊？100多个孩子，只有24个蹲位，怎么够？我问薛亮："这样可以吗？"薛说："不可以，生态厕所只能作为配用，应该还有一个常规的厕所。"我急了。

我记得我和禹明善、苏永华、区委书记一起讨论时说过，建两三个蹲位生态厕所，作为展示之用，宣传理论，再建一个常规水冲式厕所。现在这个厕所的设计已经完成了，怎么只建一个生态厕所呢？

我对村干部说："谢老师设计的尿便分离卫生间，在很多学校做过，小孩只要经过培训，一点问题都没有。我们在卫生间周围留下了很多空地，就是为了以后用粪便种有机菜，学校将来还要建一个生态餐厅，可能还要建一个学生宿舍，为了一个旱厕，建了一个学院工程。这些禹明善会有安排。一个新生事物，我们不能不了解情况，就随意地否定,这不好,何况你们是搞教育的老师呢。"

学校的蹲便位,一般是按师生比例来设定的。目前在校学生不到60名,幼儿园和学校老师公寓都有自己的卫生间,男女各有8个蹲位应该够用了。"到时候学生增加了,再建常规标准卫生间,怎么样?"我试着跟校长沟通。

村干部与校长就没再说什么了。

这样我的工作又来了,要开始设计学校里的生态餐厅、弟子读书林等一系列建筑。很多事情发生了就需要我们去面对,尤其是合作更加应该注意"默契"二字。让谢老师的旱厕能建好,用心并有示范性,这是我7年前的承诺,一定要与谢老师合作一次。郝堂村既然要做中国最好的学校,旱厕这种新生事物就需要小心地呵护。

2011年进入郝堂之后,好几件事都是从生产介入。一是改种水稻为种荷花,二是秋收就开始播种紫云英,三是开设农家乐,四是环境整治(垃圾分类),五是李昌平在这里已经完成了的乡村资金互助。我不喜欢用乡村金融这几个字,郝堂村的资金只是村内流动,只是一个熟人社会之间的相互帮助,严格意义上说,还提不到金融这个层面上来。

转型其实从我们的工作第一天介入郝堂的时候就开始了。在农村,生活与就业是一体的,农民安居乐业就不会上访了。农民的生活与生产转型是一体的,这与城市完全不同。城市中,企业做什么与市民的家庭没有任何关系,可是乡村就不同,这也是我们做乡村工作要注意的。市场与竞争是城市的语言,农民不说这个词,农民说得最多的是生儿子,谈得最多的是赶集。农民的本质是生产者,是一种以村为界、以家为核心、以地为天的小农生产模式,他们的一切生产是以养活家人为目的,即使他们出去打工,也是生活所迫,农民是不愿意离开土地的。哪种情况下会离开呢?就是贫穷到养不活自己,他们才会去城市用尊严换取生存。

经济是市场买卖下的产物,贸易是它的形态,是市场机制下的第二个阶段,农业是一产,工业是二产,社会发展到一定的物质富裕之后,就开始有了三产,即服务行业。这三者之间从来就存在,不是今天改革开放才有的。这一点农民也明白,只是说法不同。我们无论做什么转型,都要知道他们能不能做,这非常重要!

过去,郝堂村几年也来不了一次县(区)委书记,包括我们以及国内国际的专家、学者。可是如今我们的到来并不意味着他们就会发生质的改变,因为他们依然守望着乡村,在土地上忙碌着,像候鸟一样去城市打工。我们的一次讲课费就是他们半年的工钱,我们的一个项目费可能就是他们20年的收入。他们能做什么,是由他们所处的环境与其所拥有的能力所决定的,是周围的环境所决定的,也是由他们的阅历所决定的,这是我在接手"郝堂·茶人家"项目时就考虑好的。正因为如此，郝堂村的经济转型可能不是我们所想的那样简单。

另一个问题，就是我不想把郝堂村的人弄得像城市人一样，否则就大错特错。用不了十年，我们就会发现农民的生活方式与消费方式正是城市人向往的。尤其是人与人之间的关系，人与自然之间的关系，不是农民向城市人学习，而是城市人要向农民学习，学习农民小富即安的慢生活。

城市人为什么累？那是因为城市人欲望太多。环境在助推着每一个城市人走上欲望之路，人情冷暖迫使每一个人只能凭借金钱来解决一切问题，钱在城市变得可以"使鬼推磨"，号称解决一切问题。在城市，少一分钱都买不回食品，差十元钱购不到房子。而在农村，没有钱也饿不死，有困难乡里乡亲都会伸手帮助。而城市的亲戚与朋友一般是120、110、119的关系。从一开始，我就不想郝堂人再走城市文明中的路。当然这只是我的理想，能不能实现那是另外一回事儿。

对于郝堂我们能做什么？这个问题现在讨论已经迟了，项目目标其实从一开始就已经确定。郝堂做不了太大的市场，也不可能有太大的经济概念，唯独有一个机会就是平桥新区，浉河两岸，这个项目如果能与郝堂连为一体，郝堂村才有可能实现一次经济转型。

郝堂人能做他们熟悉的事情，做现实的事情，过度市场、过度产业化不适合乡村，过快过急都会一无所获。环境决定了他们能做什么。就目前他们的能力与思维，做好农家乐的可能性最大。

手留荷香

2012年9月13日，郝堂项目进入收尾，旧房改造有一些过于精致，过于精致就失去了普通老百姓房子的意义，就显得有点伪装了。这种尺度，政府官员与施工单位是感觉不到的，其实，这也是对郝堂文化的另一种伤害。包括李开良的施工，一开始比较朴实，到后期有一点花哨，这些是受影响的。大家都在学，追求时尚与流行，我不是不愿学，乡村原本的样子，才是真实的乡愁，我不愿把一个真的村庄弄成一个"假的"郝堂。对于郝堂村来说，因为有旧房，才能让人感觉到新房的美与价值。我跟王继军书记说过两次，他好像没有听进去。好在这样的改造量相对来说还是很少，影响不大。

郝堂小学于9月2日举行开学典礼，区委领导请我参加，我没有去，我不喜欢这样的场面，一个上午，站几个小时，太浪费时间。类似这样的会议、讲座、培训班、媒体采访我基本上不参加。很多人说，这样的活动对乡村建设有宣传作用，在国内会有影响力。我说，错了，有多少人说你好，就自然有多少人说你坏，万物都是相对的，都是阴阳平衡的。想到这里，你就会明白，我们只需要做就可以了，宣传与名利只是一种假想，一切都是从零开始。老子曰："有无相生，难易相成，长短相形，高下相倾，音声相和，前后相随，恒也。"

进村桥开工了，此桥设计成一边为车道，另一边为人行道，只有单边扶栏。这种不对称形式的桥，交通局与施工队都说从来没有见过，更从来没有建过，他们不敢建，最后还是区委王继军书记下定决心开建。这样的桥，我估计也只能在郝堂村建起来，在其他地方建造几乎是完全不可能，因为它不符合常规，也不符合国家标准啊！今天再来看这座桥，已是一道风景，也是中国唯一一座单扶单行半月桥。国家水利部的专家说，全世界独此一座。

龙鼻子桥建筑的时候，村干部和施工单位没有领会图纸，建得很难看，桥修得像路一样，太宽太宽了。再想改造又极其麻烦，只好作罢。现在我一看到那座桥心里就不舒服，太丑了！郝堂村很多设计是丑的，工程进展太快，自然问题就多了。

此行我一路与李开良同行，主要是讨论郝堂张玉珩将军的故居。对于此建筑我有点担心，因为它既要体现历史，又要具有现代的功能，不然的话，即使建好了也只是假古董，假古董就成了摆设，意义不大。有人问："这间房子建好后谁来管理？房间里的内容从哪里来？"我笑着回答："你累不累啊？媳妇儿还没有娶进门就讨论做婆婆的事，是不是也太操心了？"一无所有的郝堂，做就是天大的事。

不论什么事，只要方向对了，做才有道，有道才知理。不做，什么都是扯淡！

2012年10月8日

刚刚过完国庆节，我匆匆进村。我有一个多月没去郝堂了，这期间主要是鲍国志、方洪军、李如道和李开良在照应，信阳的设计师也常来"打酱油"，他们在我就放心了，出不了大问题。尤其是鲍国志，此人做事很认真，有自己的个性与原则，近期主要由他帮助我盯着郝堂。我们俩一起与王继军书记打游击战，演一出瞒天过海，禹明善则是睁一只眼闭一只眼，哈哈。

这次来郝堂，是因为郝堂已经进入工程尾期，很多工作进入画龙点睛的关键时刻，这个时候，马虎不得。所以10月份我会有较长时间待在郝堂，像周扒皮一样盯着工地。

佛灵山村的"茶圣殿"项目，已经进入装饰阶段，这是一个严谨并富有品位的设计，每一处我都严格把关，并由专家康顺彦审核，完成设计图与施工图，经过马德记的同意开始实施。

目前进入茶圣殿内部装修阶段，我主要是想做信阳茶文化，从中要能体验到文化的纯粹性与艺术性，这种文化还要有生活性，我不喜欢假文化，更不喜欢俗文化。

郝堂项目，目前渐渐地推向纵深。10月10日晚，王继军书记约我到郝堂，后来又到党校散步。散步的过程中，王说得更多的是郝堂建设的速度要加快，如郝长富的旧房，村委会门前的两个房子，昭庆茶社环境，二号院等的建设要加快，还有四号院门设计，村大门种草，旧学校设计（原设计）也要加快。谢英俊设计的茶厅不能废在那里，要尽快利用起来，要改为设计工作室或大学生创业园。另外由谢英俊老师设计的桥也要想办法用上，现在放在水库那里风吹日晒不行。庙的建设要提前，茶体验区尽快动工。目前村委会资金不足，可以对部分土地进行市场化运作，七孔桥改造以及学校的"弟子苑"读书苑、高标准的乡村自行车道等的建设，在十月到年底，要全速推进。这个时候，区、镇领导和村里人的思想越来越有感觉，越来越理顺了。施工队也能理解我的手绘画，工程质量也基本过关，这是郝堂村的最佳建设时期。

王继军书记毕竟是区委书记，能把工作做到如此之细，准确地说那是他的梦想与兴趣所致，正如他所说的，农民是有尊严的。带着这样的情怀，王继军、李昌平和我们一起，都在圆自己的梦，在一起寻找郝堂人文化与文明的价值观，在探索一个属于自己的精神梦想。

前些日子我在信阳党校讲课，讲有关新农村的建设，学员反映较好，很多学员去过郝堂村，其中一位叫熊伟生的学员参观郝堂村，写了一些诗。

一 荷塘：郝堂荷花四季开，惹得观音踏月来。莫嫌浊水长流些，秋收时节藕更白。

二 孙君草堂（三号院）：欲倾土舍换新主，孙君草堂人如流。李白徐贤游此地，邀来高朋诗下撒。

三 郝堂小学：鸟栖巢笼乐悠悠，娃入学堂气昂昂。放下书本弹钢琴，离开弦台种瓜秧。

四 串门：端碗串门邻里间，笑进厨房问鲜咸。白鹅向天引劲歌，黄犬绕梁摇尾欢。

五 敬老院：一瓣荷香一窗月，卧养千年好地方。观音养老天地去，委托君子订禅房。

哈哈，此学员一口气写了五首，蛮有意思。

村长吓死人

2012年10月14日

10月12日上午，村委会，村主任胡静正在发火，王冲下村民小组有20多棵松柏被一群艾滋病人砍掉了。政府对这些艾滋病人一点办法都没有，但如果村民不配合，艾滋病人也不敢来村里砍树。胡静凭感觉就知道是谁把艾滋病人引到村里来的。于是胡静就到这户农民家去。一大清早，我就听她一个接一个地打电话，在说农民砍树的事。这事儿要是被王继军书记知道那还了得！

树是村民吴玉权家的。吴玉权为人话不多，身体不好，有病在身，胆子小，砍这么多大树，他肯定不敢。胡静知道一定是有人帮他出主意帮他弄的。村里哪些人做哪些事，书记与村长不用脑用脚想都会知道。

于是胡静一个电话打给李老三，一边问一边像骂孩子一样："你想不想活啊？是不是想找死啊？这会儿派出所要把你抓起来，我们不管了！吴玉权他胆子不小，一下子砍了20多棵大树，还找艾滋病人来砍柞，你们不得了啦！"

一会儿派出所来人了，准备抓人。村委会里人很多，有点乱，村庄内部的事务我从来不参与，这是做乡村的原则，我们只做村干部不会做的事，一会儿我就离开了。

14日早晨，我从广水市武胜关镇回到村委会，一进门就听大家说，村书记与主任出事了，死人了，村民把尸体抬到村委会门口了。

"啊，谁死了？""吴玉权！"

村干部与其他人一起说。

农村是人情的社会，死者为大，人死了，不少人说是被胡静吓死的。胡静气得一夜没有睡觉。"什么话？难道做错了不能说吗？村里的山头已经没有几棵树了，快成坟头了，没有树还能叫作山吗？没有树那还是郝堂吗？做了坏事还有理啦？真是见鬼了！"

胡静发火，说她不想干了，她都把吴玉权给吓死了。孙德华在一边说："胡静主任要有这么大的本事，就派到钓鱼岛去。"大家一阵苦笑。

村里其他干部说，这事儿真难办，现在村委会也没有什么作用。胡静说，村委会不要了，什么事也管不了，村民也不听话。曹纪良说，这就是现在的政府小恩小惠造成的结果。

村干部说，这事儿派出所如果起作用，就不会死人。他们到现场，砍的树在，东西在，人也在，可是他们却不抓人、不执法，只能由村主任来说、来管。如果胡静不管这事儿，那以后郝堂的山上就没有树了。

胡静长叹了一口气说："现在是政府不得力，执行怕上访，不讲理的（村民）占好处，村委会成了受气包，这个社会乱套了。人家砍集体的树，我说了一顿，就说是被我吓死的，还赔了1万2，人家还说少了。老这样的话，以后农村还要出大事啊！这是什么世道啊！"

胡静说到这里忽然说："孙老师，我不做了，跟你出去做新农村，讲乡村金融，做村民工作。"我说："好啊，你跟我出去，人家一定叫你胡教授，就不再是胡静主任。""哈哈，是的"，大家相视一笑。

胡静主任说，村里60多年来第一次把死人抬到村委会里来，真不像话，是不是村委会的"风水"有问题。

嗯！我想了一下，村委会大门前正对着一棵雪松，又对着原来小学的厕所，我正想把那棵漂亮的雪松移植到养老中心，把那不用的厕所拆掉。想到这里，我赶紧对两个村干部说："是'风水'有问题，有大问题！"我指着雪松与厕所说，"移！"村干部回答说："马上就移！"我说："早就该移了，早要移了，人就不会抬到村大队了！"我一直想把那个难堪的厕所拆掉，今天终于有机会。

2012年10月15日

李开良在郝堂村显得越来越重要，王继军书记天天让人盯着李开良，李开良出门就不容易了。李开良要和我出趟门，禹明善对我说："你带李开良走，我假装不知道就是了。"一切都是为了不让王继军知道，防火防盗防老王啊。

郝堂要建庙，村干部最积极。村干部对5件事最来劲，也最较真：一是建学校，二是建老人活动中心，三是修谱修庙，四是修路架桥，五是看"风水"。这5件事是村干部的天责，也是他们不敢违背的。目前郝堂村就围绕着这几件事在进行着。

我查阅有关资料，得知最早的寺院大约建于东汉时期。但是现存最早的也只有隋唐的，寺庙的建筑框架与造型基本没有改变，只是局部发生变化而已。从这一点来看，东方人不易改变过去，也不易创新，对于这一点不能说不好，只能说热衷于传统。世界上任何一件事其实都有两面性，我们还真的不好评说对与错的关系。

我设计昭庆禅院，其实是在呼唤我心中的那个乡村，是在诠释我对乡村宗教的理解。昭庆禅院在外型上，依然不做太大的改变，主要是在采光、通风、色彩、环境上做一些微调，这种调整更加突出佛教，让佛教更有艺术性和佛的境界。如今，很多寺院里吟诵佛音基本用录音机播放，灯用红色灯泡，很多花用塑料的，僧人也上网用手机，寺院也有轿车了，寺院也进入了现代化。同样，寺院也应该与时代同行，我所强调的现代是让佛文艺更纯粹，大量利用自然光与空气对流，让僧人的生活更环保，让僧人和游人在欢喜的佛院环境中领略和享受宗教文化。

生活中，一个人如果不来寺院，不喜欢寺院，宗教自然会远离这个人。如何吸引今天的年轻人到寺院来敬奉佛祖与道教呢？

今天的寺院里，绝大多数人是临时抱佛脚，是有事求佛而来，或者应朋友邀约而来。主动前来并一心向佛的年轻人还是非常有限的。

我设想的寺院是一个很静很雅很美的地方，它是寺院，可是又像乡村公园，还像梦中的天堂。在寺院中，对雨水、生活用水、污染水再利用、资源分类、放生、鸟巢、佛文化的运用，人与自然都会重新构建。当然，这只是我的想法而已。

寺院是一个建筑框架，设计上（局部）在前殿、中殿、后殿、山门都有极大的调整。设计中，我特意增加一个佛音塔作为骨灰存放处。骨灰在陵园就是存放，在这里就是灵魂升天，是人生轮回，也是重写投胎。佛修的是来生，是未来，人们不是常说未来佛吗，这是中国人对佛教钟情的重要环节。

建佛音堂，另一个原因就是郝堂村散落的坟太多，外来旅游的人会比较害怕，佛音堂也是为本村人迁坟做准备的。

我对宗教很敬奉，属于见后就进、见佛就拜的那种人，可是我不知道该信奉哪个宗教，我觉得都挺好，都让我敬重，因此我不能下定决心归宗，至今无宗无派。

可是我一直崇尚真善美，对融入乡土中的文化与农民生活别有钟情，对东方文化与文明爱不释手，说建昭庆禅院，不如说是建设我的精神家园，实现我对宗教的理解与诠释。

(2012 年 11 月 14 日 贵州—武汉 空中日记)

跨界中的乡村

2012年11月10日晚与王玲见面，我告诉她我的想法，顺便也想听听她的想法，我们有很多一致的地方，也有一些不一致的想法。之前我先与孙晓阳沟通，全力做好郝堂村各个项目，协助晓阳完善以妣为三体的未来北京绿十字新领导人。我是第二次正式与晓阳深层次谈北京绿十字的未来与目前问题，北京绿十字渐渐地以晓阳为核心，我也准备渐渐地把精力投入乡建院。

郝堂的工作渐渐地在顺势推进，此时已经与政府有了默契。另外，翁永凯的计生与健康培训深受村民欢迎，也受到了国家计生委和人口与健康组织的高度关注。北京绿十字此次培训，重在把李昌平的乡村金融互助作为重点来宣传，禹明善鼎力协助学校的内在功能与内涵的拓展。

此项目，北京绿十字全体工作人员进入后期总结、编辑、培训、餐饮、管理的引导与推动工作之中。北京绿十字着力于软件建设，硬件是政府的事情，参与是村委会的事。

前几天，二号院装修，又摔死了一个人。郝堂村的工地上，已经死了两个人。我做过很多项目，一般的项目不可能死人，只有拆大庙毁塔之地才易出事。五山镇堰河村项目曾经毁了村里的一座塔和一个庙，结果死了3个人。我问当地的老人，老人说那是犯界了，就是惹恼了土地公公。我听了很害怕，后来做郝堂项目时，知道昭庆禅院是在1992年被毁，心里就害怕，求郝堂村地界内的土地公公保佑，让我们顺风顺水，尽快修庙。可惜大庙修得太慢，这时已走了两个伙计，可惜啊！估计还要一个人，是谁？我不知道，也不敢说。

郝堂项目，是一个难做的项目，也是一个付出了代价的项目。

我两次陪王继军书记去佛山村。佛山村是做一个茶文化的区域，一般是由王继军书记带人去，也不告诉别人。茶坛在悄悄地建设，铺完了地面，廊架已经完成主体，茶圣殿准备进入内装修，茶宿舍应景完成了施工图的最后审核，交康总准备施工。

茶咖啡馆也完成了最复杂的藏在地下预制的建筑，全部工作下一步将非常迅速地进入内功能实施。

以上的工作有了康总，我就省了大半的心，工程做得让我放心，难怪马德记全力推荐康总啊。

二号院在改修，苏永华书记舍不得花钱，工程做得远不如三号院，王继军书记也不满意，把苏永华教育了一顿，并说了我们今天做的事，就是十八大的内容，希望苏永华认清形势、提升高度。下午苏永华就来对孙德华说，严格按图纸做，一定要超过三号院。我对王继军书记说，郝堂村渐渐地远离了村的感觉，要往回拉一些，我又与鲍国志商议用土墙、残墙、菜地等，全力把郝堂村拉回到乡村的感觉里来。

学校的会堂动土了，这是一个特别美的房子，也是村里功能性的房子。另外还有一个村妇女手工坊在学校附近，因为手工坊要的就是原始感，就是乡村感，同时又要与学校的建筑风格统一协调。再一点就是，建筑高度要严格控制，要与学校有落差。我想在这里建一个村庄以外的具有现代感的村庄建筑群，这一点我尤为注意。

近期王继军书记去了一次杭州安曼法云村，回来之后对土墙与石头很有兴趣，就与我讨论，建议把学校会议中心与手工坊改成土墙和石头。我与禹明善都笑了，说已经设计好并开工了，动不了，不过正在设计中的手工坊是可以的，但是手工坊又要与学校有所关联，既要统一又要有所区别。

手工坊原来有设计样式，是一个标准的四合院式的。禹明善感觉有些笨，王继军书记也觉得不合适。村干部说："孙老师啊，老板给我们盖了一个手工坊，我们还给他好多地，这个手工坊一是要建大，二是万一手工坊开不了，还可以做个农家乐什么的，千万不要盖得像开发区，超大火柴盒啊！"我笑了，说："你们骂我啊？我什么时候盖过火柴盒式的房子啊？"

投资老板挺好，没有说什么，说要建就建好，要成为郝堂的一个新景点。

原有的手工坊设计被淘汰了，后来王继军书记要求重新设计。村干部们叮嘱，老板们表态，等等，加上学校风格已经形成，最后由我来把众多的乡村元素集中到手工坊的设计和建设中，与学校浑然一体，并且不丢手工坊之独特个性。

郝堂的文化就是在这样一个整体风格下的人文环境中百炼成钢啊！

（2012年11月11日）

2012年11月14日

郝堂村项目在慢慢地推进，即使这样也还觉得太慢。慢在技术工人，慢在这不是工程，而是原创设计。可是，即使这么高的要求也难以达到百年之前的古老乡村之美。只是我们立志超越古人，超越古村。想归想，要做到不可能，假的、后造的无论如何不会比真的美。

目前的郝堂让我略感多了一些精美，过于艺术化，这种感觉有点远离了乡土，村庄中少了一些粗糙感。这种感觉不对，旧村的元素越来越少了。少了一点平民化，平民化才是艺术，才是乡愁，这种感觉一直是我希望在郝堂村中寻到的味道，保留村的感觉，不能像镇，不能像社区。

镇与村应当是两种不同的感觉。镇是向城过渡，只是镇，还不是城。镇的中心地段为城，四周为村，为农田，其中心有城镇元素。而村不是，村中心是农民居住，四周为农田，是绝对的血缘与熟人关系，村人口一般为1500～3500人，而镇人口一般为12000～35000人。

北京绿十字建设的郝堂是一个村，在规划郝堂的时候，突出一个"村"字。村是种粮食，城市是吃粮食，村是以土地为生，我所谓的"田人合一"。城市是以楼房（工厂、办公室）为主，村的特点是人与自然要绝对地共生共存。这些因素，在建设与规划的时候都引起设计者的注意，就是想一点一点地修复村的味道。

前些天，我给在郑州的鲍国志打电话说："伙计，你什么时候来信阳？抓紧在村里弄一些菜地和泥巴墙，再建一些残墙断壁，让郝堂更像村啊！"11月8日，鲍国志来了，开始他的茶园与泥巴墙建设。13日，我给鲍国志打电话问菜地弄得怎么样。鲍国志说："弄了，感觉村的味道更浓了。"我与鲍国志都笑了。

多年的乡村建设经验让我找到五大"孙氏葵花宝典"：一、凡是种花的地方，改成种菜，就有乡村感。二、凡是种绿化树木就交给农民种，就像农村了。三、凡是规划不能落地，请村干部喝酒，就能落地。四、凡是规划营地有困难，买通风水先生。五、凡是把权力还给村干部，项目推动神速。后来乡建界称之为"孙氏乡建"。

村，今天在很多人看来都不以为然，政府在新农村建设中也全力拆除旧村，对旧房、古房进行刷白式的穿衣戴帽，镇也被政府列入消灭的村庄范畴。政府官员大都喜欢欧式风格，一窝蜂地与开发商联手拆除老城、古镇、古建等。这一轮的破坏，对中国建筑文化和传统文化是历史上文化大革命以来的又一轮巨大破坏，镇首当其冲。

我的老家安徽马鞍山采石镇是千年采石古街，李白后半生就居住于此采石作诗，后来也葬于此，有许多诗都写在、留在千年古镇。可是近期，这里被马鞍山市政府进行"扫荡式"的强拆。不幸中了白居易之言"可怜荒垄穷泉骨，曾有惊天动地文。"办了20多年以李白文化为主题的国际吟诗节，李白已成为城市的名片，可是作为一个与中国历史和文化一脉相连的古镇，却意识不到自己所蕴含的文化之根的重要性，实在是让人扼腕叹息！

在这个时候，郝堂村的建设与规划就显得格外地与众不同。在区委区政府的领导下，在北京绿十字与乡建院的建设之下，郝堂正在全面修复乡村文化，修复农耕文明，调整发展与生态之间的空间，在城市文明与乡村文明之间做最大限度的融合。

村庄是什么样子？我们每一个人都有对她的美好的回忆和憧憬。那种回忆在城市的畸形发展中变得越来越迫切，越来越清晰，又越来越遥远，最终似乎只能成为每个人心中的梦想与圣地。

（2012 年 11 月 14 日 于武汉—襄阳列车）

郝堂元年

2012年12月3日，全国县、乡第六届论坛在信阳召开，这次会议有一个重要主题就是郝堂参观。这是郝堂第三次与公众见面，第一次是北京绿十字组织的新农村建设培训，第二次是首届刘老石县、乡干部论坛，第三次就是今天的大会。

李昌平、孙君、北京绿十字、乡建院、郝堂村这些名词渐渐地进入更多人的视线。

郝堂给人以不一样的感觉，平淡、经典、乡愁等，也有一些人提出复制性不够、远离市场等问题。对于这些我都听着，不用说话，也不必争论，因为诸位只是擦肩而过，有不同的看法属于正常思维，合情合理，同时也是逆耳忠言，因为在今天能听到不同的声音，已经是很难得的事情了。听到批评后有自己的主见，往往比表现更重要。

张晓山、贺雪峰、陈文胜、李昌平、胡晓琴、廖星臣、李昌金等一些乡建精英会集郝堂，尤其是张晓山在村里待了整整两天，郝堂这个名字会随着学者、专家与媒体传播开去，更多人会知道郝堂，认识郝堂。我的内心并不太喜欢中国的部分乡建专家，平时没有太多交往（当然与官员交流更少），一是专家不"专"，缺少行动，没有实践案例，很多专家学者都是"事后诸葛亮"。二是缺少高度，不能站在历史的角度看中国。三是不了解政府，更远离农民，我很少看他们的文章，一个简单的事硬是写得让人看不懂，或长篇大论。比如这次来郝堂，我敢肯定缺点一定多于优点。在这一点上，专家学者不如政府官员，政府官员的实践能力与纠错能力超越专家学者。四是专家学者发现的问题能力超强，解决问题的能力超弱。五是因为缺少实践，只能是片面正确，而方向与哲学观是错的。

这一天估计会到明年5月至8月间见到效果，所以这第三次会议也真是恰逢其时。

郝堂项目在按正常的工期进行，手工坊、学校会堂、两户村干部房子按八卦图放线，乡建院、昭庆茶社（可能改成龙潭人家）、7016四个星级小院，以及马德记的茶楼、张玉珩将军的故居、二号院乌龙茶研究所（客栈）等，这批功能性的场所会从本质上让郝堂更加有声有色。目前的郝堂在前一年半中只是民生工程，而现在建设的却是更具有远景的市场性、长效性、功能性的山区小村。

第一批建设以民房为主体，属于规划中，但是一号院、二号院、三号院等，基本是规划之外的项目，而目前进入功能性的建筑群更是不在规划之内，这是随着项目的延伸而展开的。

这批功能性的建筑如在明年4月以前完成，郝堂基本上就可以登台亮相了。

我几乎每天都在调整村中的建设与变化，慢慢地，我已经习惯了这种以动态心态去面对动态规划，反倒不想做没有意义的静态规划。不过郝堂到年底确实应该做一个以七桥村、佛山村、震雷山为景区的大规划，首批来郝堂的人目的是参观与学习，是政府组织为主体，他们是郝堂的潜在客户。来的人很想知道：郝堂是怎么建起来的？是谁规划、谁设计的？在建设过程中遇到过哪些问题？等等。这些也正是未来乡村建设的主要话题。所以郝堂有可能成立一个乡村建设的培训学校，以教育、培训的形式复制理念与方法，传播思想，助推郝堂的旅游。

像五山镇，换了4任镇党委书记，依然坚持2003年制定的"生态五山，文化之乡"方向，没有折腾，没有走弯路。郝堂有没有这种可能，我实在不敢说。

我的工作如同我的作品，作品完成了，我卖给画廊，画廊能卖多少钱，拍卖能拍出多少钱，那是我不能控制的，不过又确实是我担心的。

郝堂村之所以能建好，就像李昌平所说的，两个村干部比较靠谱，也能接受我们的理念，渐渐地就知道什么是好的设计与规划，什么是错误的东西。这是我的工作方法，也是昌平老师的方法，更是我开心之处。

2012年6月至今，郝堂如同孕育的一个胎儿，一旦出生，孩子就要学会自己呼吸、自己走路。从现在到明年6月份，才是郝堂项目大组合的阶段，这个期间没有什么风险，也没有太大问题，只求精益求精。这个阶段开始由建筑硬件转入服务软件。功能性的建筑具有市场性，建设者大多非本村人，他们在这后半年为郝堂注入了功能性的力量，弥补了郝堂的不足。但是，未来的郝堂，要依托本村本体来经营、来服务，我估计要到2016年前后，郝堂才有可能实现从外资到合资，最后完成真正意义上的村民共同体。

2018年，我希望不仅郝堂村登台亮相，郝堂人也能成为郝堂的主人。

郝堂村不能免于其中，我们只能面对，我们希望郝堂村能早一点与区委、区政府、村干部、李昌平和我（团队）捆在一起，在盘根错节的社会矛盾中，在重重的"三农"问题的网罗中，左冲右突，锲而不舍，像公蚁一样，不吝其力，不言放弃。

（2012年12月4日 震雷山）

2012年12月15日

听村里老人说，1972年，河南省地质队来郝堂勘察，说郝堂村红星组这一片是破地，破地是什么意思？蓄不住水，田地漏水，破就是漏之意，补上调整好估计就不破了。

2011年，我来郝堂，喜欢村口的感觉，还有很多大树，让我很喜欢。走进村里可就是觉得郝堂不亮堂，有压抑之感，具体因为什么我也一时说不出来。

2011—2012年的一年多时间，我们在为郝堂补风与水，调整郝堂元气。所谓"风水"，在民间是尊天敬地，实际上是人尊重自然规律、尊重山水河流之意，这就是天人合一的意思。《道德经》第四十二章（论道）中有一句："万物负阴而抱阳，冲气以为和。""和"就是老子对风与水的注解，我喜欢！

"风"是指气候，是天；"水"是指山川，是地。"风水"本质上就是生态与规律，经过民间的延伸、创新，又根据金木水火土一一演变成一个种学术，我感觉还是有一定道理的。这个道理就是要顺势，要尊天道。我认为，这也是保护生态与天道的一种方式，因为"风水"本身就固有一种道，那就是"风"与"水"皆不可破。

在郝堂，其实是"风水"先生与我在一起规划，虽然我没有见过他们，但是他们与村干部铁熟。在我的意识中，"风水"先生一直在助我，因为我一直在尊重他们。

我把郝堂学校调到东南文昌神的位置，让河水打通绕过而行。先建养老活动中心，后建学校，再改造村委会，接着保护村里的300岁的古银杏树，然后建张玉珩将军之故居。一年多下来，今天的郝堂给我的感觉是有风有水了，也亮堂了。到今天这一刻，我不知道郝堂所谓的破地儿补好了没有。

我想，时间会给我答案，9年后又会是怎样？我自己的感觉是，风顺了，水畅了，心中就没有漏洞了。

2012年12月16日

又来郝堂。此行主要是来校对手工坊工厂的图纸，查看白桦学校纪念馆选址、超市的选址以及张玉珩将军故居的建筑情况等，还有，乡建院的房子真是"难产"啊！关于乡建院的房子有两种意见，一种是李昌平的意见，感觉太贵，没有准确预算，不知道到底要花多少钱，不靠谱。另一种就是我与王磊的意见，乡建院的房子一定要建好，包括地下新风系统专利产品的实验，我们俩力挺。这个房子就是在这两种意见的交错下建设起来的。我把房子设计好，王磊又修改，施工队李开良再锦上添花，结果这个房子建完的时候，已经成为郝堂村建筑中精品之中的精品。不过真的花了不少钱，让李昌平心疼半年有余。哈哈，当家的就是与我们不一样。

（2012年12月16日 信阳东—武汉高铁）

李开良一直在抱怨，因为人们都把他当作普通的工匠，最多是技术员，而且是农民技术员，其实不是。李开良是具有艺术特质的人，是一个具有创新能力，执着而又固执，而且纯粹的人，这是典型的艺术家的特点。同时他也可能会因为执着而变得有理讲不清，变得不那么合群。

李开良的错误，就在于他不是教授，不是国家注册的设计师，更大的错误就是大家都知道，他是光山县一个山里的农民。

这个社会是俗人的社会，是一个以貌取人，以学历取人，以权力取人的社会，恰好这三点李开良都没沾边。

这是李开良的悲哀之处。

一个人是不是人才，取决于这个人的实力和作品，取决于其作品对社会的价值，而不是仅仅靠权力、证书和文凭来证明其才能，起码我是这么认定的。

今天人们认可郝堂，其中就有对李开良和李如道精湛的建筑工艺的认可，对建筑质量的认可，对建筑中各种材料不同运用意义的认可，这三点在贫困山区对这些早已对美麻木和产生抗体的村民来说，是极为难得的，尤其是当房屋造价由每平方米 750 元提高到 1500 元的时候，更加令人难以想象。但是，因为作品实实在在地存在，郝堂村与樱桃沟的农民都接受了，他们认定一分钱一分货。

乡建院在郝堂建的房子，禹明善死活咬定每平方米造价不能超过 1300 元，这个价格与农民建的房子差不多，而乡建院实际造价应该在 1800 元到 2000 元之间。假设这个房子是谢英俊造的，估计禹明善会同意提高价格，因为谢英俊有名，而李开良无名，还是农民。

为什么李开良总是抱怨人们对他的不认可？核心是，这个社会像我与王继军这样的人太少了，假设李开良是从北京来的，假设李开良是从清华大学来的，假设李开良不是农民，李开良的价值很快就会被平桥区人民认可。这如同当年北京绿十字注册地选址，我们开始想在老家马鞍山注册，五山镇党委书记余宝军说："不行不行，一定要在北京"，他继续说，"你向人家介绍的时候，说你是从安徽马鞍山来的专家，那哪有人信啊，如果说是从北京来的专家，人们一下子就尊重你了。"嘿嘿，这么多年过去了，我发现还真是这样。

实在没有办法，信阳人很难把李开良当艺术家来看，就如同我在老家马鞍山一样，没有人相信我会规划与建筑设计，所以我从来不敢在马鞍山做规划与设计。

李开良已经将艺术作品展示给大家，而郝堂人依然只认可他的手艺，不认可他的价格，这是李开良的不幸。什么时候李开良的价格与手艺能成正比了，李开良就是艺术家了。今天的社会就是这样，民间艺人、大家被冠以"国宝"的头衔，但那只是说说，真的要建房造园了，政府就一定要资质、学历、学术成果、招标投标等，与项目能不能建好相比，这些身份与资质更重要。而这些条条框框自然就把国家级的文化传承人挡在了大门之外，这时他们就不再是国宝了。

无奈之下，我把李开良介绍到信阳之外的地区继续做作品，李开良只有跳出信阳，才能被人们认可。以貌取人是我们这个社会的常态啊。

李开良的缺点与我一样，就是只知道纯粹做事，这也是艺术家的共性。真正的艺术家是不会生活的，所以人们常说艺术家很怪，很有个性，不合群。其实艺术家大多不是坏人，只是比较傻，而这个社会上的人又太聪明，太世俗了。所以总会觉得他们格格不入。

纯粹的人心思只在一件事上，只会按照自己的方式想问题、做事情，只会争取把这件事情做好。但是却做不好更多的事情，八面玲珑的人一定不是艺术家。

2012年4月，我带着李开良到淅川县乔沟与陶岔，因为他们没有把艺术视同于产品，居然把人参当萝卜买，结果没有接受李开良。2012年8月之后，我带李开良到郧县，这次陈茹副县长、开发区王继军书记等接受了李开良的艺术品，从2011年到今天，李开良与李如道终于走出来了。我敢肯定，郧县50号院的土房远远比郝堂建筑好得多，二者之间完全不是一个档次，同时60号大院、70号大院、80号大院均是艺术精品，这里又远远地超越了今天的郝堂。郝堂人至今都没有完全把李开良当作艺术家，这也是我在郝堂留下的一点遗憾。

李开良在光山县的村里就是做活儿最多的能人。

李开良在郝堂是工头，是工艺师傅。

李开良在郧县是工程师，似乎是艺术家。

李开良只有走出湖南、湖北，才是真正的乡村建筑艺术家。

期待李开良能走出执着中的固执，能坚守执着中的合作精神。如果李开良与李如道没有这两种精神，可能还是要回到山中继续当农民。

（2013年1月4日）

画出来的郝堂

2013年1月4日，《人民日报》"美丽中国·寻找美丽乡村"专栏元旦第一天、第一版、导读第一条就是"郝堂画家画出的村庄"，在全国的美丽乡村中第一个报道，郝堂可谓一纸扬名。

下午4点半从北京到信阳火车站,这是2012年12月30日才开通的高铁,全程3小时40分钟,真是快啊。

鲍国志、孙德华、姜佳佳、村主任胡静来接我了,晚饭的时候,村书记曹纪良也来了。晚上8点我与鲍国志赶到文新茶楼,与王继军书记见面,主要商议关于白桦纪念馆,平桥文学馆,村里的环境卫生制度化,小学校内的弟子苑,"郝堂·茶人家"项目简介等问题的推动。

谈话中说到《人民日报》在2013年第一个工作日头一天,刊登了"画家画出的村庄——郝堂",并在头版首条,影响极大。市委书记知道后还批评王继军书记,说:"还没有准备好,就宣传,怎么行?要沉得住气。"王说:"我是与记者说,四五月份报道(我们有共识就是两年内不宣传不报道,即2011年3月—2013年3月),可是他们怎么给报道了?"王继军书记也很纳闷。此时我并不纳闷,我心里明白,郝堂村只要有名,我们的工作就基本结束了。从此,领导指导得多了,专家批评得多了,建设与设计的专业标准也来了。因为郝堂村到今天为止还没有一个完整的规划与设计方案,这在专业中是很不专业的,可是在实现中只能这样。我们在建设的两年多的时间,村庄的规划与设计一直在改变,一直在调整。因为郝堂村的建设是围绕着农民与农业的生产,以生活为目标,千家万户,需求各异。这就是我常说的"动态式设计"。按照专业规划设计,郝堂村项目不符合规范要求,可按要求也做不了乡村建设。所以说,只要郝堂村出名了,我们的工作很快会结束。

郝堂村突然出名了,很多工作还没有做好,这给我们的工作带来极大的困难,也为以后的郝堂村的持续发展埋下了隐患。

鲍国志说:"没事,人家记者写的是画家,连带出了郝堂。"王继军说:"那现在要加紧了,压力大了,一定要赶时间,一开春人就会来得更多了。"

另外,王继军书记再次提到郝堂村建设有3个人功不可没,第一个是孙君,第二个是大胡子李开良,第三个是鲍国志。没有这3个人就没有今天的郝堂村。李昌平功劳最大,把孙君找来了。我说:"主要是村镇干部了不起,有执行力,没有他们就没有今天的郝堂村。"大家都说:"是啊!是啊!"

5日上午,我赶到郝堂村,陪韩国设计师崔德基,他是我的朋友,对于乡建我们合作多年,他是一个非常爱中国的设计师。崔德基说郝堂是他想象中的郝堂,是艺术的郝堂,从精神层面来看,郝堂的建设特别像韩国的新村运动。他很关心中国的农村,详细了解了郝堂村的参与过程，包括谁是主体，等等。恰巧我头一天晚上详细问了村主任，胡静主任说，国家项目基础设施整合资金约3200万元，平桥区政府财政资金约320万元，他说："就这么一点钱？""是的，"我回答说，"主要是鼓励农民参与建设的补助资金。"

关于主体的事情，应该是政府为主导，村干部为主体，专家做专业性指导。崔德基说："好，只有农民参与，才能做成事。"后来他来到我的画室，在墙上看到我从韩国浦项市带回来的一件新村运动的衣服，感到特别亲切，他指着有3个小芽的标识说："韩国的城市人全部认识这个新村运动的标识，我们韩国的新村运动，是以城市为主体，城乡互动的一场新村运动，改变了韩国，所以韩国人很感谢我们的总统。"崔老师又说，中国仅仅是乡村在做新农村建设，这很难推动，关键是指导的专家（包括规划与设计）又不太懂农村，危害性极大。韩国是有过教训后再次启动的新村运动。

2013年1月26日

两年不到的时间里，郝堂紧锣密鼓，村干部在鞭策与鼓励中努力向前奔跑。区政府天天催命一样要改旧房，要建停车场，要建手工坊，要建白桦纪念馆、学校的弟子园，等等。镇政府（办事处）天天被区政府压着，多造一栋房子，就要多花钱，区政府要做最好，镇政府要少花钱，我与村干部是两头为难。

村干部天天说："天天让我们做事，谁给钱啊？群众工作难做啊。"

村民们私下议论，大学生创业园（属协作者中心），天天在卖书、卖莲蓬，还在卖酒和茶，村里人有点烦，说村干部让两个小姑娘在赚钱。但也只是说说，拿孩子们出出气，真的见面了也就一笑而过。我每天都面临这样一种状态，我很喜欢。一个村就是一个家，喜乐悲哀、吵吵闹闹，这才是一个正常的状态，也叫生活。如果不吵不闹、不哭不笑，那还是人的世界吗？我很喜欢协作者协会姜佳佳，一群年轻人让村里有了朝气与活力，他们在迷茫中探索，在努力激活沉睡的郝堂。

鲍国志天天说："村里人不爱干净，怎么就老是弄不干净呢？卫生保持不住了，头痛啊。"我笑着说："慢慢来，不急。"

李昌平全力推动村里产业、征地、租地、养老、大学生创业园等项目，让胡静参加全国村长论坛。郝堂村在以不同的形式推动产业，推动郝堂纵向发展。

25日中午12点45分，我到信阳东，下车赶往郝堂村，区委王继军书记、苏永华书记与鲍国志在三号院等我。三号院阳光明媚，虽说此时正值冬天，可是下午的阳光已经有暖春之感，几枝蜡梅未开，却已经含苞待放。

王继军书记约我，主要是村里的工作接近尾声，一切为明年茶叶节做准备，郝堂另一个建筑——乡村银行（现在的"白桦叶楠纪念馆"）也接近尾声，工程外装修做得有点问题，被王继军书记一眼看出。于是我们一起来到工地，发现问题主要是房子墙角石头大理石片太轻，这并不是我设计的石料，于是停工，又改。

信阳有一个"名家装饰"公司，去年五里店的郭书记介绍给我认识，装修旧小学，后来停止了，也就与"名家"公司的梁军没有联系。后来大胡子李不知怎么又找到梁军，我一看就觉得面熟，后来想起他就是我一直想找的人。

人要是在一个层次中，早晚还是会碰面的，我们又认识了，并成为后来合作的伙伴。

2013年2月3日 越来越热闹的郝堂村

郝堂有今天，基本是我能想到的，至于热闹到何种程度，我还是没有想到。

比如《人民日报》2013年第一个工作日"美丽中国·寻找美丽乡村"专栏，第一个介绍的就是郝堂村；比如有几家公司投入资金落户郝堂（昭庆茶社、旧郝堂小学）；比如在这个项目中，翁永凯女士的乡村健康与计生教育课堂进入平桥与郝堂，为贫困的乡村开辟了前瞻性的领域。项目推进中幸有本地农民大胡子李力挺，把我们的手绘图变成了民间建筑的艺术精品，让我开怀。特别值得一提的是，郑州的鲍国志，长得像日本浪人一样，他对郝堂的村庄形态、景观修复，对实现"让农村更像农村"起了画龙点睛的作用，加上中国乡建院的注入，让郝堂项目一次又一次地发挥内力，让我们手绘郝堂走进一个真实的世界，修复了我梦想中的乡村。这些真的是我没有想到的。

有一点我是想到的，就是王继军的判断力、李昌平的影响力，以及我对此项目注入的热情，让郝堂渐渐地超出了2011年的"孙十二条"（项目实施内容）。今天王继军还在村里，年一过完，就要开始修柏油路和自行车道，听说明年有一个国际自行车赛，年后中央参事室的专家也要来郝堂村调研。郝堂村乡村建设理念与方法开始引起中央高层关注。

郝堂越热，我感到要做的事情越多。这次提前回马鞍山，也是为年后的郝堂建设做一些准备工作，题字、设计门牌、为郝堂村创作大型《荷》油画作品，郝堂建筑计划，郝堂的照片整理（精品），给村民家用进行新旧对比等（三号院要用）。每个村民家里挂上自己家的照片，通过新老照片展示村里的变化与文化，提升村民的荣誉感与凝聚力，这些都是在春节期间要完成的。

热闹的背后，往往带来不安，这一点我们要想好，不然就会"热"不长啊。

（2013年2月3日 凌晨2点50分 马鞍山）

这次来主要是审核旧学校改造与设计方案，梁军取名为"郝堂荷园"，标识设计得很美，我很喜欢。郝堂的商业用地要尽快启动，我与王磊、梁军讨论连为一体建设，商业区3个建筑群先建设一个，另外两个先种花，花丛中一个乡村银行，应该很有诗意。我的意思是全力确保夏敏女士投资成功，把品位与荷文化注入郝堂，最终让信阳人有一个品茶、喝茶的好地方。村干部说，夏敏女士没有钱，她们几个同学在做，这事感觉有点不靠谱。

修复中的文明

从我第一天进入郝堂时，就从没有想过要让郝堂变成华西村或饶治河，否则就是我的失败。不是华西村与饶治河不好，而是郝堂村就应该只是郝堂村。

我想营造的郝堂就是一个普通的村庄，如"方宅十余亩，草屋八九间。"是一个乡村形态与道德规范一体的村庄，是村民依然生活在属于自己的村里。我不喜欢村庄变得不伦不类，我更反对改变村庄的内核结构，只要这些改变了，项目意义就不大了。

很多人不知道癌症是怎么演变的，其实癌细胞就是在任意常态健康下发生病变，在病变状态下异常活跃，转瞬吞噬掉人体中的有益菌（细胞），让人体某个机构腐烂和死亡。

今天中国的很多乡村正处在一个癌细胞异常活跃的阶段，比如道德下滑、伦理变异、生态破坏、信仰缺失、文化沦落等，这些问题才是"三农"问题中最要命的问题。这个癌细胞大致分为五种：一是政府过度干预乡村治理；二是不切实际的文件与政策太多；三是过度强调产业与市场化；四是运动式、城市化、园林化设计，形式主义严重；五是部分人不尊重村规民约。

在郝堂村我只做过一次群众培训，做了我数也数不清的小范围吃吃喝喝的不同形式的培训，我不想影响村民，而是顺势而为地帮助他，让村干部与村民忙起来，不能是县区干部忙，农民在打麻将。我只想通过村干部来引导村民，我比较反对与村民（精英）弄什么头脑风暴，反对讨论村庄的公司与市场，反对讨论什么空心村与维稳的话题。癌症病人之所以会很快死亡，就是因为精气神没有了，精神没有了气也就完了。

我在郝堂只做精与神的事，对神的事情只是听村干部的安排，比如村里要放一个观音像，这是有关神的事情，我一定会征询村干部的意见，他们说好，我才敢做。再比如村干部要修庙，我会全力协助。佛山村是郝堂的邻居村，村精英马德记想要修茶坛，其实他看到我于2006年在五山模式中做的"五山茶坛"后，就有了做信阳茶坛的设想。2011年，我们见面了，就有了信阳茶坛。可这些都不是我要做的，是他们要做的，这是神的工作，是气的修补，我做的事情基本上是小事，是修修补补的工作。

郝堂村就是一个普通村的定位，所以不像五山、问安、汶川灾后重建等项目，我去参与村里村规民约的制定、村里重大事件的讨论，等等。在郝堂村，我彻彻底底地把自己当成一个过客，一个局外人。确实，我想，最多二三年我就会离开，我希望我离开郝堂，只是形去了，神依然还在。

进入郝堂有9个目标（开始是12个），每一个目标都是一个大课题。这些工作要尽量在工作项目中去潜移默化地影响村干部，能影响多少是多少，不要从专家和学者的角度指示他们去做，更不能自己还是一知半解就来村里做培训，那不是帮助村干部，而是完成自己的想法与项目。我经历了十几年的乡村建设，发现最好的方法是他们需要或者他们尝试着协助我去做工作。"孙九条"就是在这样一个过程中渐渐形成的。

一个村是什么样子，这与村的历史环境以及村干部的性格都有直接关系。中国很多村干部一干就是二三十年，村民的性格自然也与村干部相适应，就好像在郝堂我是"后妈"，曹纪良与胡静才是村民的"亲妈"，乡村工作一定是"亲妈"的事情，"后妈"不灵。第一书记、挂职干部有作用，可绝对不是"亲妈"的角色。"亲妈"与"后妈"的作用每个人都清楚，拿着"后妈"当"亲妈"是骗自己。

办事处领导一直认为村干部能力与主动性不够，我不这样认为。目前对郝堂村来说，这两个村干部是最佳人选，区里与专家的设想能够落地，功劳不在于我们，而在于村干部。郝堂村村干部最优秀的一点就是会对区、镇干部说"NO"，他们常常对区办事处和专家这样说，这就是郝堂村健康的一面、正常的一面。他们一面渴望村庄发展，一面防止"癌细胞"的渗入。对于这一点，五山模式中的闵洪艳也是如此。也正是如此，未来镇与村之间会有矛盾，而且越来越深。

郝堂村不能有太大的变化，太快、一夜巨变都是在吹牛，村就是村，不是工厂。德国诗人尼采有诗一首："不要停在平原，不要登上高山，从半山上看，世界显得最美。"

郝堂村不可能成为我们想象的共产主义，也不可能成为我理想的桃花源。她的价值就在于她是一个希望与问题并存的村庄，同时她也不是为了让专家与学者去研究而存在的村庄。我与王继军书记从一开始就这样定位，所以我心中的郝堂就是一个生活与发展中的小山村。

我所希望看到的郝堂是在普通中相恋，自信中拥有自我，富裕中留存尊严，生活中只见满足。这就是郝堂。

（2013年3月27日）

村长助理

中国绝大多数村庄"病"得不轻，尤其是经过新农村建设和新型农村社区运动，都属于"癌症晚期"。郝堂村是幸运的，没有被破坏，更躲过了新农村建设与新型农村社区的"侵蚀"和"骚扰"。

我能在郝堂做乡村建设实验是幸运的，幸运在于郝堂还是一个基本正常的村庄，没有发病，没有发狂，虽有小病，但无大碍。

什么是小病、大病？对村庄而言，"小病"就是村民不听话，村委会手上钱不富余，村里卫生不好，房子没有钱翻修。"中病"就是村里村民经常打架，村干部凝聚力不够，村支两委没有经济来源，村里乱搭乱建，等等。"大病"就是村里选不出村干部，村民上访闹事，村庄大面积卖地，村里留守人数降到20%以下，树木基本砍伐殆尽，垃圾成堆，等等。

话又说回来，只要是病就都有可能治愈，这是事物的本质，也是中国哲学中的"夫物芸芸，各复归其根"之理，以上疾病绝对有望修复和有望治愈。那么哪些是不可能治愈的，起码是短期内无法治愈的呢？我总结了一下，大约有以下3种：

一是种田的农民搬上楼房，二是像城市社区一样成排上线，三是搬到马路两边。他们的共同特点是家族血缘关系分离，家庭与田地、菜地分离，人与家禽分离，只要这三个方面分离，农民就不再是农民，农村也不是农村，那他们是什么？不是农民，不是市民，不是城乡低保人，他们是"绝症患者"，后患无穷。

郝堂建设就是基于以上可治愈的病症开出的临床药方，因为对症下药，两年间，"患病"的郝堂渐渐恢复了她的活力与自信。

给郝堂开药方的人是王继军，抓药的人是我们，胡静与村书记是治病的赤脚医生。我们这些人都认定农村是有价值的，坚持把农村建设得更像农村。陶康华建议土壤改良，鲍国志还原了乡村景观，"三农"问题专家李昌平推动郝堂的养老互助金融，翁永凯引入了农民健康防御，"打酱油"的禹明善协调各种复杂的关系。农民建筑师李开良与李如道带着村民一块砖一块瓦地建筑了具有自己文化的豫南民居，村书记与主任是两个过日子的当家人，像老母鸡一样守护着小鸡（村民），观察着来来往往的人群，端茶送客，笑脸迎人。

生病吃药改为健康预防，"三农"问题改为"三农"希望。对于乡村建设，没有规划，只有修复，乡村只要不按园林与城市景观建设就成功了一半。用自然修复自然，用道德构架伦理，用艺术回归乡村，用温度重建郝堂。

有人说我是设计师，有人说我是画家，也有人说我是专家。对乡村来说，我最准确的身份是村长助理。

（2013年3月2日 信阳—襄阳列车上）

断墙与残缺之美

在郝堂，经常看到骑自行车的游客，红红绿绿的真是一道风景。鲍国志对此情有独钟，带着我看现场。琴桥与北村口各有一个门的修建工程，鲍国志坚持要李开良干，我也是这样想，李开良是一个有责任心、有艺术感觉的建筑师。李开良有缺点，可是我认同他，就包括包容他的缺点。世上除了"神"还有完美的人吗？没有。没有，我们就一起面对李开良吧！2013年年初商定年后就动工。此项目是计划外的工程，"郝堂·茶人家"项目计划外的建设项目，已经占了一半以上，规划的调整也超过了三分之一，可见乡村是动态的，是活的，是顺势而为。

从3月8日动工起，我与鲍国志天天走现场，李开良派了最好的技术工人，第一次砌南口自行车入口墙，感觉技术太"好"了，好得没有一点历史感，太整齐，太规矩了。不行！要有艺术感，还要有历史的痕迹。第二次再砌墙，又加些旧石头，还是不行，还是有园林的感觉，又拆。第三次改为旧灰青砖，又加上旧石头，终于感觉好了一些，但还是没有历史的残缺美，又拆。这时工人们烦了，说实在干不了了，一群工人围着我，脸是铁青的，把铁锹往地上一扔。我一看傻了，想了想说："你们不是砌得不好，是太好了，而我要的是砌得不好，你们怎么不明白呢？"其中一个老师傅听了就火了，说："到底是要好还是不好？你们知识分子就是话都说不清楚！一会儿说要砌成经典作品，是要能留下来的优秀作品；一会儿又说要砌最丑的、最难看的，还要像猪圈一样。到底你们要砌成什么样子！"一顿狂吼，眼睛也红了，瞪着我。

我看着大师傅愣了半天，听得也糊涂了。

我是第一次看到他们生气了。

"算了算了，别发火了，对不起对不起，是我没有讲清楚。我马上认真地讲给你们听。"唉，我越是忙，越是事多啊。

我望着这几个男人，问他们："雷锋好不好？"他们齐声回答说："好"。"那把十个雷锋放在一起，哪个最好？"我问道。他们说，"比不出来"。"对了，郝堂现在很好看了，就是好看的太多了，都好看就不好看了，比如说以前土房子很难看，现在因为好看的砖房太多了，反而觉得以前的土房子很好看，你们知道为什么吗？"他们三三两两地点点头，没有说话，我感觉他们可能还是没有听明白。

我想了想，把其中一个中年男人拉过来，问大家："他长得怎样？"大家说："可以，也就是一般。"我又把一个又老又丑的人拉过来，让他们俩站在一起，问："这回怎样？"他们说这回中年男人漂亮多了。我哈哈笑了，说："要让郝堂漂亮，你们砌的残墙就是需又老又丑，把郝堂衬托得又年轻又漂亮。你们说这个又老又丑的人重要吗？"

他们似乎一下子就明白了，说"重要重要！"接着他们又问，"怎么能够让残墙既变成精品又显得又老又丑呢？"

我给他们讲了一个故事。很多年前我在中央美院读书时，在北京798帮一位老板砌一个画廊的墙，要砌一组墙挂画。这些画每一幅的价格都是上百万元。画廊老板说，这些画太美了，要挂在粗糙的残墙上，画就显得更精美。于是工人精心砌墙，3天后老板过来一看，差点晕倒了，说："砌得太丑了，谁让你们这么砌的？"老板反复跟工人们说，工人们却怎么也不明白。忽然我看到几个和泥的妇女，便问她们会不会砌墙。妇女吓得直往后躲说："不会不会"。我笑了说："就你们来砌，多给你们一点工钱。"3天后老板又来了，3个妇女不敢见老板，已经吓得跑了。大师傅低着头，说："墙砌得丢死人了，丢八辈子祖宗。"老板来到妇女们砌的墙前，一阵大笑，笑得疯狂，几位大师傅浑身都打颤，最后老板收住笑声说："太好了，给你们加工资！"大师傅瞪着眼睛问："老板，你说的是真的吗？"老板大声说："当然了，非常好！那几个妇女呢？"大师傅说："被我们骂回家去了，我们丢不起人啊。"老板说："你们赶紧给我找回来，就这样砌，加奖金。"

我讲完这个故事的时候，砌墙的师傅们仿佛一下子找到了感觉，眼前全是砌墙的妇女与和泥的小工。

3月11日，我从郧县回来，看到再次修砌的残墙的时候，一下子就开心了，太好了，太好了，这个墙太美了。这几日鲍国志已经回郑州，我每日与他沟通，谈论这面墙。这面墙都快变成儿子了，哈哈，我对他关心得很啊！

（2013年3月13日 高铁）

2013年3月28日

昨天到淅川，今天下午5点20分匆匆赶到郝堂。乡建院在建地下水温式空气调节器，李江安已经在等候，鲍匡志也在等我。我要先了解一下地下水温式空气调节器的进度，再全力推进实验。

很快我就直奔茶文化体验区。在乡村银行（后又改成文化馆）前面要挖一个水池，这也是我规划中确定的事情，因为此地已卖给马德记，村干部就不让鲍国志挖。曹纪良非常生气，说他已经把地卖给马德记，就不能挖了！鲍国志一定要挖。于是乎两个人就干上了。我来后，先与马德记商量，再说服曹纪良，最后同意挖地，因为这是我规划中早就有的。

另外，村里要设计小戏台。小戏台在学校会议室门前，是露天的，另外加一个卫生间，地点不错，这是王继军提议的。

晚上与王继军在锦江国际大酒店见面，就目前到 4 月 28 日之间的郝堂工作进行讨论。王说完成框架，完成基本功能，是宏观上的大结局，次日下午 3 点到村里一项一项讨论，包括约陈长春来，再次与长春交流，目的就是如何推广郝堂村，郝堂村建了这么多房子，又改了这么多旧房，现在每天来这么多人参观、运营、管理、治理、农民创收等问题就在眼前，我找不到方法。

第二天晚上，我与李昌平还有禹明善、曹纪良讨论村庄的发展。说到最后，李昌平认为郝堂还是有很多大问题，比如制度、框架、合法性（土地、产权、村民代表）等，我们一条一条说给禹明善和曹纪良听，禹明善一边听一边摸着头说："这些我听了都挠头，一般的村干部会听不进去啊。"李昌平拿过纸又说："不急，我画一个框架给你看，你懂了再讲给曹纪良听，曹纪良一定很高兴。大寨做这么大也不乱，不乱就是制度好，框架好。"这时，禹明善的老婆打来一个又一个电话催他回家，禹明善在电话里对媳妇说："不要催了，孙老师笑话我了。"

凌晨 2 点半，老禹电话又响了，我和李昌平笑着赶禹明善回家，禹明善又摸了摸头，故意很大声地说："唉，回家我要好好治治这个娘子。"其实他已经把电话挂了。信阳的男人都怕老婆，这是全国闻名的，哈哈。

2013 年 4 月 1 日

村里的事真多。早晨，我匆匆去村里的路边店花了 3 元钱吃了一碗热干面、一碗米线，吃饭时接到教委关于郝堂小学护堤改造的电话，又有曹纪良说会议室厕所蹲位少了，还有涂健歌朋友租的地少了一亩，村干部不想租，再就是催马德记与康总到茶坛确定开工，然后鲍国志咨询乡村水塘是否保护了，北京金珠满江的金泓言仿土墙技术员何时到郝堂，另外老李咨询乡建院弓形梁的弧度，等我到现场，催梁军加快小学改造设计方案，要开夜班，等等，此时我怕是已经晕头转向，不晓得东南西北了。

一路上电话不停，我匆匆赶到乡建院门前，与李开良确定了弓形弧度，然后以每小时 80 码的速度在弯弯曲曲的小路上一路驾车飞驰，来到马德记的工地。

康总先到，我到了后马总也到了，紧接着，梁军的技术员也到了，就室内造价和施工时间商定后我就离开了。就在此时，李开良与李如道来了，李开良说的是郧县峡镇村技术的问题。

后来我又与农业局局长联系，请他下午派技术人员支持完善茶坛景观。

10点50分上车，我跳上车飞速赶往党校，明天我要回马鞍山送老丈人入土，这是大事。

1点15分上车，列车经信阳东—汉口—南京南—马鞍山，估计到家要晚上7点半。

我之所以如此投入郝堂，是因为这可能是我最后一个倾情投入的集大成项目。我刻了一方印，四个字：郝堂有缘。

（武汉汉口火车站）

小村的价值

2013 年 4 月 17 日

  郝堂在大规模建设后，村庄还是村庄。村民越来越多，田地也增值了，村民对村干部越来越有感觉。村民们有了自信，村干部还是曹纪良和胡静，村庄没有变成公司模式，村干部也没有变成董事长和总经理。两年时间我们还给村民一个完整的、更像农村的、平静而自治的小村庄，这就是郝堂的价值。一个字"真"，真致善，善致美，美由善沉积而成，这也是艺术的最高境界。

  郝堂村可以有变化，可以有资本，可以做旅游与休闲，可是郝堂村的村庄自治结构不能变。郝堂村一定要以农业为主体，要保护农民的利益与自信，因为农民是未来中国文明进程中远远比市民更有价值的群体。中国有一个风水轮流转的文化，再有十年，农民过的就是田园式的生活，这是注定的。

  我不主张今天的农民弃农经商，学习城市人的过度市场与竞争那一套理论，更不能用工业的模式、经营的模式建造乡村。因为今天城市的文明以市场竞争为核心，是强制性的法规文明，以竞争来繁荣发展，那是城市文化，不属于乡村。这种文明是不可以与农耕文明相比的，一旦相比就是对东方文明的玷污。

  今天的品牌与品质往往是分离的，但郝堂只要不涉麻将，不备赌具，就有品质，只要能把茶融入村民的日常生活之中，就有品质。品质是品牌的核心，郝堂不能仅仅有农家乐，还要有体现文化与品质的旅游，这一点村干部可能还没有意识到。

  2013 年 4 月 14 日早晨，村干部与我一起坐在村队部的长廊上，讨论怎么做生意，怎么做品牌，怎么做经营管理。他们说，来郝堂出谋划策的有上海、北京、郑州、武汉的专家，但是说了大半年了，村干部还是一头雾水。这是注定的。

  曹会计问我："孙老师，你说怎么做好郝堂的生活啊？"

  我笑了笑说："生意没有那么复杂，复杂的你不具备条件，也不会，所以建议你们还是务实一点，不要再听企业家与专家说的那一套，不靠谱。""给你们三个建议，就可以做生意，一是注册商标，你们会做吗？二是印刷包装盒，你们会不会？三是管理好账目。

这三件事弄好，找一个房子卖郝堂的商品就是生意了。"曹会计说："就这么简单啊？"我说："是啊！你们以为做生意是造原子弹啊！"生意就是家庭过日子，中国千千万万母亲都在经营自己的家，能把家里弄好，孩子教育成人，就是最好的"生意"。现在千千万万个农家乐难道不是生意？

在这个讨论过程中，村干部了解了游客的要求，对商品的要求，对质量的要求等，包括发票、包装、产品的营养、是否有机、价格的竞争等，这些都会在现实中一一体会到。至于市场与客户的要求，都需要在与客户的交流与磨合中获取和满足。

郝堂真正的进步，是村民要进步，是村干部在建设中要进步。在两年的建设工程中这一点我们深有体会。我的经验就是踏踏实实、一步一个脚印地做，做好小事，才知道未来。什么叫市场？有人就有市，有市才会有场，价值就在这个基础上形成了。

郝堂再留一年

这两年区委王继军书记与我交流很多，其中谈的一个话题就是希望与北京绿十字再合作一年。

王继军书记问我郝堂已经完成多少。我说60%~80%。王继军书记说在他的心里是40%，鲍国志说关键不在于完成多少，而是郝堂还没有形成一套有效的管理模式，如果3个月不管就又会回到"解放前"，所以对于郝堂村项目孙老师还要再做一年。

郝堂目前除了商业区以外，该设计的已经全部完成，再要做的只是软件，诸如管理、村规民约、农家乐服务与经营等问题，没有太大信心，软件与运营我也发愁。所以我想两年结束。我多次与鲍国志在村里说到这个观点，也是想让他们心里有个准备。

原本想6月30日之后就基本不来了，再来也是把党校办公室与住宅搬到乡建院，那时我再来就是客人了，我特别喜欢做游人的感觉，那是一种享受。

现在我与各局委和村干部之间是工作关系，有很多事情都要找我来处理，这些事也是我应该做的事，还是我想把它们做好甚至做到最好的事。合作结束后我与他们就是朋友，不再是甲方乙方，我也轻松了。

郝堂项目确定用两年基本完成，我已经完成合同内的80%，合同外项目大约超过合同内项目还多，也留下不少遗憾，就是茶文化体验区（商业街）的建议，这个遗憾只能到另一个项目中去弥补了，那就是郧阳的郧阳新街。

我一直不觉得我在郝堂很重要，因为我基本上是在顺势助推村干部工作，在完善区、镇两级交给我的任务，我不能也没有指挥他们做什么；相反，村干部绝对比我重要，我是给他们"打工"的，拿人钱财，替人消灾。每天都是他们安排我工作，比如处理有关建桥、修堰等事情，解决学校房子小了，路没有护坡等问题，找财政局徐局长要项目资金，等等。本质上我只是一个为村干部跑腿办事的角色。

我自己感觉只是一个把握度的人。什么是度？度就是把我想做的乡村建设的理念通过规划与建设，融入乡村修复，融入文化修复，融入传统的修复的过程。适度为美，这些是生活中看不见的建设。而看得见的建设就是房子要建多高，要用什么样的砖，窗子要开多大，垃圾要怎么处置，村里水系要调到什么程度，学校要有什么样的环境，孩子要有怎样的氛围，村庄怎样引导村民才能使他们心理更平静，等等，这些就是我所说的度。

村里真正做决策的人是区委王继军书记和村干部，李昌平、鲍国志、禹明善也常常会做一些比我更有前瞻性的建设与动作。

我给自己的定位是帮忙不添乱，正因为这样，我一直觉得村里有我无我不重要，未来重要的是有几个人必须留下，一是做景观的鲍国志和建房子的大胡子李，二是做乡建金融的李昌平，三是做农民健康与计生宣传的翁永凯，四是做土壤改良与紫云英原种培育的陶教授和戴教授，还有做文化与市场定位的陈长春，他们不能走，他们能让郝堂由表及里，由浅入深。说是说，最后除了村干部与村民，一个都不会留下，所谓"原居民"就是永远也走不了的人，想走也走不了的人。

我现在要做的唯一的工作就是郝堂村的控规，也就是对未来郝堂的长远规划，这是目前最重要的事情，我建议由乡建院来完成，这个工作不做，以后郝堂可能会失控。

郝堂未来能走多远，这个控规是关键。

我在郝堂的另一件事就是做总结。对于郝堂项目在两年间做了这么多事，遇到这么多能人、神人，又能将这些人聚在一个小山沟，真是神了。用昌平的话说："孙君500年前就是这里的一个和尚，哈哈！"因为有缘，所以要认真寻找，找到500年前我是否在这里涅槃。

王继军书记说，他的中国梦就是郝堂梦。我说郝堂梦是一群人的梦，也是我的梦。是梦就不可能完美，留下一点遗憾才会继续前行。世上没有十全十美，郝堂也不可能完美无瑕，生活中的遗憾也是一种美。

郝堂，我真的不想再做了，该做的我已经做完，再做就找不到自己的价值了。就这样吧。

(2013年4月29日 G504列车上)

余 梦

郝堂的视角传播

2010年年初的郝堂,绝对没有人说郝堂村有艺术气质,也不会有人驻足于此,流连忘返,更不会被冠以"中国最美乡村"的称号。

2011年5月,我给郝堂项目定名为"郝堂·茶人家",定位于"把农村建设得更像农村",核心是以艺术的视角来建设乡村,让成百上千的青年农民参与了这场巨大的乡村艺术创作,这幅作品创作时间为两年。

郝堂三步棋

所谓艺术创作,特点是作品具有真实性、艺术性和延续性。真如宋代晏几道《玉楼春》中的一句"织成云外雁行斜,染作江南春水浅",一个"斜",一个"浅",勾出我心中的田园乡村。

真实性,郝堂村已经脱胎换骨,脱掉的是萎靡消沉,换来的是自信精神。村民还是原来的村民,他们依然以种田为生,但是,他们在郝堂乡村建设如此之大的项目中,目睹和参与对美、对施工、对技术的精细要求与创作,以及有了超越古人的信念,转变了对每一幢房屋、每一座桥梁的认知与态度,向艺术审美升华。

很多人认为文化、艺术源自城市,与学历、文凭和大学校园有关,可是我一直不以为然。我坚信,文化源于真实的生活,源于泥土的芳香,源于动荡的农耕文明。相隔两年以后,我们再来郝堂,这里已经是如诗如画的田园乡村。真实性是"郝堂·茶人家"的新农村建设的特质,是村民在生活与生产中接受了以艺术的视角对自己的家园进行改造和艺术创作的方式并参与其中。这种创造体现了农村对美的渴望,对艺术的兴趣,以及对创作的热衷。从2011年年初郝堂人的不接受、不配合、不信任到今天的完全接受、配合、信任、融入,从旧房改造到新房建设,从乱扔垃圾到对资源自觉分类,从乱搭乱建到自觉有序建设,从盲目跟从到按图建房、按图施工,等等,这一切都源于"郝堂·茶人家"项目建设恰好处在村民能够接受的范围之内。

从2011年到2013年两年间,村民们也逐步融入了我最初制定的"12条目标"中。这12条目标,目前来看有9条实现了。两年中,村里最重要的变化是,外出打工的年轻人约80%回来了,很久不见身影和啼鸣的鸟儿飞回来了,村民爱干净了。2011年年初,村里连一家农家乐都没有,现在有16家之多,还有客栈,有150多个客宿床位,有茶,有店,有花香,有近120亩的荷花池,有养老中心、土特产、特色豆腐等。村民不仅种田，还开始了另一种生计经营，这种变化的核心，就是村中就业岗位的增多。一个村只要年轻人回来，一切"三农"问题就转换为"三农"希望，我们制定的"郝堂·茶人家"目标就真实了。

关于艺术性，郝堂项目在告诉社会，艺术不仅仅有城市文明，同样也有乡村文明，甚至农民对艺术的追求更高于城市。郝堂项目的艺术性，有三个方面：一是乡村原真艺术的参与性，二是文化的生活感，三是生活的真实性。这三个方面体现的郝堂之美，源于村民自己的劳动，源于他们对郝堂村固守与发展的信心。因为在建设与改造中，费用主要由他们自己出，可房子必须按我设计的图进行改造，而且不准随便改图纸。按照我的设计，每平方米造价原定 750 元，后来增加到每平方米 1200～1500 元，费用增加将近一倍。可是村民仍然愉快地接受了见所未见的精致完美的建筑艺术。更重要的是，村干部首先认识到了艺术的价值，没有村干部的认知，农民很难参与到村庄的建设过程中。

艺术的价值在传递

作为一个设计师（或者说艺术家），要想开启民智，要想把美与善的建筑与设计传递给社会，就要在作品中融入一种能够传递的能力，这种能力就是真与爱。我们要解决的工作分为多个层面：当下执政的领导首先要认同乡村是艺术之源的观点，因为我们在政府范围内做事，如何与领导人达成共识，并让体制内的专家与行政领导思想一致，这是设计师需要考虑的问题之一。在这项工作中，我选择与我的价值观和思想理念一致的领导，除此之外绝不合作。领导接受了设计师的观念之后，会以最快的速度分派任务给与自己思想相吻合的乡镇与村干部，这是项目搭建的执行团队。村干部是生活在土壤里的农民，今天的村干部思维与设计师有天壤之别。在交流过程中，设计师用自己的语言表达想法时会被村干部当作"疯子"，他们听不懂，所以需要县和镇两级干部把设计师的语言与想法进行调理修饰，变成村干部能听懂的语言，这非常重要。

在中国，只有让农民认可了、弄懂了，才能有真正意义上的发展。改革开放，是从小岗村开始，是从土地改良开始，这才是中国改革开放成功的开始。为什么呢？因为如果吃不饱肚子，谈什么理念与顶层设计都是胡扯。

作为设计师，也是这样。我们要做一个简约的"郝堂·茶人家"，而不是像杭州安曼、法云村那样，那里已经没有农民。没有农民就不是村，没有田人合一的村子是真正意义上的空壳村。那里所谓的村只是一种象征，是想象中的村罢了。而我设计的郝堂村是有村民居住，并有更多青年农民回来的原村，这才是一个真实的村。

所谓"艺术的目的是第三者"，这是一句复杂的俗语，这些语言必须先让村干部弄明白。他们是项目的第三者即执行者，执行者与第一者设计师的艺术具有一致性后，项目就算成功了一半，而让第三者与第一者达成共识的关键是第二者领导人的传递与解读，这就是艺术解读的三者之间的关联性。说得再简单一点，就是艺术家—领导人—村干部—游客之间的关系，郝堂项目就是最终由村民的生活影响游客。这就是艺术的传播价值与路径。

湖北省的一位官员徐新桥先生说："乡村建设有皮毛之说，皮是内深式的，能激活村庄活力的乡村建设。毛是建立在村民生活与生产之外的，以自娱自乐为主题的乡建形式，这种形式只要不提'乡建'二字，就不会被议论。"

今天很多人把建筑、设计、环境美化、乡土音乐、艺术、合作社等均归入乡村建设，不免有点牵强。无论今天还是历史都是如此。中国真正意义上的乡村建设，应该从晏阳初先生开始，晏公较为系统地建立了一套开启民智主体的乡村建设理念，以及文化与精神的生活与生产方式，并倡导了以"九大信条"为核心的乡村建设的基本理论框架。

过程是艺术的灵魂

我画郝堂，也建设郝堂，大家都说郝堂是画家画出的小山村。确实是这样，郝堂村到今天为止并没有一摞厚厚的规划画册，没有详规，没有经济分析，没有建筑形态分析，没有产业规划，没有旅游专项规划，没有什么俗气的"一纵三核，一心五区"之说，没有节点分析，等等，那是城市设计院的工作模式，我不擅长，我擅长的是凭我的艺术直觉，凭村干部的生活感受，来因地制宜地做建设。在动态中做动态是建设，现场的真实是艺术感受与日常生活所联合决定的价值所在。现实所呈现的结果才是艺术本质真的特质，这才是艺术的乐趣与艺术家的智慧之举。

2011年，我并不知道郝堂会是一幅什么样的画，我只知道郝堂会变个样，这特别像我在创作一幅作品之前，并不知道能不能画好，只有落笔后，才会凭着自己的艺术感觉努力、尽力完成手上的作品。这个过程是创作的决定因素，这个未知的过程就是艺术价值与乐趣。

无论我怎么说，也无论有些人对郝堂提出不同的看法，有一点毋庸置疑，那就是2013年的郝堂与2011年的郝堂完全不同了。艺术家不是用论文来说话的，也不是用演讲来征服观众的。我每天晚上画图时都在想，这些图中包含着村干部的梦想，包含着我们对乡村的期待，还包含着村民与市民对未来乡村的渴望。我们心里明白，这些也是规划与设计中的真金白银和不含水分的干货。往往是头一天画图，第二天就把图交给农民施工队。建设的过程就是村民自治的过程，就是乡村文化与文明修复的过程，也是村干部重新治理的过程。两三个月之后，画出的图纸变成了实实在在的建筑作品。艺术家用心灵将智慧传递给第二者领导人，再开启第三者村干部和村民，最后以作品来说话。郝堂是第二者和第三者齐抓共管的结果，恰好与我（第一者）的观念与审美相契合。这样，"郝堂·茶人家"才能称得上是一幅有价值的作品，也实现了把艺术还给农民的最初的动机。

（2013 年 6 月 10 日 北京 方庄）

手工坊

手工坊让我决定，项目该结束了。

郝堂的手工坊，从建设之日起就不安宁，最近半个月里可能某领导说手工坊体量太大要拆。王继军书记做事严谨，又请了专家论证，都说要拆一部分。我反对，不能拆。因为这个建筑原本就已经考虑到领导与专家所说的因素，在设计之初我就很清楚。关键是我不喜欢什么专家与领导对我未完成的作品评头论足，这犯了我的大忌。

大约是在今年夏天，苏永华书记就对我说，要在学校下面建设一个手工坊，其实就是一个服装加工厂。我一听就晕了，一个工厂体量会很大，工厂放到郝堂也不太适合。后来禹明善说："我们的想法是着眼于村里妇女的就业，妇女送孩子上学后就到厂里上班，孩子放学后可以接他们回家，再说这也是企业家余大齐的善举。"王继军书记还做了不少工作，确实，那时的郝堂啥都不是，一点也看不到希望，村里就是一个乱七八糟的大工地，能把一个工厂投入村里，王继军书记也是用心良苦，企业家也不容易。

禹明善找了一位设计师设计了一个手工坊，可能是王继军书记不满意，又找到我重新设计。我又找到村干部，村干部说："只要我们不出钱，就非常欢迎。"不过说心里话，我的配套的地多了一些，没有办法，王继军书记与苏永华书记都答应了人家，我就只能配合了。手工坊就在这样一种状态下由我来负责设计。

禹明善与苏永华领我去看手工坊的位置，原本设计就建在此地，王继军书记一定是知道的。这个位置不适合，在最适合的地方要建一个最该建的房子，可是大家都同意了。我只能在原来的基础上进行优化。问题是要建这么大体量的房子，就必须配置一个建筑群，不然就像一个巨无霸，于是我就尽量把所有的房子都放到这里。村干部要建两栋房子，我觉得很好，大体量的手工坊与两栋小体量的民房，加上礼堂，基本上是一个建筑群。在设计的时候，我反复强调学校是主体建筑，手工坊是附体，余大齐总经理认可，我才开始设计。

在建这批建筑群的时候，我反复测量建筑群与学校的关系，从平面看山际线与房子的关系。房子不能挡住山，这需要从不同的角度来保证学校的建筑主体是完整的。尤其是从 6.5 公里进村方向，站在村委会和廊桥位置，我带着李如道和李开良反复测量，最后确定，手工坊只能高出地面 30 厘米，目前高出 50 厘米。

另外一点就是建筑高度的节奏性。这个建筑只要形成群之后，互相之间的关系是支撑的，是一种群体的建筑美。我在草稿上反复推敲学校高楼的位置与预留的空间，目前学校与建筑群就是我预留的体量，整个小建筑群呈现山之体形。

从平面看，如果从建筑群体量来看，原本预留了学校和手工坊的空地，但这个空地太大了一些，这时村里曹会计与村民兵营长朱德新营长要建新房子没有地方，我就同意建到这里，可是高度又成问题，建两层高了，一层又不好用。对于这一处我还是心软了一些，画了建两层的图纸，两栋民房高于手工坊和学校礼堂。我知道，作为一个建筑群整体来看有一点影响，可是不会太大。

对于郝堂项目，很多房子都没有规划。好的设计师与规划师是可以用墙、建筑、绿化来调整空间的，坏的建筑师与设计师只会拆。这是好设计师与差设计师的区别，而更好的艺术家会利用差来化腐朽为神奇，因为生活中差离精致很近，就像生活中美与丑只是一步之遥。

在建设郝堂建筑群之前我就已经考虑到今天所谈的这些问题，目前专家担心的问题正是我当时已经想过、考虑过的问题。

比如手工坊的体量，我把一个体量大的工厂分解为两处建筑，把东西长度最大的房子在设计时分为高低两节，以缩小体量。另外我把工厂设计成一个像会所式的艺术建筑，为以后万一工厂不开了改为客栈或会所留有准备，还有一点就是不让客人一眼看上去就知道是工厂。两户农民的房子分别设计了两个折形、体量最小的结构，整体平面上看建筑沿路边的房子是进进出出的，再深一层次看，应该为后期绿化留下调节的空间。

目前建筑群已经基本建完，建筑群与散落的村庄形成了一疏一密的关系，让游客感觉像城与镇的关系，其实我更希望手工坊改为客栈与咖啡馆、茶馆，那就更完美了。

建筑群中的主体（学校），一定要半露半挡，这是规律，如果一览无余，那就是今天我们所看到的像兵营一样的整齐排列，那是很难看的。交叉、错落、若隐若现是我对学校与其他三个建筑的理解，目前感觉不错。

在色彩上，学校是白色的，余下建筑是灰色的，学校从村委会（中心视角）看是在中心位置，也是最高，并能看到一至三层的层次，这一点没有问题。这也是为什么我建议把附属建筑全部调为灰色的原因。

我的结果

目前手工坊不用拆,很好,只要用植物遮挡部分体量,视觉上减少体量,再弄一些爬山虎等植物就可以了,可以用最少的投入解决体量的问题。如果政府一定要拆,我也没有什么好说的,毕竟我是外人。

早上余大齐来电话说到拆手工坊的事情,说王继军书记一定要拆,一定有他的道理,或者是他们有难言之处,我支持他。我又征求李如道工程师的意见,关于结果与技术上的事情,最后问李开良拆除的技术难度,大家达成一致,就是把东面三间房子变成回廊,留下三间房子,拆去墙,保持景观的通透性,同时也保持企业的功能与实用性。

另外,以一定面积的植物遮挡,把大体量的房子一分为二,让体量变小,两个农民房子保留一层,增加部分面积,让房子有实用性。从2013年开始,郝堂项目越来越难做了,一个项目往往有几种意见,乱指挥与要求越来越多,常常让我不知所措,这个环境与2011年和2012年不一样了,我开始感觉不适应了,关键是,项目最初的管理机制没有了,项目有些散了,我不太喜欢,主要是现在指挥的人越来越多,我渐渐地失去了设计师的作用。

手工坊拆与不拆其实关系不大,关键是我兴趣已经不大。

这期间来的专家与领导也越来越多,来的人说得最多的是,郝堂村没有产业,年轻人要有就业岗位。我一听这话就生气,这是不了解农村的人说的。

什么叫产业?用专家的话说就是,不要种水稻,村庄要改成农家乐,要招商引资,村民要变成老板、企业家等,我看目的就是把农村建设得不像农村。中国农民种了几千年粮食,这不叫产业叫什么?农民种田不是岗位?那是什么?难道是待业?

为什么我每个项目只做两年就离开?因为如果不成功,连野狗都不会来,如果成功了,就什么人都来了。那时,要名的、要功的、要利的,还有美其名曰研究成果的全来了。中国有句古话叫"高处不胜寒",这是无奈也是智慧。

2013年6月18日

早晨,我带着郝堂村张玉珩将军的油画像来到郝堂,将油画像交给村委会。前几日,胡静来电说7月1日要把张玉珩故居布置起来,我听了很高兴。见面后胡静、曹纪良、孙德华在有空调的办公室坐下,就目前村中的一些事与未来的经济发展进行交流。

三位神采飞扬地谈到文化周,说到村里的人气越来越旺,村民思想也慢慢理顺,村里(红星组)建设基本完成,现在最大的困难就是土地指标还没有办成,很让人头疼。

我跟鲍国志说了一件事,就是学校生态餐厅门前景观,做得很粗,王继军书记说很难看。我与鲍国志去看了，感觉基本上还行，但需要鲍国志帮我略作调整。鲍国志与王继军书记交流比较多，也容易交流，所以让鲍国志出面调整，同时让鲍国志说服王继军书记。

这些应该都是小事，胡静与曹纪良、孙德华互相推托。他们告诉我目前最大的问题就是村里没有统一的解说词。比如大学生协作者说村庄是她们建的，原来他的协作现在以做生意为主，现在拍照片、留资料他们也不配合，叫不动他们，他们只听禹明善书记的。李昌平老师说的内置乡村金融，说的是养老村。目前内置金融办不下手续，地下钱庄与银行还比我们优惠，养老中心目前一个老人也没有，区与办事处领导也很少提金融与养老。胡静说，曹纪良一听我们介绍金融与养老的事，扭屁股就离开，这些都是问题。

旅游局解说词不得要领，过于政治化、空洞化。禹明善说得相对全面，可是他重点突出了乡建院和金融的作用，这会让上级领导不舒服。一位局长说，听说区里还要与北京绿十字签约，说北京绿十字来的专家低调，从来都说郝堂项目是政府与村委会做的，不抢功，这非常重要。

胡静说，她在解说时基本按照事情发生的顺序说事，不过她还是感觉"把农村建设得更像农村"更是郝堂乡村建设项目的方向。她说："这两年我们一直在努力，让郝堂村更像农村，郝堂不是哪一个人做的，是大家一起在做的。"孙德华说，王继军书记的理念，村委会的努力，办事处的认真，孙老师的规划，翁永凯博士的健康理念，李开良的技术，李昌平老师的养老资金互助，这些就是郝堂发展的内容。

曹纪良说："如果下一步再做，我们（村）估计就赔完了，原来账上还有70万～80万元资金，现在一身负债啊，我的压力太大，办事处每天接待压力更大，这样不行啊！"（办事处苏永华书记总说郝堂村有钱）李昌平老师在介绍的时候说，乡村金融与乡村养老互助，这两个项目是郝堂的主体，也是机制与体制的改革，确实有作用，可是目前运作还只在原有的基础上，还需要李昌平老师下力气推动才行啊！关键是实际操作，还有就是区委政府要认同与支持我们才有底气。政府在介绍郝堂村的时候很少提到两个内容的重要性，现在我们也不敢提，可是李昌平老师提，声音越大，我心里就越没有底。"孙老师，你要给我们统一思想，统一口径，要一致对外，说清郝堂的思想与理念，不然我们真的是云里雾里啊。"曹纪良一口气说了一大堆话。

我只听着、记着，一般不说，这些对我来说都是特别重要的原始资料，也是我在这个阶段了解村干部想什么、不想什么，我们专家还存在哪些问题的重要原始依据。

听话听音，听鼓听声。村书记与主任人前说的话与背后说什么，想要什么，下一步村如何走,每一次与他们交流后,我心里就知道郝堂村下一步发展方向,这些对我来说就是规划,是心理与精神层面的规划。

晚上,我给李昌平的好友贾建友去了电话,谈了今天早上与胡静交谈的内容,就是乡村内置金融与养老村的事情。我负责郝堂村设计,在我的设计中,所有子项目都在适当的时间内顺势向前推进,翁永凯博士的农村健康与计生养老也遇到了问题。就是随着国家计生委与人口健康和卫生部的合并给翁永凯博士带来项目上的麻烦。王继军书记让我给翁永凯博士带信,不要急,过一些日子就好了,他们推进此事。我在郝堂最重要的项目是李昌平的,目前表面上不错,而实质上运作有阻力,并慢慢地显示出乡村金融的后劲不足,养老规模发展很慢。养老中心基本没有老人,来娱乐的人也少。我找贾建友商议,在这两个项目上他们下的功夫不够,要有人来盯着,找到项目其中的原因。关键是要找到不足和解决问题的方法。

贾说过几日到北京找昌平认真谈此事。这就很好,解决问题才是王道。

村里的事如同春秋战国,白天两个人打仗,晚上就在一起喝酒,村干部、乡镇干部说的事不会事事认真,很多就是一阵"烧脑",不少就是说说而已,过些日子啥事也没有。

(2013 年 6 月 20 日 凌晨 九重岔)

郝堂的价值

协作者姜佳佳说的对,郝堂村是每一个人的,是大家做的,绝不是哪一个人做的。大家都说郝堂是自己做的,郝堂村才有价值。

对于郝堂项目我是基本完成大的规划与建筑框架,从 2013 年 3 月起,我的工作重心就转移到乡建院。北京绿十字孙晓阳全面负责郝堂项目的后期理论总结与项目总结。陈长春的项目推广介入了,鲍国志的乡村景观渗透才刚刚开始,丁华中的乡村美味准备入户了,政府推动的文学馆、乡村银行、自行车系统建设、茶文化引入、村庄车辆管理、村环境卫生(不仅仅是垃圾分类)都在一点一点地推动。

这期间,区委王继军书记、镇委书记、村委书记和我们一直在讨论这些好像永远也做不完的事情。

(1)村里的车辆一概不准进村。我给村农家乐与村组干部培训讲课时,镇苏永华书记讲村里的未来时都提出过,车辆不进村的问题解决了,这个也是鲍国志强烈建议的。

(2)5月,郝堂举办了文化活动周与非物质文化遗产活动,村里留下了大量的红灯笼,满眼皆是,非常刺眼。这上我感觉郝堂像一个很大的农家乐。可是村干部与村民感觉喜气好看，于是我又分别与曹纪良、胡静主任交流，谈村的价值，谈村应该是什么样子。郝堂村挂了那么多的红灯笼，就像农村的孩子化了浓妆一样，要多难看就有多难看。什么样的村才能吸引更多的客人？两天时间他们想通了，同意把村里的红灯笼全部撤了。郝堂又安静了，郝堂又像村了。

（3）郝堂让游客很累。游客来郝堂玩儿，脚步停不下来，不在村民家吃饭不好意思，到农户家坐坐，如果不吃饭就不好意思进家上厕所。在中国我喜欢去的地方就是肯德基与麦当劳，为什么呢？这两个店做得很大方，回避了中国人狭义的经营意识，主张人们只要进了店就是客人的理念。这两个店 24 小时都是游客的家，不买东西也能安心地看书、聊天，不花钱也可以上卫生间，路过的人也可以进店休息。我不停地把这两个店风靡全球的理论讲给村干部听，讲给苏永华书记等人听。至于郝堂未来怎么走，应该由他们来定夺。

郝堂做到今天，不仅仅是村民受益了，关键是信阳市人也受益了。来郝堂 80% 以上的人不是农民，而是城市人，是外来者，是游客也是客人，是郝堂村的服务对象。

千万不要忘记郝堂的价值，一是村的本色，二是农民的价值，三是生态的优势，四是新旧模式的新农村，五是茶人家，六是乡村温度。

把握这 6 个要素，郝堂就靠近了美丽乡村的目标。

（2013 年 7 月 4 日 雅安灾后重建）

十一年的反思

我在做郝堂项目时有了更多的经验，开始把人与社会、人与自然、人与人、建筑与文化、美学等工作予以明显提升，更加把方法与过程看得重要。

从项目一开始我就把实验性作为自己的课题研究对象，对建设过程、村庄历史、乡村未来、变迁与发展有了更深层次的探索研究，再加上今天的现实结果，有了比以往任何时候都更认真的劲头。

在执行的时候，把卫生与健康，乡村养老资金互助，传统种养，原种培育，传统村庄改为村庄经营，包括茶的文化与茶的环境，村集体建设，村庄建筑研究与建设，资源分类等事项均一一提到日程上来。

尤其是对乡村规划、乡村景观、豫南民居、旧房改造、村庄营造、乡村规划的方法、规划与血缘关系、乡村建设的系统性等都有了大量的关注与反思。

反思、反省、总结、研究，这个项目让我真的全身心进入了乡村建设领域，这个阶段的乡村建设，不再是反省与反思，而是有方法地践行，在实践中总结，在总结中提升。

这个时期，我开始创作与编著《农理》《给我三个春天》《把农村建设得更像农村》《落地——乡村规划随笔》《温度——乡村调研随笔》《乡村，中国未来奢侈品》《乡村——陌生的中国》等大量总结性的文字。

郝堂项目，可能包括社会学、人类学、美学、生态学、农学、乡村营造、乡土建筑、乡村精神等方面内容，我很难把这些学科分离，毕竟这些都不是我所学的专业，我是隐隐约约地感觉到我们的工作已经涉及这些学科。有时在村主的交流与工作中，还明显带有较深的哲学话题，所有的反省都在行动中去思考，都在思考中去实践，在实践中寻找更明确的方向。

设想与结果

项目在实施之前，就把主体性（参与）、社会性（专家与学者）、专业性（各子项目的团队）、政策性（政府的中心任务）、资源整合性（政府的各局委项目）、实践性（具体操作）、市场性等一一明确。这确保项目一开始，就具有方向与结果的要求，这个过程也基本按照原制定方案稳步推进，结果与预想没有太大的差异。

专家习惯在问题中去看郝堂，总是担心，看到的问题比解决的方法多；政府更是乐于只要结果不要过程；而我是用动态的规划观察动态的变化，用预料之中的变化去看预料之外的变化，站在大的格局中看变化与问题，更关注项目的过程，核心是顺势而为大道至简的东方哲学思想。

在郝堂项目中，我基本上不惊、不怒、不争，因为结果我是知道的。

另一本书，由北京绿十字主任孙晓阳与王佛全主编，在2012年10月就开始准备，即反映郝堂变迁的画册《回家》。这些对我来说远远比项目本身更重要。我们不能要名，那是政府要的；我们更不能要股份与钱，那是农民要的；我只能要理念与思想，那是他们都不要的，恰好正是我所要的。我们各得其所，不然就会犯大忌。

好项目要具有深度，要有时间性，还要有理论性，关键是要让人能记住。2006年我完成了5本《五山乡村日记》，又著作了《农道》，写了《新农村建设的方法与实施》，木棉写了《汉水谣》长篇小说。这些以文字的形式在记录着五山。2014年，相隔8年，再通过《给我三个春天》这本书完成从感性到理性，再由理性指导到感性中的实践，这就叫历史。

这期间来郝堂的媒体越来越多，记者蜂拥而至。面对媒体我很清楚我该怎么做。我一直在说，郝堂村项目做完了，就与我没有太大关系了，"拿人钱财，替人消灾"，这是做事的原则。我一直对村干部与镇、区工作人员说："在以后的项目介绍中不要再提我，我的工作已经结束，郝堂建设这件事儿就是你们做的，我只是动动嘴而已。"

我与平桥区政府，与一大群志愿者，与村干部们在精心地修缮郝堂，在修缮的同时，不仅仅是为了郝堂，也是为了完善我们每一个人的价值观，让自己在有限的生命里做一点点有价值的事情。对于郝堂村的项目我从一开始与李昌平交流时，就预感此事靠谱。所有的成功都是在有准备的状态下进行的。

郝堂项目在很多方面做得远比五山项目更完整，毕竟时间已经从2003年到了2013年了。在我心中，堰河项目是我乡村建设的"延安"，郝堂项目是堰河的延续。

时间又到了2014年6月，今天的郝堂已经很有影响了，也成为中国乡村建设中的一个成功案例。十八大中习近平总书记提到"看得见山，看得见水，记得住乡愁"，郝堂村成为这个时代的经典之作不足为奇。今天很多人在谈到乡村建设的时候，自然会把中国乡村建设的大家与郝堂的设计者进行比较，从晏阳初到梁漱溟，从陶行知到吴佩孚，从温铁军到李昌平，从刘老石到孙君，人们用各自的标签一一进行比较，并评头论足。对通过微信、各大纸媒、论坛进行的各种交流，我不问不评，说得好听的我笑笑，说得不好听的我看三遍。好与不好我都转发。在我心中，我只知道我在做什么，应该做什么，我从不想别人评了什么，说了什么，说得对不对。我不爱学习，也不爱模仿，只用心在准备下一个项目！"绝尘江湖一路去，马踏城池九州休。春华不负东君梦，换得农道天下间。"以此诗结束此文正中下怀，超级自信。

实践才会有理论，实践才会有思想，实践才会更靠近真理。

做，才能成功！

（2014年7月于马鞍山濮塘）

评估郝堂，手留遗憾

郝堂项目能在两年内做得如此自信并保持文化的纯正性，关键是得到了区委、区政府的坚持。郝堂成功与否先不说，能在两年内完成这个项目，对我来说就是倾心所致，也是我与各位老师的得意之作。

每一个成功的项目背后一定有很多遗憾，只是有人藏着，有人晒着，有人去研究不足。所谓遗憾，不是针对别人，遗憾是对自己而言，也是自己对自己有更高的要求。

"郝堂·茶人家"项目是成功还是失败，我不敢轻易地下结论。目前是完成任务了，但未来究竟会怎样，结论不要下得太早，9年后才能看到一二。一个成功的项目一定要用时间来证明，也就是最少需要6年来验证（到2016年年初），9年之后说成功才是真正的成功。利用时间可以得出结论和判断。

就2011—2013年项目执行过程而言，我个人感觉还是有一些遗憾，或者说有一些执行不到位，其中也有我的伤心之处。

关于"郝堂·茶人家"，就我理解，6年之后，整个项目不会有太大的问题，也会渐渐走向稳定。2013年7月末，王继军建议在村委会门前建村集体经济的店面，作为此项目的经济支柱产业，未来村干部会在漫长的生产生活过程中，平稳地、渐渐地将农业和村庄内部资金互助发挥更大的作用。农家乐和部分农副产品为村里的经济主体，不会大起大落。农民想的是过日子，村干部想的是让村民共同致富，不能乱，不能没有德行。

我对项目从来没有过多的奢望，就像王禹偁写的"自种自收还自足，不知尧舜是吾君。"我只是希望村民过得比以前好一些，让农村像农村，让农民像农民，就像艺术家一样，追求的就是纯粹。

所谓纯粹，就是在执行范围内，做好本职工作，比如农民种好田，等等。其他方面，包括动态规划的控制，水系与土壤改良的修复，资源的分类与维护，新房与旧房的建筑，集体经济与农家乐的平衡发展，村民的参与，村民觉悟与新村建筑的投入比例，还权于村两委，等等，这些工作都做了，但并没有做彻底，不够完美，很多人看不出来，但是我认为，不彻底、不完美就对了。

项目在两年内也留下了一些不尽如人意的地方。这些不尽如人意，在很多人看来是问题，在我看来却是优势。项目在政府与专家离开之后，村庄将面临众多的观光人群，也面临着村民观念的进一步转变，这些都需要村干部来面对，这些问题与优势未来如何解决与利用，是我写这篇文章的目的。

一、软件真是政府的软肋

"郝堂·茶人家"项目在两年建设过程中是令人愉快的，也是一个让我获益匪浅的过程，尤其是项目的品质是我所有项目中最合我心意的。可就是如此好的项目也留下了近十年来最遗憾的事，就是由我所尊敬的学者翁永凯女士主持的农村健康卫生与预防项目不能完美收官。这个项目为大项目下的一个子项目，子项目不引人关注，但它其实又是其中最重要的项目之一。"郝堂·茶人家"的目标是让人幸福，而幸福的基本要求就是健康，为此翁永凯女士组建了国内外一流的科学家与专业机构深入平桥进行系统性的调研与健康知识宣传，尤其是培训力度之大，是我们有目共睹并交口称赞的。

遗憾的是，2013年上半年，由于中国政府机构调整，卫生部与国家计生委合并，平桥区分管卫生与计生的副区长也调离了，翁永凯博士的项目一下子就缓了下来，推动过程中也遇到了很大的麻烦。为此我与禹明善多次暗中助力，可惜效果不大。翁永凯博士的包容心和决心比我强得多，依然坚持要推动此项目。我也无法阻止翁永凯博士，只能向区委王继军书记汇报，效果依然不大。翁永凯博士热爱农民，源于她在当知青的时候感恩于农民对她的照顾，想在晚年为农民做一点实际性的工作。翁永凯博士非常了不起，为了服务于农民，她3次辞去高职，其中一次是美国联邦药监局的工作，一次是比尔·盖茨中国项目顾问，还有一次是国家卫生部的工作，令所有的同行吃惊、愕然。翁永凯博士就是想为农民做一点实事，因为我们的农村实在太需要健康的身体和健康的心理了。

2013年8月1日，新县大规模地推动以县为单位的"英雄梦，新县梦"之前，我做的第一件事，就是把在平桥区留下的一点遗憾，在新县补上。在项目启动之前，我与县委、县政府多次沟通，将翁永凯博士的农村健康卫生与预防项目列入新县战略经济发展框架之中。吕旅县长表示，这个项目不仅有现实性，更有极大的市场性。这对我来说万幸万幸。

二、关于规划

郝堂项目至今没有一个完整的规划，一直到两年后都没有，这是我的遗憾，也是我的错误与问题，实际上我也实在不愿意做，不愿意浪费时间。郝堂村做完了还要规划干嘛？郝堂村荣获"中国宜居美丽乡村"全国综合评比第一名，难道这不是规划？我的任务是做一个真实的乡村。关于画册，一般的设计院与广告公司都会做，我再去做的话，感觉是在浪费时间。在我的工作中，规划是灵动的，是随时变化的，是不同时期的不同感受。我是在进行艺术作品的创作，所以对过于计划性、工程性的要求我从内心是反感的。即使我知道是我不对，但我仍然固执地坚持不做没有意义的事。乡村规划因为变数太大，最好在项目实施一年半后再做，这个规划就有意义了。真的到了要做郝堂村规划时，规划又没有交给我们来做，而是花了200万元请了深圳一家规划设计公司做了一个完全没有实用性的规划设计。通过这样的行为也能看出当下中国乡村建设的问题所在。我敢说，就做规划而言，在信阳没有人比我和村长更加了解郝堂村。

三、舒适度不够

渐渐地，游人来郝堂可以住下来了。但是我发现，虽然郝堂村目前很美，却基本属于室内初级农家乐范畴（中国的新农村建设，基本属于农家乐建设），虽然能住了下来，但是农民居所所提供的卫生、装饰、氛围、实用、方便、舒适性等都不完善。一是走进郝堂农家乐，绝大多数看到的是一张桌子，四条凳子，一个麻将机，既俗气又不文明，这是没有具备"茶人家"的精神。二是这没有文化，打麻将、赌博还酗酒，这不是我想做的，我不想做农家乐。三是做农耕文明下的旅游，更准确的是做我们想象中的现代农业，这种需求就是需要乡村的田园环境，乡村的温度与民俗，需要有舒适度，像自己家一样的舒适度。舒适度是衡量一个旅游目的地的试金石。目前郝堂还有较远的距离。

不管怎么说，郝堂项目在这一点上没有做到位，项目实施之前我就说过，不能有麻将机，不能赌博，要做舒适度。真的很遗憾，我还是希望在下一个项目中能规避低俗文化，反哺乡村旅游的舒适度。郝堂村如果不能提升自己，一直以低品质的农家乐为主体，那么这条路会越走越窄，这一点在我的项目中，一直定为政府也是村干部的软肋。

四、民间艺人的绝唱

好设计一定需要好技术、好的施工人员。古语说，"三分裁七分做""三分画七分裱"等，就是这个意思。郝堂项目，有太多的建筑做得不合我的心意，这主要是因为政府与农民在价格上的不认同。好房子其造价一定是高的，就像普通的手机500～1000元就能买一部，可是苹果手机与三星手机就要4000～5000元一部，就像信阳有大学，清华与北大也是大学，能一样吗？

今天的人们总想用买萝卜的价钱去买人参，想用买奇瑞QQ汽车的价钱去买奔驰车，这可能吗？

这两年我一直力挺大胡子李开良，鼓励他。有一段时间郝堂人不认可他，我就带他到淅川，淅川不认可，就带他到郧县。现在郧县认可他了，广水认可了，郝堂也回过头来慢慢认可了。这个过程好漫长啊，就是在这个过程中，由于人们对其不认可以致郝堂的建筑已经留下了不少的遗憾。

大胡子李开良本身也有太多的毛病，比如他是乙方，做着做着就变成甲方了，变成甲方后施工费用就说不清，弄得我与村干部头晕。对某些旧房改造做得过于重视装饰（估计是想表现他的手艺），建筑装饰一过分就显得有点假，这在郝堂留下了较多的硬伤。还有他不会做预算，不会做招投标书，也没有自己的公司，可是，他还真的会把农村建设得像农村。

郝堂村另外几支施工队也很用心，可惜悟性不高，做事死板，幸亏李如道工程师在现场，让美中不足降到了最低点，然而这一点对我而言仍然让我很难受。

五、朋友的重托

我有一个做环保的朋友，近40岁未婚，父母着急，希望他能有一个稳定的工作，不能总是四处漂泊。于是我主动联系，结果郝堂项目期间没有帮上忙，于是我又留在信阳继续做项目，寻找机会，继续帮忙，朋友的事情比工作重要，还是遗憾。

六、媒体与学者过度夸张

2012—2014年，媒体与学者在不太了解具体情况的情况下，既夸大了郝堂村的设计师孙君的作用，也夸大了李昌平的内置金融作用，以致政府渐渐远离我们，同时也影响到我们的合作团队。

郝堂村项目能做到今天，关键是平桥区政府的高度，是村委会的执行能力，是各局委办的协力支持，有还曹纪良、禹明善、孙晓阳、李如道、李开良、鲍国志、陈长春、翁永凯、王磊、谢英俊、姜佳佳等发挥了很大的作用。最关键的人物是王继军与胡静。我的设计只是建筑外形，只是房子，是有一点点作用，可是绝不可能去改变郝堂，其中施工与景观远远比我重要，这是大家都能看见的。我要是有这么大的本事，那我就成了"总设计师"了。

郝堂村在建设时，政府为村民提供了几年的"贴息贷款"，也就是农民贷款政府贴息，这对郝堂村建设起到了决定性的作用。另外，政府调配了旅游建设土地指标，这些土地指标对政府来说，非常不易。政府在郝堂村建设中，先后投入了近3000万元的项目资金和30亩的建设用土指标，一亩地200万元也是6000万元啊。可见政府与乡村综合体制改造的决心。郝堂村的内置金融与政府的资金是两个层面的事情，我认为"内置金融"的重要作用会在政府项目撤离之后体现出来。

郝堂村本身就是一个乡村治理还不错的村，略贫不富、资源一般，村委会还有几万元老本，来自电厂煤粉租赁。村干部很会过日子，在村民中威信还是很高的，这也是我要选郝堂村的原因之一。这在中国的乡村中还是不多见的。至于"三农"问题，那是全国普遍存在的问题，我们不能因为要突出孙君与李昌平的价值，而故意弱化政府与村委会的价值。

七、没有完成的工作

"郝堂·茶人家"项目中有几项是没有完成的，这也是因为我工作没有做到位。一是原种茶项目，一直没有提到日程，原吴本玉很是理解，可惜吴本玉中途调离，这对我而言是很大的损失。二是北京绿十字民间有机论证，此事非常难，在郝堂定位太高，希望太大，是我的问题，郝堂条件太不成熟。三是村干部的考核指标，全镇的垃圾分类运营体系，在两年中也没有落地，这些是我很想做的，可是政府关注度与支持力度达不到，工作也没有达到要求。

八、关于未来

2013年上半年，禹明善就不具体管理项目了，区里只有王继军盯着，可是具体细节又不能总找王继军书记，苏永华书记又不可能协调各委的事情。很多项目资金不能给村里，村干部意见很大。很多事情只能通过禹明善、鲍国志和我来协调，这很不合适，各局委办很不喜欢我们，可是又没有办法。郝堂项目不是招商引资，而是招商引智，政府购买我的智慧，我们给政府一个"郝堂·茶人家"的理念，无论项目有褒有贬，两年结束后，我与政府都要坐下来总结和反思，为未来提出一个更有价值的实践理论。

九、不要招商

乡村在建设初步，尽量不要招商，因为此时村集体还非常弱小，没有与企业对话的资本，注定是贱卖资源。尤其是外来企业（本村乡贤可以）不要招。郝堂村在建设初期，为了提高建设速度，政府与村里招了4个企业，卖了一些土地，是村中最好的地，又是最重要的位置。如老学校是村核心区、村商务区，现在是临时停车场；水库对岸，休闲区；小学手工坊；村后面山上的庙宇，盖了很多店面等。此地段原本是郝堂村规划设计的，有重要功能，可是企业很难有整体思维，他们一定要站在企业的位置上思考。六七年间，郝堂发展得这么好的时刻，企业都出现了资金问题，利润不高，项目领导变动等，5个项目至今还是烂尾楼。还好，郝堂村项目从一开始就是大规划小切入，先从3户开始，一号院、二号院、三号院启动，不然4个招商项目肯定会影响全局。

郝堂项目与政府签订两年合同就结束，还有一年是陪伴。两年内要做的事情太多，因为建筑任务太重，时间有限，还是留下较多的遗憾，这也是给我们的教训。两年内做了太多的事。签订项目合同的时候，要量力而行，要对政府的协调与资源整合能力有一个全面和细致的认识。

对我来说，遗憾也是下一个项目的开端。

（2013年8月10日 宜昌远安县）

孙君简介

孙君，男，1961年1月28日生，祖籍安徽当涂，工作于马鞍山市工人文化宫，安徽师范大学与中央美院毕业。人民大学特聘教授，清华大学"清农学堂"教授。中国城乡统筹委秘书长，国家文物局中国文物基金会理事，住房与城乡建设部专家，中国乡愁文化发展研究中心专家委员会主任。2003年，创立"北京绿十字生态文化传播中心"；2011年，与李昌平等成立中国乡村规划设计院；2015年，成立"中国·农道联盟"，同年与孙晓阳、孙麟建立"湖南农道公益基金会"。2016年，与刘浩、汪向东、王爱华等创立"半汤商学院"。

部分荣誉：2006年，入围"中国最具有行动能力三农人物"评选；2008年，被评为"全国优秀慈善工作者"，受到胡锦涛总书记的接见；2009年，被评为"2009绿色中国年度人物"。2013年，获评中国公和年度人物；2014年，获QG时尚年度公益人物；2014年，获中国设计年度人物——年度特殊贡献奖；2016年，荣获光华龙腾奖"中国设计贡献银奖"；同年《农道》荣获第七届"中国农村发展研究奖"。

主要理念：把农村建设得更像农村。乡村，未来中国奢侈品。

1999年，开始进行乡村建设实践，在中国多个省的不同类型的农村进行农村系统性研究与实践。内容包括：乡村文化修复、生活中的乡村生态修复、平民性的乡村规划设计和建设、乡村不同人群心理与行为研究、镇村组二级管理与运作实践、艺术与农耕文化的对接。

在中国的大地上，进行十多年乡村建设的实践与梳理。以一个艺术家的眼光、一个公民的责任来重新修复中国人心中的乡村，为中国的乡村建设开辟了另一条务实之路。

代表作品：五山模式（湖北谷城县）、穆罕默德·王台（湖北宜城市）、绿色问安（湖北枝江市）、郝堂·茶人家（河南信阳）、湖北樱桃沟（湖北郧县）、湖北桃源村（湖北广水市）、南水北调·陶岔（河南淅川县）、雪山村与戴维·邓池村（成都宝兴县）、新县梦·英雄梦（河南信阳）、5·12灾后重建（四川什邡市）、古典中国（浙江松阳县）、太子小镇（湖北京山县）、高椅古村（湖南会同县）、金山莲颐（湖南金山县）、阜平县全域脱贫攻坚（河北阜平）、半汤三瓜公社（安徽巢湖）、郧阳龙韵村（湖南北郧县）、济源531老兵工厂（河南济源）、小岭南新村民计划（安徽黄山区）、监桂农民主体田园综合体

(广西监桂区)、洋河农事(安徽洋河新区)等。

不成功案例:北京延庆碓臼石村、襄阳市尹集田园城市、襄阳市牛首镇熊营八二组、山东临沂市方城镇诸满村、5·12汶川地震遵道镇秦家坎村、淅川毛堂乡桥沟村、道行远安(湖北远安县)、温县陈家沟等。

出版书籍:《五山乡村日记》《农道》(被美国国会图书馆亚洲馆收藏)、《新农村建设方法与实施》《农理》《乡国天下》《乡愁十论》《给我三个春天》《中国农民建房图样》《把农村建设得更像农村》等9部著作。